# 法治的信任解释

伍德志 著

A Trust Interpretation

of

The Rule

of

Law

WUHAN UNIVERSITY PRESS
武汉大学出版社

图书在版编目(CIP)数据

法治的信任解释/伍德志著. -- 武汉：武汉大学出版社,2025.7.
ISBN 978-7-307-24460-3

Ⅰ. D920.0
中国国家版本馆 CIP 数据核字第 2024NA0210 号

责任编辑:喻　叶　　责任校对:鄢春梅　　版式设计:马　佳

出版发行：**武汉大学出版社**　　(430072　武昌　珞珈山)
（电子邮箱：cbs22@whu.edu.cn　网址：www.wdp.com.cn)
印刷:湖北云景数字印刷有限公司
开本:720×1000　1/16　印张:15　字数:300 千字　插页:1
版次:2025 年 7 月第 1 版　　2025 年 7 月第 1 次印刷
ISBN 978-7-307-24460-3　　定价:68.00 元

# 自　序

在高度功能分化的现代社会，任何专业的制度系统都会对人类形成认知上的壁垒与隔阂。法律也不例外，对于很多人来说法律变得不可理解与不可控制，在一定程度上也脱离了日常生活常识与道德直觉。法律的可靠性建立在大多数人难以理解的复杂知识与抽象原则的基础上。各种专业化的制度系统，包括法律制度，也因此越来越依赖于信任。只有建立对制度抽象能力的信任，人们才能超越具体的个人利害得失，与不可理解的抽象制度系统进行有效合作。正如飞机这种高度复杂的人造机器诞生后，信任与否对于飞机能否被人们自愿接受就具有了决定性意义。法律信任的建构对于中国的法治建设尤其迫切，但在中国社会也显得更加有难度。中国法律制度的建构性特征以及对于传统道德文化直觉某种程度的疏离决定了我们更需要信任来弥补人们与法律之间不可避免的认知鸿沟。中国的法律制度尚不足以应付这种信任的需求，这不仅在法律领域导致了信任匮乏的问题，也在整个社会领域导致了信任供给的不足。

本书的问题出发点即是当下中国社会各个领域所面临的信任不足问题。人们对于各种制度的不信任大大增加了社会沟通的成本，也使得各种制度很难进行有效、通畅的运转。更关键的是，这种信任危机所反馈出来的问题更多的不是实质性的，而是象征性的。也许有些制度在很多专家看来有着内在的专业合理性，但这种专业合理性却无法有效传达给普通的民众，也难以得到他们的认同。民众往往会基于一些象征性的信息或事件对制度的内在可靠性作出不精确的判断，进而用情感代替理性，用偏见代替事实，爆发出情绪化、盲目的不信任。法律制度也深陷这种信任危机。毫无疑问，改革开放以来中国的法治建设有着长足的进步，但这种进步并没有带来民众信任的显著提升。人们会基于各种象征性的原因，如个别的公共法律案件、违法事件或制度缺陷，而爆发对于法律整体的激烈否定。

以上述问题为出发点，本书试图借助关于信任的多学科理论，对法治及其相关问题进行深入解释与研究。信任是解释法治的运作逻辑的一个合适概念。现代法律制度历来被认为是一种理性化的制度体系，但这种制度体系太复杂，以至于大多数人已经不可能形成对法律的理性认知。面对各种高度复杂的专业化法律制度，人们已经不能准确、深入地思考这种制度给自己与社会带来的利弊。我们可以将信任当成一种特殊的认知模式，人们只能基于有限的信息符号，建立对法律制度有风险的信任或不信任。信任既不是理性的，也不是非理性的；既不是客观性的，也不是主观性的，而是一种有着自身特殊内在逻辑的态度。信任是一种复杂性的简化方式，是理性有限的个体认知高度复杂的功能系统的独特机制，其将复杂的制度现象简化为便于认知的符号，从而避免了高度复杂的社会给个人带来的沉重认知负担。没有信任，法律就是缺乏吸引力的，也就很难赢得人们的合作，法治也就很难实现。信任对于法治的稳定运作与可持续性是非常有必要的。没有信任，人们就难以接受法律制度固有、不可避免的风险。任何国家的法律制度都不可能在个人利益与公共利益之间实现完美的平衡，都会存在各种顾此失彼的可能性；任何国家的法律制度都可能存在各种缺漏与不足，难以涵盖一切社会现实。这决定了人们在和法律打交道时，必须能够和法律的固有风险共存。这意味着法律制度即便有风险，但如果对社会整体仍然有其必要性，就仍然需要人们的遵守。但如何使得法律相比其他沟通方式对人们具有更大的吸引力？信任对此必不可少。对法律的信任使得与法律进行合作而不是违背法律成为一种更优的选择。信任通过种种认知成本较低的信息符号使得人们更易于形成对法律的正面判断，这些信息符号不同于那种专业化的知识，是日常生活与道德直觉可以捕捉、可以识别、可以理解的信息。信任可能是肤浅的，但没有信任，法律制度即使在整体上是合理的，也很难得到人们的理解和认同。

在某些特殊的情况下，信任比法律自身更加重要，它能够比法律更好地发挥维护社会交往安全的功能。信任能够补充法律制度自身的功能局限性，以一种认知成本较低的方式来维护较为复杂的社会沟通与合作。信任的形成原因复杂多样，法律仅仅是信任形成的原因之一，对法律的信任也仅仅是信任的特殊情况之一。除了法律外，政治制度、货币制度、熟人关系都可能是信任的来源，也构成了信任的对象。一个高度信任的社会能够大大降低法律解决复杂问题的负担，使得人们无须过多地陷入基于法律的理性计算。

本书即基于上述基本立场与观点所做的系统研究，也是笔者多年来对法治与信任关系的不间断思考的成果。笔者围绕中国法治建设中的各种现实问题，并以信任为视角，写就了一系列论文，并整合成书，呈现为今日所见的面貌。

本书有四编七章。第一编的"理论解释"部分包括一章"法律认知的信任解释"。基于信任的基本理论，这一编对公民的法律认知逻辑与政治合法性的认知逻辑进行了深入、系统的分析。公民对于法律系统的认知主要是一种信任的态度，是基于有限的信息符号对内在的专业可靠性与运作过程进行不精确的推断。没有基本的信任，法律系统是难以发挥其应有的功能的。对于法律系统，信任使得人们在即使并非对法律有着完全的了解与掌控的情况下，也愿意与法律进行有风险的合作。该部分认为，法律专家与非法律专家对法律制度的认知存在着巨大的鸿沟。大多数人由于对现代法律制度的认知局限性，只能有风险地信任或不信任法律。法律信任是基于有限的信息对法律的内在可靠性所进行的潜在性推断，某些认知成本比较低的信息被挑选出来作为判断法律结构与过程整体可靠性的关键依据，并被符号化与象征化。法律信任虽然能够降低人们对法律的认知负担，但基于符号化信息的推断必然含有风险。作为一种促进冒险行动的机制，信任对于法律制度的正常运转来说是必不可少的。法律信任还通过其内在的情感特征来消除因为无知所产生的心理负担，通过严格的"阈限"来控制信任风险的无限制扩大。

第二编的"问题分析"包括两章"法律信任中的认知问题：从谣言的角度切入"与"司法领域的信任问题：基于文化角度的分析"。这两章都试图分析当下中国社会所存在的严重法律信任危机。前一章从谣言的角度分析我国法律信任危机中的社会认知逻辑。谣言是一个比较好的切入点，正是由于对法律与执法者的各种不信任，各种谣言才会泛滥开来。谣言背后的情感偏好能够反映出人们对法律与执法者有着根深蒂固的偏见，人们总是在可靠证据之外，构想出徇私枉法的谣言。通过谣言，我们观察到人们对法律的认知存在明显的道德性与情感性。后一章具体分析了司法领域的信任危机，将司法信任危机置于中国特殊的法律文化传统与现代性思潮的交叉背景下，认为现代司法制度在当代中国社会有着天然不被信任的倾向。无论是对谣言及其背后不信任情绪的治理，还是为了克服司法信任危机，必须遵循反向的合法化逻辑，从不信任出发，准确界定信任与不信任之间的制度界限，建立能够规范不信任的表达与惩戒失信的制度化机制。

第三编的"制度选择"包括两章"司法权威的社会效力范围变迁与司法信任的当代建构"与"传媒与司法关系的中国特质与司法在传媒中的信任建构"。由于法律信任建构的核心在于司法信任的建构，这两章就重点讨论如何在当代中国社会建构普遍有效的司法权威，实现普遍的司法信任。前一章基于社会结构的变化讨论了中国司法权威的历史变迁，认为在传统的等级制社会中，司法权威具有一种全社会的普遍有效性，但到了现代的功能分化社会，司法权威就缩小为一种小范围的专业权威，也失去了普遍的社会信任。该章建议可以适当地借鉴传统社会的司法权威建构模式，对司法权威进行道德化的包装，赋予法官多元化的优点，将司法打造成在全社会层面具有普遍有效性的制度权威。后一章则重点讨论司法在大众传媒中公信力缺失的问题以及如何在大众传媒中树立对司法的信任。大众传媒是人们观察法律运作的一个重要认知渠道，大多数人没有机会亲身体验法律运作的所有过程。因此，大众传媒对于法律所传达出来的态度很大程度上反映了人们对于法律的信任水平。

第四编的"实证调查"包括两章："关系文化对法律的塑造与制度信任的建构：基于对法律实务工作者的实证调查"与"基层治理中的合法性困境与信任建构：基于对某地殡葬改革的社会调查"。这一编的内容是对中国法律实践中某些导致法律信任匮乏的问题及其原因的社会实证调查。该编前一章讨论与调查的问题是关系文化如何塑造现代法律制度，以及对现代法律制度信任建构的负面影响。关系文化是中国人的一种普遍心理与文化，对法律制度的运作有着广泛的渗透，但也使得法律制度的运作变得情境化，失去了规范预期上的稳定性，从而导致难以建立现代法治所需的制度信任。该章认为，"关系"是一种情境中心主义，总是谋求对正式制度的变通。"关系"运作以情感为铺垫谋求工具性目的，并容易形成超制度的义务性压力。"关系"本质上是私人性的，在制度运作过程中容易导致公私不分。"关系"以人情与脸面为影响法律运作的核心机制，人情能够产生超法律的义务压力；脸面可能对法律权力进行正向与逆向再生产。"关系"不仅导致了合法与非法区分的情境化，也导致了法律与私德之间界限的模糊化，并最终使得法律运作在结构形象上呈现为表里不一的双层交往系统，从而难以建立现代法治所需要的制度信任。为克服"关系"对法律运作的不当影响，需要对法律领域的"关系"实践进行全面的规范与限制，确立"关系"实践与法律实践之间的制度屏障，最终树立对于法律运作"表里如一"的制度信任。该编的后一章是基于某地殡葬改革的社会调查，讨论了农村基层法律治理中多面化的合法性困境以及现代化改革中的信任建构问题。殡葬改革被自上而下地推行，也符合现代化的要求与趋势，但在推行过程中容易产生目标、手段、时间上的错位与混乱，也导致了严重的合法性争议。中国类似于殡葬改革的多数现代化改革都存在类似的问题。要解决这些问题，需要通过信任来缓解现代化进程中的合法性困境。但这种信任很难成为制度化的系统信任，只能是基于熟人关系与互动技巧的人格信任，因为社会转型时期的特殊性决定了我们目前很难形成稳定的系统信任。

　　信任对于中国法治建设有着毋庸置疑的重要性。古人说："民无信不立"，古人非常清楚地认识到信任对于一个国家的长治久安极其重要。今天同样也是如此，无论是对于国家治理，还是对于作为国家治理中重要部分的法治建设，都需要信任来衡量其成效。信任能够大大降低社会交往与国家治理的成本，使人们在有着激烈价值与利益争议的改革转型时期，对于制度、对于社会还有着基本的信心。

# 目　　录

## 第一编　理论解释

## 第二编　问题分析

## 第三编 制度选择

## 第四编 实证调查

# 第一编　理论解释

# 第一章　法律认知的信任解释

## 第一节　理论与问题

现代法律制度已经高度复杂化，以至于不经过专业学习就很难一窥门径。与此同时，我国的法治建设更多的是以法律人对法律的认知为导向，制度建设的构想与意义经过了专业理论的筛选，使得法律在某些情况下对于抱有传统道德文化直觉的中国人来说变成了一种陌生的存在。毫无疑问，法律专家对法律的认知与普通人对法律的认知是存在一定鸿沟的。这就造成了一种困境：也许法律的内在可靠性的进步显著，但却无法有效地向公众传达这种进步。[1] 就此而言，法学理论必须重视在一个普遍欠缺专业法律素养的社会，法律如何赢得人们的合作与服从。与此相关的首要问题就是：大多数公民如何认知法律的可靠性？认知是一种选择、组织与理解信息的过程与方式。对于人类而言，认知的功能在于作为外部世界与内部世界的"接口"，[2] 也即将外部客观世界的信号转化为内部主观世界有意义的经验。这对于现代法律制度来说尤其重要。面对已经对大多数人形成巨大专业性鸿沟的各种法律制度，我们即使不能像法学家那样对于法律知识有着充分的专业性认知，但为了和法律打交道，也必须对于法律有所认知，通过一定的信息对法律的可靠性作出一定的判断。关于这种认知，学界的研究容易陷入理性论与情感论的二元对立当中。

自十七、十八世纪的启蒙运动以来，理性主义或唯理主义就基本支配了我们对社会秩序的理解。对法律秩序的理解同样也不例外。[3] 就本书的研究主旨而言，理性论一般假定人们对于法律的利弊有着较为理性的认知，并以此为基础进行理性的

---

[1]　不仅仅在中国，在国外也有这种类似困境。参见 Dan M. Kahan et al., "'Ideology' or 'Situation Sense'? An Experimental Investigation of Motivated Reasoning and Professional Judgment", *University of Pennsylvania Law Review* 164, 2016, pp. 349-439.

[2]　参见 Galen V. Bodenhausen and Kurt Hugenberg, "Attention, Perception, and Social Cognition", in *Social Cognition: The Basis of Human Interaction*, Psychology Press, 2009, p. 2.

[3]　对此相关背景的研究，国外学者的研究请参见［美］莎伦·R. 克劳斯：《公民的激情：道德情感与民主商议》，谭安奎译，译林出版社2015年版，第200页；国内学者的研究请参见廖奕：《面向美好生活的纠纷解决———一种"法律与情感"的研究框架》，载《法学》2019年第6期。

守法或违法。理性论也是法学界的主流观点，体现于对公民意识、法律意识、法律实践、法律服从、守法义务等相关研究中。[1] 理性论要求公民掌握较为充分的法律知识与信息，对于法治的意义有着比较理性的认识，对于各种自然情感与社会偶然性有着比较严格的限制，进而能够对法律制度的利弊形成较为全面、清晰的判断。这不仅仅限于对法律为个人带来的短期或长期利弊的判断，也可能包括法律对集体与社会、对公共利益的短期或长期利弊的判断，并在此基础上作出合理的选择。另外，虽然没有使用"理性"一词，但借助功利主义、实用主义等方法论工具对法律意识与法律行为的任何研究以及法经济学理论，基本都可以归入理性论的范畴。但理性论的问题在于理性认知与专业分工之间存在巨大张力。由于现代法律制度的高度复杂性与专业性，专业分工变得不可避免，大多数公民失去了学习法律知识的机会，也因此失去了对法律的理性认知能力，而且各种专业性法律制度能够提供的大多是一种抽象的制度承诺而不是具体的权益，其意义也脱离了既有的日常生活常识，公民个人大多情况下已经不可能对法律的利弊进行理性计算和权衡了。当然，我们也可以如同法经济学那样坦率承认人是有限理性的，[2] 但对于有限理性无法处理的复杂性，人们又采取何种态度呢？

为了纠正理性主义或唯理主义对法律秩序理解的偏颇，学界近年来越来越重视情感在法律认知中的作用。[3] 情感实为人类意识与行为中不可分割的一部分，法律实践中处处可见情感。[4] 情感在引导人们对法律的认知以及帮助人们从内在心理的角度消化外在秩序的不确定性中起到了重要作用。在一般性意义上，情感也是一种选择、组织与理解信息的方式，情感会将我们的注意力吸引到某种信息上，并"偏

---

① 这方面的文献众多，参见马长山：《从主人意识走向公民意识——兼论法治条件下的角色意识转型》，载《法律科学》1997 年第 5 期；谢晓尧：《守法刍议》，载《现代法学》1997 年第 5 期；苏力：《法律如何信仰》，载许章润等著：《法律信仰——中国语境及其意义》，广西师范大学出版社 2003 年版；李双元、蒋新苗、蒋茂凝：《中国法律理念的现代化》，载《法学研究》1996 年第 3 期；丁以升、李清春：《公民为什么遵守法律（下）》，载《法学评论》2004 年第 1 期；游劝荣：《守法的成本及其控制》，载《国家检察官学院学报》2006 年第 5 期；杨清望：《论法律服从的产生机制及实现途径》，载《政治与法律》2012 年第 2 期；姚建宗：《中国语境中的法律实践概念》，载《中国社会科学》2014 年第 6 期；汪雄：《法律制裁论能够证明守法义务吗？》，载《政治与法律》2018 年第 2 期。

② 参见 [美] 理查德·波斯纳：《法律的经济分析》，蒋兆康译，法律出版社 2012 年版，第 4 页。

③ 国内外学者的研究，参见李柏杨：《情感，不再无处安放——法律与情感研究发展综述》，载《环球法律评论》2016 年第 5 期；章安邦：《"法律、理性与情感"的哲学观照——第 27 届 IVR 世界大会综述》，载《法制与社会发展》2015 年第 5 期；Terry A. Maroney, "Law and Emotion: A Proposed Taxonomy of an Emerging Field", *Law and Human Behavior* 30, 2006, pp. 119-142.

④ 参见 Susan A. Bandes and Jeremy A. Blumenthal, "Emotion and the Law", *Annual Review of Law and Social Science* 1, 2012, pp. 161-181.

执"地作出有一定方向的判断。情感的形成可能有一定的经验基础，但其一旦形成，便开始先验地对经验事件作出预断。不少学者研究发现，情感对于公民对法律的认知有着显著的导向性作用，如赵雷对热点案件中的情感研究表明，公众情感中存在"思维定势"，并导致对某些特定的信息如品性证据更加关注。① 陈柏峰对"偏执型上访"的研究也能够表明：有些公民在上访过程中注入了大量的个人情感，并形成了对于公平正义的偏执理解。② 廖奕认为，情感认知在法律领域具有"意向性"特征，对公民如何认知与塑造纠纷的主体、对象与行动具有重要作用。③ 另外，近年来随着行为主义经济学、认知神经科学、认知心理学的发展及其对人文社会科学的影响不断加深，还有部分学者逐渐意识到人们的法律观念和法律意识远不是理性可以解释的，而是一种带有情感性与直觉性、超越理性计算、自动化的属性。④ 此类研究虽然有着相对可靠的经验基础，但还不足以形成一种自洽的社会科学理论体系。总体上来看，情感论更多地是被当成一种理想类型来对待与分析，是对理性论的纠偏和拨乱反正，还不足以和人类行为中的理性因素割裂开来。

　　无论是从理性还是从情感的角度来解释人们对法律的认知，都是片面的。人们对世界的态度大多是浑然一体的，既不是纯粹的理性计算，也不是盲目的情感分析。学者们出于分析的需要，在理论上将理性因素和情感因素割裂开来，当成水火不容的对立面，但两者实质是以一种高度融合的方式存在于人们对法律的认知当中。但这种"融合"应该如何理解呢？本书认为，如果我们从信任的角度来解释人们对法律的认知，就可以将理性与情感融合起来，形成一种有着内在连贯性、一体化的认知模式，由此就能更准确地解释人们对待法律的态度。信任是一种特殊的社会现实，是基于有限信息对未来的潜在性推断。借用美国学者伊利亚·索敏悖论性的说法，信任是一种"理性的不理性"（rational irrationality）：⑤ 信任将理性和情感有

① 参见赵雷：《热案、民众情感与民众法》，载《法律科学》2015 年第 2 期。
② 参见陈柏峰：《偏执型上访及其治理的机制》，载《思想战线》2015 年第 5 期。
③ 参见廖奕：《面向美好生活的纠纷解决——一种"法律与情感"的研究框架》，载《法学》2019 年第 6 期。
④ 参见郭春镇：《法律和认知神经科学：法学研究的新动向》，载《环球法律评论》2014 年第 6 期；郭春镇：《法律直觉与社科法教义学》，载《人大法律评论》2015 年第 2 期；王凌皞、葛岩、秦裕林：《多学科视角下的守法行为研究——兼论自动守法中高效认知界面优化》，载《浙江社会科学》2015 年第 8 期；王凌皞：《走向认知科学的法学研究——从法学与科学的关系切入》，载《法学家》2015 年第 5 期；李安：《司法决定的认知机制与理性约束》，载《浙江社会科学》2016 年第 3 期；葛岩：《法学研究与认知——行为科学》，载《上海交通大学学报（哲学社会科学版）》2013 年第 4 期；伍德志：《守法行为中的公平偏好》，载《法制与社会发展》2019 年第 6 期；成凡：《法律认知与法律原则：情感、效率与公平》，载《交大法学》2020 年第 1 期。
⑤ 参见 Ilya Somin, "Trust and Political Ignorance", in Adriano Fabris, eds., *Trust: A Philosophical Approach*, Springer, 2020, pp. 155-158.

机地融合在人们对法律的认知过程当中，在一定程度上放弃了对充分信息的追求以及对风险的完全掌控，并通过情感的催化形成对法律的自动化判断。信任具有一定的理性成分，因为并不是任何对象都是值得信任的，而是有一定的经验选择性；与此同时，为了促进不可避免的冒险，信任也含有一定的情感成分，信任虽然立足于一定的经验但又超越这种经验，因此有一定的盲目性，必然产生选择的风险，但信任在情感层面又假定风险在一定程度上已经得到克服或可以被忽视，由此来激励人们参与到有风险的法律活动中。信任既难以归入纯粹理性，也难以归入纯粹情感的范畴，是理性和情感的有条件结合。信任将有限的理性考虑内化进情感当中，通过有限理性来限制情感的盲目性以及通过情感来消化有限理性产生的选择风险。信任在专业法律素养普遍欠缺的现代社会以一种特殊方式支持了法律制度的正常运转。由于现代社会的功能分化，法律制度也变成了一种高度复杂与抽象的系统，与此相应，大多数人对法律制度也产生了严重的认知局限。但为了和法律打交道，人们必须对法律有所认知，并在此基础上作出一定的判断。由于现实当中的大多数人会多多少少存在欠缺专业法律素养的问题，这类人群如何认知与判断法律，在很大程度上决定了法治建设的成效。从信任的视角能够更准确地解释这一点。信任是人们在面对不可控风险时的一种生存性适应机制。由于学习系统专业的法律知识对于大多数人来说已经变得不可能，法律的意义在某种程度上也失去了直观上的可理解性，法律制度对那些欠缺专业法律素养的人群形成了认知上的鸿沟并由此导致了严重的风险。在这一状况下，只有通过信任，对法律外行的人士与专业的法律制度的合作才成为可能。信任建立在有限理性的基础上，通过认知成本较低的信息符号来推断法律制度的内在可靠性，并不谋求对法律知识及其专业意义的充分掌握，避免了难以承受的理性计算；同时，信任还通过内在的情感机制来降低由认知负担导致的心理负担，从而使得"法盲"即使在对法律知之甚少的情况下也能够在主观上接受法律制度的有利或不利后果。"法盲"通过信任既能降低认知负担，也能降低心理负担。

尽管如此，学界现有关于法律信任的研究还不足以准确描述信任的这种特殊性。虽然很多相关研究借用了"信任"这个词语，但由于缺乏准确、严谨的理论框架，对信任的理解往往显得比较杂乱。如马新福、郭哲、郭春镇等学者将法律信任当成一种风险性的理性选择，[①] 忽视了信任在情感上对风险的吸收与消化。而季卫东、萧伯符、黄金兰、张善根等学者以特殊信任与普遍信任等为分析性概念与框

---

① 参见马新福、杨清望：《法律信任初论》，载《河北法学》2006 年第 8 期；郭哲、刘琛：《法律信任在中国——以比较的视角》，载《学术论坛》2010 年第 1 期；欧运祥：《法律的信任》，法律出版社 2010 年版，第 56~57 页；郭春镇：《从"神话"到"鸡汤"：论转型期中国法律信任的建构》，载《法律科学》2014 年第 3 期。

架，将法律信任当成一种宽泛的文化现象，① 缺少对信任内在运作逻辑的细致分析。还有些学者如徐化耿对法律信任的界定虽然考虑到了理性与情感的因素，但却将两者机械并列起来，并没有形成自洽性的理论结构。② 总体上来看，国内学界关于法律信任的研究还难以凸显信任的特殊性，也不足以在理论上将理性与情感以一种自洽的方式整合起来。

鉴于既有研究的不足，本书将在借鉴社会学、符号学、社会心理学等多学科领域的理论与方法的基础上，重新建构法律信任理论，从而细致、准确地分析公民对法律的信任的内在逻辑，进而阐明公民对法律的认知特征。本书的研究试图贯穿法律信任的内在心理结构与外在行为结构，连接心理系统与法律系统，形成能够解释法律信任内外特征的一体化理论，从而为我们研究法律信任提供一个精确而又全面的理论框架。具体而言，本书将从多个层面来分析人们对法律的认知与信任：其一，法律信任的实践前提，即公民对于现代法律制度的认知局限性，并具体体现为社会当中各种缺乏专业法律素养的行为与现象；其二，法律信任的认知原理，即法律信任如何选择与利用信息及其功能与特征；其三，法律信任的情感基础，即法律信任的情感内涵及其在法律认知中的功能；其四，法律信任的信息来源，即法律信任以何种符号化信息作为认知的依据；其五，法律信任的稳定机制，即法律信任如何实现认知上的稳定性。多层次的分析将使得我们对于法律认知的信任逻辑有一个较为全面的掌握与透视，也能使得我们对当下中国社会的法律信任危机及其原因有着更为深刻的认识。

## 第二节　法律信任的实践前提：公民对现代
## 法律制度的认知局限性

随着中国社会的日趋复杂化，各种法律制度也变得日趋复杂化、抽象化与专业化，法律因此超出了大多数人的理性认知能力，专业法律素养的欠缺成了一种普遍的现象。基于分析的角度，公民专业法律素养的欠缺不仅存在于知识层面，也存在

---

① 参见张善根：《法律信任论》，中国法制出版社 2018 年版，第 146~164 页；季卫东：《法治构图》，法律出版社 2012 年版，第 38~68 页；萧伯符、易江波：《中国传统信任结构及其对现代法治的影响》，载《中国法学》2005 年第 2 期；魏建国：《法治现代化不可忽视的环节：非正式制度与本土资源——以普遍信任为视角》，载《学术论坛》2010 年第 5 期；黄金兰：《我国法律信任缺失的原因——历史、文化视角的解释》，载《法律科学》2016 年第 2 期。
② 参见徐化耿：《论私法中的信任机制——基于信义义务和诚实信用的例证分析》，载《法学家》2017 年第 4 期。

于意义层面，① 而且对法律知识的了解并不必然转化成对意义的认同，但这两个层面往往也是融合的。正是由于对法律的意义认同的缺乏，导致专业法律知识对于法律素养欠缺的人群来说是一种不可用的知识。在一定意义上来说，人们对于法律的不理解与不了解构成了法律信任的实践前提，正由于人们在日常生活中会遭遇各种难以理解的法律专业行为，其对法律的信任才有必要。

## 一、公民在知识层面对法律的认知局限性

法律制度复杂化与专业化带来的首要结果就是大多数人难以再系统地掌握专业法律知识。改革开放之后，随着乡土熟人社会的转型与单位制的解体，中国社会变得更加复杂，原来比较单纯的社会关系在市场经济与开放社会中也变成了一种包含多元化的经济、政治、科学、道德与文化因素的复杂社会关系。与此相应，从纯粹知识的角度来看，现代法律制度也变得日趋复杂化。今天中国的法律制度已经变得包罗万象，其运作也变得高度复杂化，远远超出了古代法律制度关于刑名犯罪、户婚田土、人伦道德等这些不脱离日常道德常识的内容范围，这使得大多数公民基本失去了掌握现代法律知识与运作体系的可能性。尽管大众媒体上也有各种普法节目或栏目，但这些普法内容大多是比较吸引眼球的家庭婚姻纠纷、财产纠纷、刑事案件，并没有脱离道德常识，不可能去讨论反垄断、证券、金融、知识产权等高度专业化的法律问题。学校里的法律常识课相比于当代中国纷繁复杂、包罗万象的法律体系只能算是"沧海一粟"。在高度功能分化的现代社会，我们的生活也不可能仅仅依赖于法律，不可能仅以法律作为学校教育的主要内容，我们只能"术业有专攻"，这就使得大多数人不再可能有机会去专门学习高度复杂的现代法律知识了。即便在西方法治国家，大多数人对法律的无知也是不可避免的，法律专家也只能做到对某一特定部门法领域的熟练掌握。② 美国学者埃里克森的田野调查还表明，即便对于那种和日常生活密切相关的法律知识，大多数人也知之甚少，③ 如合同、婚姻等法律规范，大多数人要弄清楚合同效力与离婚财产分割的复杂规定，并不是一件容易的事情。在法律人看来极为简单的法律条文，对于没有学过法律的人来说都意味着很高的认知成本。对法律的无知变成了一种常规，而非例外。从专业知识的

① 国内学者对于这方面问题的研究更多地指向意义层面的认知局限，如苏力与凌斌所讨论的"秋菊的困惑"、冯象对版权与"法盲"的讨论，参见苏力：《法治及其本土资源》，北京大学出版社 2015 年版，第 25~40 页；凌斌：《普法、法盲与法治》，载《法制与社会发展》2004 年第 2 期；冯象：《政法笔记》，江苏人民出版社 2004 年版，第 86~93 页。

② 参见[德]尼克拉斯·卢曼：《法社会学》，宾凯译，上海世纪出版集团 2013 年版，第 303 页。

③ 来自美国的一个例子，参见[美]罗伯特·C. 埃里克森：《无需法律的秩序：邻人如何解决纠纷》，苏力译，中国政法大学出版社 2016 年版，第 50~52、152~154 页。

角度来看，大多数人也很难建立对法律的理性认知。尽管如此，法律却不会因为人们不知法而豁免其罪责。在有些西方国家，除了警察执法、纳税、严重违背常识的违法等少数可以豁免责任的例外情况，"对法律的无知不构成免责的借口"。① 中国则基本没有不知法而豁免其责任的案例。但我们如何让这些不知法的人群接受法官或执法者对于法律的解释与实施呢？在大多数公民非常信任法律的专业可靠性的情况下，知识层面的认知局限性就不会是一个严重的问题，也即虽然不懂法，但却认可法律制度的可靠性，法律就仍然能够得到人们的遵守与合作。

## 二、公民在意义层面对法律的认知局限性

意义层面对法律的认知局限性比知识层面的认知局限性更难克服，因为人们对法律的"知道"并不会直接转化为对法律心悦诚服的内在认同。我们也可以认为意义层面的认知局限性是一个知识问题，因为人们在这个层面欠缺的是关于现代法治基本原理与价值的知识。相比规范条文的知识，这属于更深层次的知识。法律从来不是纯粹的规范性条文，其正常运转依赖于人们对法律制度的内在原理与价值的理解与接受。但这个层面的知识却不是一个简单学习的问题，因为其超出法律条文之外，可能来自某种难以短时间内改变的深厚传统或根深蒂固的文化理念。从认知的角度来看，现代法治话语所提供的意义知识难以构成缺乏现代法治意识的个人与群体获得意义认同的来源。法律人往往不自觉地假定法律论证能够获得大多数人的理解与认同，② 但很多人可能是根据不同于专业原理与价值的另外一套意义知识来理解、建构法律的意义。相比知识层面的认知局限性，意义层面的认知局限性在任何社会都是一个更为严重的问题。因为相比人们固有的道德与文化直觉，现代法律制度很大程度上是在各种革命与改革中所建构出来的，因此，对于传统道德与文化存在一定程度的超越与突破，其推行也是一个自上而下的过程。很多法律制度和本土

---

① 美国存在一些这样的案例，如关于警察执法却不知法而不需承担责任的情况，参见 John W. Witehead, "Is Ignorance of the Law an Excuse for the Police to Violate the Fourth Amendment?", *New York University Journal of Law & Liberty* 9, 2015, pp. 108-118；关于公民刑事犯罪的例外情况，参见 Bruce R. Grace, "When Ignorance of Law Become an Excuse: Lambert & Its Progeny", *American Journal of Criminal Law* 19, 1991-1992, pp. 279-293；Bruce R. Grace, "Ignorance of Law as an Excuse", *Columbia Law Review* 86, 1986, pp. 1392-1416；关于公民纳税的例外，参见 Jon Strauss, "Nonpayment of Taxes: When Ignorance of the Law Is an Excuse", *Akron Law Review* 25, 1992, pp. 611-633；Mark D. Yochum, "Ignorance of the Law Is an Excuse for Tax Crimes—A Fashion That Does Not Wear Well", *Duquesne Law Review* 31, 1993, pp. 249-276；来自澳大利亚的一种例外情况，参见 Kenneth J. Arenson, "Ignorance of the Law as a Defense to Rape: The Destruction of a Maxim", *The Journal of Criminal Law* 76, 2012, pp. 336-447.

② 按照卢曼的观点，法律论证是法律系统自己说服自己的方式，参见 Niklas Luhmann, "Legal Argumentation: An Analysis of Its Form", *The Modern Law Review* 58, 1995, p. 286.

法律与道德文化存在一定的疏离与隔阂，这在意义层面上使得部分未受过法律训练的人对法律制度产生了异己感与陌生感。与此同时，为了应付日益增长的社会复杂性，现代法律制度也日益强化以形式化、理性化与抽象化为特征的功能逻辑，由此才能为多元化的社会关系提供普遍性的预期保障，但这导致了法律对日常生活语境与传统道德文化直觉的疏离。在一定意义上我们可以认为，中国社会形成了较为显著的内部法律文化与外部法律文化的区分，法律可能脱离了常识、常理与常情。①中国法律制度形成了以逻辑上高度严谨、完备的法律条文与形式上高度对称的法律程序为代表的专业化规范体系，而人们对法律的认知与判断可能仍然停留在熟人社会的道德认知模式上，充满人性关怀的"马锡五审判方式"与"人民司法"仍然是大多数民众心目中理想的法律形象。尽管很多法律制度背后不乏深刻的学理，但公民凭借日常生活中与法官或执法者的面对面互动以及朴素的传统正义直觉已经不能完全把握其内涵了。借用吉登斯的说法，相比于传统熟人社会的规范体系，现代中国法律制度也变成了一种"脱域机制"与"抽象体系"，②其早已脱离以时空一体化的"在场"为特征的地域关联与时间关联，成为一种不再依赖于日常生活中面对面互动的制度体系。与法律这种抽象系统打交道和与具体的个人打交道也变得极为不同。就个人交往而言，我们能够基于日常生活中的道德常识期待获得短期或长期、相对来说也比较具体的物质或精神回报，但与法律这种制度系统打交道，我们能够得到的可能只是一些抽象的统计数字或者整体性的普遍承诺。因此，现代法律制度所赖以建立的专家知识与象征符号体系是一种直觉经验难以验证的"非当面承诺"，这不同于建立在人与人之间面对面互动基础上的"当面承诺"。③按照经济学理论，我们可以把法律制度当成一种个人与社会、成本与收益极不相称的"公共物品"。④不同于人际互动中那种比较相称的互惠关系，法律所能够提供的公共服务多数情况下只是一种抽象但不确定的好处，在公共物品的法律供应中，个体公民的守法会涉及一种不可避免的社会困境：短期的个人利益与集体的长远利益往往是冲突的。⑤特别是很多法律制度涉及经过现代法治话语解释与支持的长远制度保证，其在当下

---

① 参见陈柏峰：《法律经验研究的主要渊源与典型进路》，载《中国法律评论》2021年第5期。

② 参见[英]安东尼·吉登斯：《现代性的后果》，田禾译，译林出版社2000年版，第18、73页。

③ 参见[英]安东尼·吉登斯：《现代性的后果》，田禾译，译林出版社2000年版，第30、72~75页。

④ 参见[美]曼瑟尔·奥尔森：《集体行动的逻辑》，陈郁等译，上海三联书店2011年版，第12~13页。

⑤ 这种情况在纳税与公共产品供应之间的关系上体现得最为明显，参见 Katharina Gangl, Eva Hofmann and Erich Kirchler, "Tax Authorities' Interaction with Taxpayers: A Conception of Compliance in Social Dilemmas by Power and Trust", *New Ideas in Psychology* 37, 2015, pp. 13-23.

就要求个体公民承担一定程度的牺牲与成本，但其所带来的好处并不是在当下就能够兑现，而未来能否兑现很大程度上也是不可预知的。因此，现代法律制度的抽象制度承诺难以完全为我们既有的非常注重直觉经验感知的道德文化知识所把握。看似精妙的程序正义一旦不符合实体正义，对于不具备程序传统的社会来说很快就会"弃之如敝屣"；司法作为终局性纠纷解决机制对于全社会都是利好的，但人们一旦不满意裁决，不论法院级别有多高，都可能不断去上访；而在法律与道德、民意发生冲突时，人们也并不必然认为法律应当具有一种优先的地位。如果说西方社会在漫长的法律传统演化中形成了关于法律作为普遍正义代表的抽象意识，① 那么中国社会显然与此存在不同，因此在中国固有的道德文化语境当中，法律的"脱域化"与"抽象化"更显得突兀。特别是程序正义作为一种看似具体但实质上高度抽象的法律意识在中国社会当中的匮乏更能说明这一点。我们都熟知"程序正义是通过看得见的正义来实现看不见的正义"的信条，但程序正义实际上并不能将法律运作过程完全展示出来，法律运作过程中总会存在一些无法被程序正义扫描到的"死角"。例如，我们可以通过程序正义来控制法官在庭审中的行为，但却很难控制法官在庭审外的行为。很多法律程序运作因此变成了一种形式主义。程序正义在事实上的可见缺陷，决定了程序正义之所以被接受，离不开特殊的文化意识的支持与塑造。程序正义实际上在很多情况下并不能作为人们判断法律是否公正的媒介，② 很多中国人也很难理解为什么在不满意程序结果的情况下还要服从程序。如果一个社会没有程序传统，那么说服当事人相信即使法律决定暂时对其不利的情况下也有利于其长远利益，是非常困难的。通过以上论述，我们也可以看到意义层面缺乏认知的个人与群体很难基于现有法律制度建立对法律的情感认同。

由于高度复杂的法律知识体系与高度抽象的法律意义对大多数公民形成了一种事实上的"阻隔"，法律制度在某种意义上就变成了一种卢曼所谓的不可观察的"黑箱"（black box）。③ 法律制度不仅与公民之间形成了高度的知识不对称，而且在传统的道德文化直觉与日常生活互动中变成了一种意义上的异己物，这都使得法律必然会成为一种不确定的风险性存在。人们在向法律求助后，可能得到的是意料之外

---

① 参见 Fritz Kern, *Kinship and Law in the Middle Ages*, trans. by S. B. Chrimes, Basil Blackwell, 1968, pp. 149-180.

② 参见一项实证研究，张善根、李峰：《关于社会公众对法律人信任的探析——以对上海市社会公众的法律人信任调查为基础》，载《法商研究》2012 年第 4 期。

③ 此处借用了卢曼的术语，参见 Niklas Luhmann, *Social Systems*, trans. by John Bednarz, Jr. with Dirk Baecker, Stanford University Press, 1995, p. 14；Michael King and Chris Thornhill, *Niklas Luhmann's Theory of Politics and Law*, Palgrave Macmillan, 2003, p. 30.

的结果，利用法律可能是一件"冒险的事情"。① 这对欠缺专业知识、感到难以掌握法律的人不仅会造成认知负担，也会造成心理负担。人们在与法律打交道的过程中不仅受困于知识的匮乏，也可能产生心理上的不满与焦虑，并可能通过各种情绪化的方式爆发出来。尽管如此，如果我们还要享受法律所提供的各种公共服务，如果我们还承认法律即便对个人造成了不利后果但在整体上对社会也是有好处的，我们就仍然不得不同法律打交道，不得不与法律保持合作。这就要求我们不得不对法律的可靠性作出一定的认知与判断。但在公民与法律制度之间已经形成了严重的知识不对称与意义隔阂的情况下，如何认知与判断法律制度的可靠性？当然，这不可能是纯粹的理性认知，也不可能是纯粹的情感认同。但这种判断是什么呢？我们可以从信任的角度来解释这一点。

## 第三节　法律信任的认知原理：基于有限信息的风险性推断

法律和人们的生活密切相关，人们为了能够在和法律打交道时获得一定的确定感，必须对法律有所认知，但这种认知必然是有限的，因此必然也是一种冒险。信任就提供了一种既能够简化认知但又能够促进冒险行动的机制。按照卢曼的说法，信任是一种复杂性简化机制，减少了行动的其他可能性，没有信任，某些行动就是没有吸引力的。② 信任使得人们与法律合作而不是抗拒成为一种更优的选择。法律也需要人们的信任才能更好地运转。现代社会任何抽象、复杂的制度系统，提供的都是一种"非当面承诺"，远远超出日常生活面对面互动所能够提供的知识范围与意义内涵，其正常运转都特别地依赖于信任，而信任提供了一种能够超越时空有限性的交往机制。③ 人们作为知识有限的个体不可能完全做到对法律的理性认知，制度的意义也已经远超出个体的经验感知能力。而信任作为一种特殊的组织与理解信息的方式，能够将知与无知、理性与情感有机地结合在一起，更好地解释人们如何认知高度复杂的法律制度。

### 一、法律信任是基于符号化信息的推断

对于现代法律系统这种高度复杂与抽象的事物，人们趋向于通过一种简化的方式对其进行判断。戈夫曼认为，由于信息局限性，我们不可能精确地安排生活，多

---

① 参见[美]萨利·安格尔·梅丽：《诉讼的话语——生活在美国社会底层人的法律意识》，郭星华等译，北京大学出版社 2007 年版，第 5 页。

② 参见 Niklas Luhmann, *Trust and Power*, trans. by Howard Davis, John Raffan and Kathryn Rooney, John Willey & Sons Ltd, 1979, p. 25.

③ 参见[英]安东尼·吉登斯：《现代性的后果》，田禾译，译林出版社 2000 年版，第 23~29、73 页。

数情况下只能根据推论而行动。① 也即对非常无知的事物或现象，我们只能由浅入深、见微知著、以小见大。例如，当我们要判断一家饭馆是否卫生时，我们很少有机会去观察饭馆服务员在洗菜时是否认真，端上来的饭菜也无法直观地传达其是否卫生，而只能根据一些表面的信息，如桌面是否干净、服务人员穿着是否整洁来推断更深层次的卫生状况。无疑，这些推断可能是不准确与有风险的。本书就将这种风险性推断概括为信任。

信任是一种对于复杂现实的风险性简化机制，是根据有限的信息对未来的可靠性所进行的潜在性推断。信任的核心特征之一就在于其判断所依据信息的有限性。西美尔认为，信任介于知与无知之间，是关于他人未来行为的"假设"。② 这种"假设"必然是不精确的，因此信任是根据既有不确切的信息作出的不精确归纳与推断。③ 具体来说，信任是根据知来推断无知，根据有限的过去来推断无限的未来。对于我们完全知晓的人与事物，我们是没有必要信任的，因为我们可以掌控这个人或事物的一切，因此不需要对其不确定的未来进行冒险；而对于完全不知晓的人或事物，则无所谓信任还是不信任。大多数人由于缺乏专业法律素养，对于法律的认知也正是介于知与无知之间。虽然大多数人不懂得法律规范与运作知识及其背后的深厚原理，程序正义也很难将法律运行过程以一种没有"死角"的方式展示出来，但不论法律制度如何复杂、如何抽象，都必须落实为某些可观察与可理解的人、事件与行为。这些可观察与可理解的人、事件与行为即使不能代表法律制度的整体，也无法传达法律制度的深层次合理性，但对于无知的外行来说也会有着高度的象征性意义。这些认知成本较低的人、事件与行为也因此被符号化。人们一般只能基于既有的较为熟悉的认知模式与身边可获得的信息，将复杂的法律现象简化为易于辨识的符号，通过对现实经验的粗糙提炼，某些认知成本比较低且与法律的可靠性有一定关联的信息被挑选出来作为证明信任与不信任的指标性事件与关键变量。④ 信息的符号化不是任意的，信任推断中的信息符号是主体在特定语境下所选择的可获得、可理解并且与法律的可靠性有一定关联性的信息。这种关联性既可能是特定的法律文化传统赋予的，也可能来自个人独有或共享的生活与法律经验，还有可能来自某种普遍的人性。例如，中国是一个有着重实体轻程序传统的国家，实体法信息

---

① 参见［美］欧文·戈夫曼：《日常生活中的自我呈现》，冯钢译，北京大学出版社 2008 年版，第 2~3 页。

② 参见［德］盖奥尔格·西美尔：《社会学：关于社会化形式的研究》，林荣远译，华夏出版社 2002 年版，第 251 页。

③ 参见 Niklas Luhmann, *Trust and Power*, trans. by Howard Davis, John Raffan and Kathryn Rooney, John Willey & Sons Ltd, 1979, p. 26.

④ 参见 Niklas Luhmann, *Trust and Power*, trans. by Howard Davis, John Raffan and Kathryn Rooney, John Willey & Sons Ltd, 1979, p. 73.

就比程序法信息更容易被符号化。在很多公共法律案件中，如李某一案、药某鑫案、张某扣案等，实体问题而不是程序问题才是公众表达信任或不信任的认知焦点。在中国这个有着独特法律文化传统的国家，我们必须能够建构出契合于中国人的法律认知特征的符号体系。学理上的合理性论证不能代替中国人基于自有的法律文化对于法律认知符号作出的自主选择。这也意味着信任含有一定的理性选择成分，我们不可能信任任何人和任何制度，我们只会信任那些具有特殊符号特征的人或制度。

借鉴卢曼的术语，上述符号构成了连接心理系统与法律系统的"结构性耦合机制"（structural coupling mechanism），或个体认知复杂法律系统的"认知图式"（schemata）。① 为了不使得法律制度对于个人来说成为沉重的认知负担与心理负担，符号能够连接作为心理系统的个人与作为社会系统的法律，从而使得法律对于个人来说不那么难以理解与接受。一方面，法律需要通过认知成本较低的符号来赢得个人的信任与服从；另一方面，个人也只能通过这些符号来认知与信任法律。符号对于认知的意义在于其象征性，所谓象征性，也即由点及面、由表及里、以个别代替全部、以部分代替整体，并视之为理所当然。符号传达的信息虽然非常有限，但对于缺乏专业法律知识的人来说，却能够大大降低认知负担，成为判断法律制度在整体上的可靠性的关键依据，这在现实当中是不可避免的。例如，我们要判断司法制度是否公正，但任何人都没有能力对各级人民法院判决的公正性进行整体性的调查，或者对法官群体的知识与履历进行深入的审视，而是取决于某些认知成本较低的少数信息，例如被曝光出来的法官腐败是否能够得到严厉的惩治，被公开发现的死刑冤案是否得到纠正，冤案制造者是否得到严厉惩治，以及司法机构在与当事人进行面对面互动时所传达出来的各种直观的道德印象，等等，而很多其他信息则可能被忽略，如法官整体上的业务水平，判决书推理的专业质量，诉讼法对于法官权力的实际制约效果，知识产权案件的审判质量，等等，这些信息由于太过于专业而无法被符号化，大多数人是没有能力根据这些信息作出判断的。类似于安东尼·道恩斯所说的"理性的无知"②，或奥利·拉格斯佩兹所谓的"审慎的天真"③，法律专业知识欠缺的人群不得不放弃对于法律制度深层次专业合理性的考察，而根据这些容易获取而认知成本又较低的信息符号来推断法律制度不可观察或不可理解的内在可靠性，由此来降低认知负担。符号之所以必要，是因为我们无法看得见符号背

---

① 参见 Niklas Luhmann, *Theory of Society*（*Volume* 1），trans. by Rhodes Barrett, Stanford University Press, 2012, p. 61.

② 参见 Anthony Downs, "An Economic Theory of Political Action in a Democracy", *The Journal of Political Economy* 65, 1957, p. 139.

③ 参见 Olli Lagerspetz, *Trust: The Tacit Demand*, KLuwer Academic Publishers, 1998, p. 30.

后的未来，符号的指涉因此不能完全排除现实可能是另一个样子。① 因此，法律信任中的判断是不精确的，正如西美尔所说的，信任只是"推理知识的一种弱形式"，② 或者如卢曼所认为的，信任"没有确切的根据"（no decisive grounds）。③ 我们对法律的信任正是这样一种不精确的推断，其并不能保证法律事实完全等同于经验事实，通过程序正义就能够得出实体正义，使公共利益与个人利益完全相符。正是由于这些都很难做到，我们才需要信任。从另一方面来说，中国的法律信任危机很多时候并不是因为法律制度在实质上就是不可靠的，恰恰相反，改革开放以来所推行的法治建设使得法律制度有着显著的进步，但民众对于法律的信任水平仍然有可能会比较低。④ 因为相应的符号体系并没有发生对称性的根本性改观，有些关键的信息在符号层面的意义并没有缩减，反而可能得到强化。如冤案信息通过自媒体的广泛传播对于公安与司法机关的声誉极具杀伤力。⑤ 无疑，在公众对法律的种种不信任中有很多"误解"，但要消除这种"误解"却并非易事。

信任与不信任在功能上是等价的，都具有使得人们在面对无知时适应风险的功能。⑥ 信任与不信任在认知原理上基本类似。信任是基于正面的信息符号作出的正面推断，而不信任是基于负面的信息符号作出的负面推断，是基于有限信息对未来所作出的整体性否定。不信任也是一种风险性的简化机制，也具有和信任对等的降低认知负担的功能，只不过是以一种消极的方式。信任与不信任都是在信息与知识有限的情况下，以一种整体肯定或否定的态度来对待难以理解与控制的对象。就此而言，法律作为一种复杂的制度系统，类似于经济市场上的"信赖品"，如电冰箱、电视机、汽车等，大多数消费者是无法掌握这些产品的内在结构与运作原理的，因此也无法准确判断这些产品的内在质量。对于"信赖品"，我们只能相信或不相信，

① 参见 Niklas Luhmann, *Law as a Social System*, trans. by Klaus, A. Ziegert, Oxford University Press, 2004, p. 146.

② 参见[德]西美尔：《货币哲学》，陈戎女等译，华夏出版社 2002 年版，第 111 页。

③ 参见 Niklas Luhmann, *Trust and Power*, trans. by Howard Davis, John Raffan and Kathryn Rooney, John Willey & Sons Ltd, 1979, p. 26.

④ 请参见一个相关的实证调查，江西省高级人民法院课题组：《人民法院司法公信现状的实证研究》，载《中国法学》2014 年第 2 期。

⑤ 参见胡铭：《司法公信力的理性解释与建构》，载《中国社会科学》2015 年第 4 期，第 94~95 页。

⑥ 参见 Niklas Luhmann, *Trust and Power*, trans. by Howard Davis, John Raffan and Kathryn Rooney, John Willey & Sons Ltd, 1979, p. 57; [德]扬·菲利普·雷姆茨玛：《信任与暴力：试论现代一种特殊的局面》，赵蕾莲译，商务印书馆 2016 年版，第 57 页。

这不同于"检查品"：购买检查品的当时就能发现质量是好还是坏，① 如西瓜是否熟了，大白菜是否新鲜等。法律就是一种"信赖品"。由于大多数公民不懂得专业的法律知识与原理，对于司法部门与执法部门的行为不可能做到全盘、持续、即时的了解与控制，因此当我们与法律打交道时，有时很难判断法官与执法者是否做到了专业上的合理与公正、在很多看不见或难以理解的决策过程中是否尽职尽责。我们只能基于法律制度所显现出来的那些易于认知甚至肤浅的信息，来推断法律制度的深层次合理性与公正性，也即我们只能有风险地信任或不信任法律。

## 二、法律信任是一种促进冒险行动的机制

信任不需要对被信任对象完全了解与掌控，是一种基于有限信息所作出的不精确推断。在这一意义上，信任降低了缺乏法律专业知识人群的认知负担。但信任中的推断肯定是有风险的，因为"信任不只是来自过去的推断，它超越它所收到的信息，冒险地去决定未来"②。信任"透支"来自过去的信息，冒险地将其作为对他人未来行为的推断依据。信任就是一种促进冒险行动的机制。③ 在隐喻意义上，信任就是"相信他人未来的可能行动的赌博"④，"赌博"显然是在冒风险，因为结果具有高度的偶然性。就此而言，信任所促成的冒险行动某种程度是建立在"幻觉"之上的，因为"可利用的信息少于保证成功的信息"，⑤ 但信任所具有的这种冒险功能恰恰是复杂的法律制度所需要的。

现代法律制度作为一种抽象系统，其正常运转必须依赖于信任。总体上来看，法律制度提供的是一种"反事实"的承诺，其失去了日常生活中人际承诺所具有的可以观察与可验证的特征，变成了一种建立在大多数人不可理解与不可验证的原则与知识基础上的抽象能力。由于信任是通过符号得以控制的，并不是一种完全的认知，而如果我们又是基于个人信息来源建立对抽象系统的信任，那么相比基于个人

---

① 参见[美]理查德·波斯纳：《超越法律》，苏力译，中国政法大学出版社 2001 年版，第574 页；也可参见郑也夫、彭泗清等著：《中国社会中的信任》，中国城市出版社 2003 年版，第250 页。

② 参见 Niklas Luhmann, *Trust and Power*, trans. by Howard Davis, John Raffan and Kathryn Rooney, John Willey & Sons Ltd, 1979, p. 20.

③ 参见[美]詹姆斯·S. 科尔曼：《社会理论的基础》，邓方译，社会科学文献出版社 2008 年版，第99 页；还有学者系统分析了信任与风险在概念上的对应关系，参见 T. K. Das and Bing-Sheng Teng, "The Risk-Bases View of Trust: A Conceptual Framework", *Journal of Business and Psychology* 19, No. 1(Fall, 2004), pp. 85-116.

④ [波兰]彼得·什托姆普卡：《信任：一种社会学理论》，程胜利译，中华书局 2005 年版，第33 页。

⑤ 参见 Niklas Luhmann, *Trust and Power*, trans. by Howard Davis, John Raffan and Kathryn Rooney, John Willey & Sons Ltd, 1979, p. 32.

信息来源建立对个人的信任，就显得更加脆弱。① 因此，与法律这种高度抽象的系统进行合作，必须要进行冒险。类似于查尔斯·蒂利的说法，如果我们信任法律，实质就是"把利害攸关之事置于他人的失信、失误或失败的风险当中"②。而且法律制度本身就存在着大量的不可避免的自由裁量权，任何自由裁量权都存在不可控的风险，而信任从某种程度上来说就是应付他人自由裁量权的一种独特机制。③ 总之，法律是一种极为复杂而又存在大量自由裁量权的制度系统，其不可能像机器系统那样"分秒不差"，而必然会存在各种错误的可能性。但对于大多数欠缺专业法律知识的人来说，他们也很难准确地区分哪些运作是错误的、哪些是正确的，哪些错误是合理的、哪些错误是不合理的，这超出了大多数人的认知能力。因此，我们不可能通过理性化的精准方式来实现与法律的合作。尽管如此，法律即便有风险，但如果我们希望法律在高度复杂的社会发挥必要的秩序整合作用，就必须获得人们"总体上的信任"：④ 对法律系统的各种优点与瑕疵不加区分的广泛包容性。对法律的总体信任有利于使人们对法律各种不可知而又不可避免的风险保持"必要的沉默"，⑤ 而不会因为过于担忧法律的固有风险而拒绝对社会整体有益的合作。

信任对于人们接受法律系统的固有风险是极为重要的。如果人们信任法律，即使人们对法律知之甚少，也会对法律持有一种整体性的正面态度，即使发生错案与冤案，人们也会将其当成偶然性的"意外"而不是当成制度不可靠的关键象征。只有当人们信任法律时，才能在对法律知之甚少的情况下与其保持合作。但如果不信任法律，一方面，人们对法律的正常运作就会"吹毛求疵"，而有着内在固有风险的法律根本经不起"吹毛求疵"；另一方面，即便法律制度已经实现了最大程度的实质可靠性，也难以得到人们的理解与认同。前者如湖北邓某娇案、浙江钱某会案、江苏昆山反杀案，本来公安部门在办案过程中就不可能完全做到行云流水、没有任何迟滞，多多少少会存在一些反复与纠错的情况，但在不信任的态度之下，任何执法上的瑕疵都会成为徇私枉法与阴谋论的关键象征。因此，我们能够看到民众

---

① 参见 Patrick Sumpf, *System Trust：Researching the Architecture of Trust in Systems*, Springer, 2019, p.70.

② 参见[美]查尔斯·蒂利：《信任与统治》，胡位钧译，上海世纪出版集团 2010 年版，第 15 页。

③ 参见 Diego Gambetta, "Can We Trust Trust?" In Diego Gambetta, eds., *Trust：Making and Breaking Cooperative Relations*, Blackwell, 1988, pp.213-237; Russell Hardin, *Trust and Trustworthiness*, Russell Sage Foundation, 2002, pp.11-12.

④ 参见[德]尼克拉斯·卢曼：《法社会学》，宾凯译，上海世纪出版集团 2013 年版，第 304 页。

⑤ 参见[英]安东尼·吉登斯：《超越左与右：激进政治的未来》，李惠斌、杨雪冬译，社会科学文献出版社 2009 年版，第 120 页。

在这些极具争议性的案件中"鸡蛋里挑骨头"，对执法机关的任何行为都能找到疑点与瑕疵。后者如杭州胡某交通肇事案、西安药某鑫故意杀人案、北京李某一案，以及近年来的山东于某案、陕西张某扣案，即便这些案件在侦查与审理过程没有任何实体法与程序法上的问题，民众也能够"构思"出种种徇私与包庇的谣言来。而中国法律制度在本就不完善，还在不断地转型、不断调适法律与社会之间关系的情况下，还必须接受不信任的严酷考验，使得法律制度的固有风险更难被人们所接受。在我国，人们对法律的不信任导致了一系列的后果。不信任会漠视法律运作实质上的合理性与有效性，导致人们即使还未辨明法律实质上利害的情况就拒绝与法律合作。例如，即便司法程序更有效，人们也可能会无止尽的上访而不是接受法院的终审判决，① 发动群体性事件而不是等待执法者的认定结论，发生纠纷后首先想到的是运作关系，一出现争议性案件就总是盲目否定执法者的动机，等等。

正由于信任是一种促进冒险行动的机制，信任对于法治最大的意义在于即便人们遭遇了令人失望的法律事件，仍然能够对法律保持正面的期望。由于现代法律制度的复杂性及其对于个体的内在不确定性，当我们与法律打交道时，失望风险是不可避免的。但信任的意义就在于即使遭遇失望还能坚持对法律的正面态度。正所谓"患难见真情"，当我们有利可图时，遵守法律是不足以说明法治的稳定性的，只有当出现令人失望的不利法律决定时，我们还能相信法律的整体可靠性，还能够继续坚持将实质上可能不合理的法律作为行为的正当性依据，法治才能经受住不可测的社会环境变化而呈现出强大的稳定性。信任或不信任一旦形成就会具备"反事实性"，从而能够不以经验为依据而具有独立的判断能力。因此在面对法律制度客观上不可避免的风险时，信任能够有效地增加对风险的内在承受力，使得人们与法律之间有益但也可能有风险的合作成为可能。反之，人们在不信任的支配下，即使和法律进行合作，持有的也是一种有好处就合作、没好处就不合作的机会主义态度。② 造成此问题的原因在于，法律制度由于其固有的风险性，根本无法保证在一切情况下总能提供有利的产出。

① 有一种观点认为，即便上访成本很高、容易被打压、成效不大以及司法程序更有效，很多上访者也会上访，原因在于上访者对于过于对抗性的司法程序比较陌生与排斥，而对上访中的妥协与温和更有"适感"。我们也可以将其视为信任的缺乏，即便司法程序实质上更有效也是如此。参见张泰苏：《中国人在行政纠纷中为何偏好信访?》，载《社会学研究》2009年第3期。
② 可参见关于依法纳税的经验研究，参见 Georgia Kaplanoglou and Vassilis T. Rapanos, "Why do people evade taxes? New experimental evidence from Greece", *Journal of Behavioral & Experimental Economics*, Vol. 56, 2015, pp. 21-32；类似经验研究，也可参见：Erich Kirchler, Erik Hoelzl and Ingrid Wahl, "Enforced versus voluntary tax compliance: The 'slippery slope' framework", *Journal of Economic Psychology*, Vol. 29, 2008, pp. 210-225.

## 第四节　法律信任的情感保证与阈限控制

要实现对法律的信任，必须解决三个方面的问题：第一，信任中的推断如何在有风险的情况下还能够在心理上被接受？第二，人们基于何种符号化的信息来对法律制度的内在可靠性进行推断？第三，由于法律信任中符号判断的高度敏感性，如何实现法律信任的稳定性？我们首先来论述第一个问题。法律信任是根据知推断无知，基于有限的符号信息推断不可知的未来的。这能够表明法律信任是有一定的理性考虑的，信任中的行为选择不可能是任意性的，我们会根据自己的知识与信息水平，尽可能降低选择的风险。但法律信任的功能不仅仅限于此。在主观层面上，法律信任还会使得我们"放心"地将对不可知未来的期待建立在既有的有限信息符号基础上。但这种"放心"的原理是什么呢？就此而言，卢曼认为，在信任当中，复杂性不仅被外在结构与过程所简化，也被内在结构与过程所简化。① 这意味着信任不仅通过对法律制度中的各种制度符号体系的认知与选择来降低客观风险，也通过心理系统的情感机制来增加对客观风险的主观承受力。这之所以有可能，按照近年来认知心理学研究中由心理学家埃文斯提出并已经被普遍接受的双重过程理论，是因为信任是包含启发式（heuristic）认知模式与周密式（elaborate）认知模式的双重过程，是一种能够自动促成客观结构向主观经验转化的"适应性理性"（adaptive rationality）：人们会根据情境调整有意识、费力的风险计算的范围，从而以灵活的、直觉化的方式来进行快速决策。② 启发式认知模式偏向情感与直觉，能够基于关联信息作出快速决策，而周密式认知模式则偏向理性与审慎，要求充分的认知能力与有意识的风险计算。但信任将两者融合起来，提供了一种高度灵活的认知模式，能够使我们在情境信息线索的引导下，放弃对于充分信息的追求与对于风险的过分计算，从而以情感来化解外界的不确定性。不同于一般意义上的理性，信任在这里呈现为一种特殊的社会现实。对缺乏法律专业知识的人来说，信任不仅在客观上降低了认知负担，还从主观层面使得这种"降低"在心理上被接受，从而不会产生过重的心理负担。这则需要情感来保证。在社会学当中，情感是一种促进"深度

① 参见 Niklas Luhmann, *Trust and Power*, trans. by Howard Davis, John Raffan and Kathryn Rooney, John Willey & Sons Ltd, 1979, p. 79.

② 双重过程理论最早源自英国心理学家 Evans 的研究，参见 J. St. B. T. Evans, "Dual-processing accounts of reasoning, judgment, and social cognition", *Annual Review of Psychology*, Vol. 59, 2008, pp. 255-278；有学者将其引入到信任的解释中，参见 Stefan Alexander Rompf, *Trust and Rationality An Integrative Framework for Trust Research*, Springer, 2015, pp. 78, 166-188；国内学者的类似研究，参见王凌皞、葛岩、秦裕林：《多学科视角下的守法行为研究——兼论自动守法中高效认知界面优化》，载《浙江社会科学》2015 年第 8 期。

社交"的适应性策略,有利于人类对信息的快速检索,提升注意力,引导行为,强化事件归因,促进社会团结。① 就此而言,信任中的情感有利于强化符号化事件的归因,使得归因变得理所当然,我们就能够基于有限信息符号与他人进行有风险的合作,而不会陷入患得患失当中。情感将基于有限理性的推断扩展至有风险的情境当中,以一种特殊的方式和理性考虑"糅合"起来,从而形成了一种既不能等同于情感也不能等同于理性的特殊社会现实。

## 一、法律信任的情感保证

法律信任当中虽然包含一定的理性计算,但这种理性计算是潜在性的,这就体现于信任的情感特质:在信任当中,情感是认知世界的一般化模式,独立于理性的考虑与客观的信息。② 情感并不是只存在于家庭或爱情领域,而是一种非常普遍的现象,对于人之外的自然、国家、制度,我们都可能有一些理性无法左右的情感偏好。情感在这里是一个高度一般化与客观化的概念,不限于家庭、爱情或道德领域的情感,尽管不同的原因导致的情感强度可能不同,但面对任何对象,我们都可能需要情感来弥补理性的不足。情感与理性在信任中得到特殊的组合,理性计算也许存在于情感的起源处,情感一旦形成,人们就会放弃理性计算,变得盲目。我们对法律的信任,不论基于何种经验所形成,一旦形成就具备了情感上的独立性,可以漠视经验的变化以及无需进行个案性的理性计算。但法律信任中的情感不是来自某种亲密关系,因为法律信任不是对熟悉个体的信任,而是对抽象系统的匿名化信任,其主要来自有着公共性导向的道德情感,如对公平的执着与偏好、对不相关弱者的怜悯、对于不公或腐败的愤慨。③ 但在特定的经验背景下,情感的形成并不需要主体去刻意追求,而是伴随人类认知行为所产生的自发性现象,由此才能帮助信任者降低心理负担、实现自动化决策。因此,信任的情感特质规避了我们在面对复杂法律制度时理性计算的不可能性。在一般性意义上,情感可以独立于经验的变化而保持一定程度的稳定性,因此情感的社会功能在于以内在结构与过程化解来自社会的外部不确定性。按照卢曼的观点,情感是心理系统对抗外界不可预见干扰的"免疫机制",从而使得心理系统能够保持持续的自我再生产。④ 情感在法律信任中

---

① 参见 Jonathan H. Turner, *Human Emotions: A sociological theory*, Routledge, 2007, pp. 28-39.

② 参见 Bernd Lahno, "On the Emotional Character of Trust", *Ethical Theory and Moral Practice* 4, 2001, pp. 171-189.

③ 例如,在人类心理中对公平的偏好是一种与生俱来、超越个人利益的情感,在很大程度上支持了法律的社会正当性。参见伍德志:《守法行为中的公平偏好:基于实验经济学的启示》,载《法制与社会发展》2019 年第 6 期。

④ 参见 Niklas Luhmann, *Social Systems*, trans. by John Bednarz, Jr. with Dirk Baecker, Stanford University Press, 1995, p. 274.

的意义就在于，让人们在面对法律制度各种不可测的风险时保持一种"处变不惊"的坦然心态。这是非常必要的，因为法律制度的复杂性已经超出了个人的认知能力，如果没有情感的免疫，人们参与到法律过程中就会患得患失、焦躁不安。① 因此，由于认知的局限性，人们对法律的信任在一定程度上就是用内在的情感处理代替了外在世界的原生保证，② 以心理上的勇敢态度来对待外界的不安全，通过超越可利用的信息以及泛化的行为期待，信任用内部保证的安全替代外部缺失的信息。

具体来说，信任中的情感是一种"感觉的稳定化"（stabilization of feeling）：确立非常广泛的对环境和时间影响的暂时不在乎，对其他事物暂时的不敏感，这些事物对于不分享这种情绪的所有目击者来说仍然是触目惊心的。③ "情人眼里出西施"就是一种不受其他人意见左右的"感觉的稳定化"。而我们在很多争议性案件中有时也会认为，法官和执法者无论做什么都是错的，这种对法官或执法者不问青红皂白的否定，不也是一种"感觉的稳定化"吗？因此，情感判断是"先验"与盲目的，或者按照休谟的说法，情感是一种"原始的存在"。④ 情感在这里就提供了一种信息有限的情境下自动化的决策模式，使得欠缺法律专业知识的人群在面对不可知的法律时，能够快速地作出判断。但情感的这种功能不是没有代价的，其也导致了认知的盲目性。信任作为一种内化情感的机制，能够"将经验泛化，使它们延伸到其他'类似的'的案例，而且在它们经受得住检验的范围内，它们使对区别的不介意稳定化"。⑤ 情感的形成也许不是完全没有任何经验依据，但其一旦形成，就超越既有的有限经验获得独立性，并且能够形成对未来的预先判断。一种正面的情感能够建立漠视不同案例变化的"泛化"态度，即使法律过程的运作与结果不完全是连续与可预测的，这种态度也能够使人们在未掌握充分法律知识与信息的情况下"心安理得"地面对法律的不确定性。对法律的信任在一定程度上可以被视为是一种正面的情感与感觉的稳定化，其能够使人们对法律的认知得到简化，能够使我们预先以一种较为单一的正面态度来对待法律的不确定性，而不会在与法律打交道时陷入患得患失的极度"心理紧张"。

---

① 笔者在法律实务当中对此深有感触，很多当事人在面对司法程序时，由于缺乏信任，对于司法能否兑现自己的合法权益往往极为焦虑，在未能达到自己的预期时，对于法官与法院极容易爆发出各种愤怒与谩骂。

② 参见 Niklas Luhmann, *Trust and Power*, trans. by Howard Davis, John Raffan and Kathryn Rooney, John Willey & Sons Ltd, 1979, p. 27.

③ Niklas Luhmann, *Trust and Power*, trans. by Howard Davis, John Raffan and Kathryn Rooney, John Willey & Sons Ltd, 1979, pp. 80-81.

④ 参见[英]休谟：《人性论》（下册），关文运译，商务印书馆 1980 年版，第 453 页。

⑤ 参见 Niklas Luhmann, *Trust and Power*, trans. by Howard Davis, John Raffan and Kathryn Rooney, John Willey & Sons Ltd, 1979, p. 26.

法律信任中情感的盲目性也与信任对符号的高度依赖密切相关。由符号引起的反射性行为会置符号所表达的终极事物于不顾，因此有着特殊的"执着性"。① 人们可以置法律制度实际上的进步于不顾，而盲目地基于某些认知成本较低的粗浅符号信息来激烈地否定法律决定的合理性。例如，中国法治建设改革开放以来已经取得了巨大的进步，但只要发生类似于呼某案这样极具轰动性的标志性案例，就可能引发社会对刑事司法制度的整体性质疑，并且这种不信任也会在其他舆论争议性案件中爆发出来。

法律信任中的情感成分是非常必要的。通过情感，法律信任"阻止"了法律被人们过分地理性反思。法律很多时候也是经不起理性反思的，一旦我们开始有意识考虑法律的风险，也就无法信任法律了，正如如果我们对于医疗机构的风险知根知底的话，也就不会对医疗工作深信不疑了。法律信任不仅通过符号化的选择降低了法律在客观上的不确定性，而且减少了法律在主观上的不确定性，而主观不确定性的减少是通过"盲目"的情感来保证的。尽管法律信任有一定的理性计算成分，但信任当中的理性计算与反思只能是潜在的，并凝结为固化的情感，由此变成了一种不再需要进行重复理性计算的直觉性反应。信任本身不能成为公开讨论的主题与理性计算的对象。在信任实践中，当信任的相关事务被议题化时，就已经说明信任成问题了，这会给人以反思性的启发：似乎信任的理由需要重新考察。② 一旦我们以理性的态度来计较法律制度的风险，法律信任也就不复为信任了。当我们开始公开考虑法官是否徇私枉法、是否包庇有权有势者时，不论是否属实，都已经是不信任的状态了。美国前检察官佩特罗总结出美国社会所谓的导致冤假错案的"八大司法迷信"，③ 也是法律信任的非反思性的一种表现。任何司法系统都可能存在冤案，但即便如此，其仍然需要人们的遵守与合作，这就只能依赖于信任，信任会使我们"想当然"地认为：只要有了那些便于认知但可能较为肤浅的符号化信息作为可靠性的依据，就可以"高枕无忧"了。冤案在一个法律被信任的社会就不是太大问题，其会被当成"意外"来处理。相反，如果没有信任，任何冤案都会成为制度失败的关键象征。在我国的很多争议案件与冤假错案中，当当事人和公众要求对执法与司法的内幕信息刨根究底时，这已经是不信任了。

简而言之，法律信任为那些不懂法律的人提供了重要的心理安全，由此使得缺乏专业法律知识的人群与专业的法律制度的合作变得可能。信任在这里是一种心照

---

① 参见[英]A. N. 怀特海：《宗教的形成·符号的意义及效果》，周邦宪译，贵州人民出版社 2007 年版，第 96 页。

② 参见 Olli Lagerspetz, *Trust: The Tacit Demand*, KLuwer Academic Publishers, 1998, pp. 29-32.

③ 参见[美]吉姆·佩特罗、南希·佩特罗：《冤案何以发生：导致冤假错案的八大司法迷信》，苑宁宁、陈效译，北京大学出版社 2012 年版，第 303~306 页。

不宣的要求(tacit demand),① 法律如要实现其功能,只能通过信任将人们有限的理性反思"潜伏"起来,因为能够保证信任成功的信息非常有限,如果人们意识到这一点,就无法"放心"地依赖于法律了。由于信任不是纯粹的理性选择,信任无法被故意选择或被强求,② 信任只能是潜移默化、水到渠成的,"信任是命令不来的,它源自我们内心深处"。③ 我们不能有意识地决定是信任法律还是不信任法律,我们也无法强求自己或他人信任法律。付出信任的个体往往并不能明确地意识到自己付出信任的风险与收益,正如维特根斯坦所说:"人们可以不信任自己的感觉,他不能不信任自己的相信,在'第一人称现在时直陈式'的意义上,不存在'错误的相信'。"④信任具有一定的盲目性,付出信任者不会意识到自己是在错误相信,当然也不会意识到自己是在正确地相信。信任是一种没有意识到理性计算的泛化或弥散态度。正由于此,信任为人们在面对不可控的法律制度时提供了一种深层次的心理安全。正如我们在现实当中,我们对法律的信任多数情况下不是出于有意识的理性反思与审慎的利弊权衡,也绝不仅仅是因为某些优秀典型的舆论宣传、正面的统计数据或我们在个案当中得到了满意的结果。法律信任的培养是一个长期、潜移默化的过程。一些关于法律制度公信力的法治评估或问卷调查,实际上已经用对信任的反思代替了被反思的信任,从而导致以理论的逻辑代替了实践的逻辑,这也就很难探查法律信任的情感特征以及法律信任的水平。⑤ 无论我们是信任法律还是不信任法律,大多情况下不是经过对法律的收益与风险进行有意识反思的结果,而是在特定的文化背景下,长期性地、不自觉地基于某些特殊的信息符号所形成的一种高度泛化与弥散的内在态度。尽管如此,这也给大多数欠缺法律知识的人安心地与法律合作提供了必要的心理基础。

---

① 参见 Olli Lagerspetz, *Trust：The Tacit Demand*, KLuwer Academic Publishers, 1998, p. 5.

② 参见 Doran Smolkin, "Puzzles about Trust", *The Southern Journal of Philosophy* 46, 2008, pp. 431-449.

③ [法]阿兰·佩雷菲特:《信任社会——论发展之缘起》,邱海婴译,商务印书馆2005年版,第551页。

④ [奥]维特根斯坦:《哲学研究》,李步楼译,商务印书馆1996年版,第289页。

⑤ 对于法治评估的上述批评,参见伍德志:《论法治评估的"伪精确"》,载《法律科学》2020年第1期。关于法治评估的一些例证,请参见钱弘道等:《法治评估的实验——余杭案例》,法律出版社2013年版;中国社会科学院国家法治指数研究中心、中国社会科学院法学研究所法治指数创新工程项目组:《四川省依法治省第三方评估报告(2017)》,中国社会科学出版社2018年版;朱景文主编:《中国法律发展报告:中国法治评估的理论、方法和实践(2020)》,中国人民大学出版社2020年版;中国政法大学法治政府研究院编:《中国法治政府评估报告(2023)》,社会科学文献出版社2020年版;姚颉靖、彭辉:《上海法治评估的实证分析》,载《行政法学研究》2015年第2期;王启梁、李娜:《区域性法治评价的初步尝试——2009年"法治昆明综合评价指标体系"是如何形成的》,载《云南大学学报(法学版)》2015年第6期。

　　总的来说，类似于一般信任关系中的情感特征，法律信任"暂时中止了对于不可化约的社会脆弱性与不确定的考虑，似乎它们已经得到积极的解决，因此对于或多或少的特殊他人的行为与动机维持一种积极的态度"。① 因此，信任对于人们认知与遵守法律的意义不完全在于安全的增加与不安全的减少，而在于以安全为代价的情况下对于不安全的内在承受力的增加。② 法律信任作为"理性的非理性"，其含义正体现于此。法律信任的形成并不是基于对法律实质上的内在可靠性的理性认可，恰恰相反，而是以法律的内在不可靠性为前提的。在法律制度的客观风险难以被完全消除的情况下，我们就只能通过信任提升对客观风险的主观承受力，这也正是"盲目"的情感的重要功能。作为外行的大多数公民已经不可能做到对现代法律制度的透彻认知，法律成了异己物，而法律本身也不可能是完美无缺的，但在法律即使不完美却仍需遵守的情况下，主观层面的风险消化成了不得已的替代选择。人们对法律的信任不仅仅意味着人们对法律风险的机械接受，而且是对法律风险的内在消化，这意味着在行动上漠视风险的同时，也消除了心理负担。

　　如果没有对法律的信任，情感就会以另一种方式表现出来。尽管信任与不信任在功能上是等价的，都是一种风险性的简化机制，都规避了认知负担，但任何人在实际生活中无法自我孤立，仍然需要和他人打交道，而不信任的人由于放弃了对他人的依赖，此时行为者就必须开始考虑被欺骗的可能性，这导致行为者将所有认知负担与决策负担积聚于一身，这往往会产生对信息的苛求与极度的情感紧张。正如我们在很多争议性的案件中所看到的，由于不信任法律与司法，当事人和公众对于案件信息刨根究底但又不可得，最终陷入了口无遮拦的情绪化谩骂或无止尽的上访当中。在法律领域，不论是对法律的信任还是不信任，在某种意义上都是一种"不分青红皂白"的盲目情感。信任法律意味着，不论我们关于法律运作的知识是否充分，法律结果对自己是否有利，都能够"放心"地将自己的重大权益托付给法官和执法者的自由裁量权与不可观察的法律过程。而不信任法律则意味着，即便最后的法律决定实质上是公平合理的，公民都总能找到怀疑与否定的理由。现实当中的各种争议案件与上访案件正体现出这一点。信任与不信任都能够使公民泛化地对待不同的法律经验：信任能够不加区分地、正面地对待实质上有利与不利的法律决定，而不信任则不加区分地、负面地对待实质上有利与不利的法律决定。而在法律制度的风险不可避免的情况下，我们恰恰需要信任情感中的泛化态度，使得人们即使在遭遇失望时还能够坚持对法律的正面态度。法律无论如何都难以做到完美，只有在被信任的情况下，法治才得以成为稳定的制度状态。

---

　　①　参见 Guido Mollering, *Trust: Reason, Routine, Reflexivity*, Elsevier, 2006, p. 111.

　　②　参见 Niklas Luhmann, *Trust and Power*, trans. by Howard Davis, John Raffan and Kathryn Rooney, John Willey & Sons Ltd, 1979, pp. 26-27, 78-80.

## 二、法律信任判断的"阈限化"

法律信任中的情感是一种泛化态度，正因为如此，为了避免对经验的无限泛化以及判断风险的无限扩大，对于这一能力必须予以限制，这要求情感在某个界限表现出根本性的否定。① 这在信任当中就体现为符号判断的敏感性。符号上的任何微不足道的瑕疵往往会导致对法律决定与过程的整体性否定。信任与不信任之间通过符号来划界，但符号在简化问题的判断的同时，也有着高度的敏感性。因为符号易于控制与辨识，所以通过符号的法律信任有着高度的可控性与稳定性，只要不逾越符号的界限，不论实际经验如何变化都可以假定是可信的；同时，也恰恰由于符号易于控制与辨识，超越界限也很容易被发现，因此法律信任又表现出高度的敏感性。就此而言，通过符号的控制，信任保持着对于经验变化的适应性，防止盲目的情感走向极端。

在卢曼的信任社会学中，符号构成了信任向不信任转化的"阈限"（thresholds）机制。② 阈限是一种特殊的心理反应机制，阈限的一边是泛化的信任，而另一边则是泛化的不信任，正如我们所熟悉的情感经验："爱恨令人盲目"。与此类似，法律信任推断中的各种符号就构成了信任与不信任之间相互转化的"阈限"，其大大简化了人们对于法律决定与法律过程的判断。通过阈限机制的控制，不是每一个异常事件都会引起怀疑，也不是每一次失望都会破坏信任。只要不超越阈限，我们就能够保持"感觉的稳定化"，法律过程中种种难以避免的瑕疵与不足就能够得到容忍，差异化的经验就能够被"拉平"，并得到一视同仁的泛化对待。这时不论法律结果对自己是否有利，人们都能够假定在不理解或看不见的法律过程中，法官与执法者对人们所不理解的法律知识的应用，总是公正与合理的，我们因此在心理上都能够坦然接受。一旦超越阈限，这种态度就会立刻导致反面的"感觉的稳定化"，事情也会立刻走向反面，法律过程中的一切瑕疵与不足，不论其是否合理、真实，都会视为法律制度整体不可靠的关键象征。法律信任通过符号的"阈限化"使得信任与否的判断变得二元对立化，对于复杂法律运作的判断被分化为两极。"阈限"在此就对情感发挥了这样一种监督功能，使得情感的判断必须在某一界限表现出根本性否定，从而不至于完全失去对外在经验的适应性。情感的逻辑决定了"阈限"引发的变化很多时候是"断崖"式的，而不是渐进式的，例如呼某案也许只是个案，

---

① Niklas Luhmann, *Trust and Power*, trans. by Howard Davis, John Raffan and Kathryn Rooney, John Willey & Sons Ltd, 1979, p. 73.

② "阈限"最初从认知心理学发展而来，如爱向恨转化的界点，卢曼将其引入社会学当中。参见 Niklas Luhmann, *Trust and Power*, trans. by Howard Davis, John Raffan and Kathryn Rooney, John Willey & Sons Ltd, 1979, pp. 73-74.

从该案发生至今中国司法制度也有着显著的完善与进步，但都不足以抵消该案作为标志性案例所引发的颠覆性的社会反应，这也对应情感对认知的简化。情感与信任当然有程度上的深浅，也会发生变化，但在阈限的范围内仍然是相对稳定的。情感与信任的一般性逻辑决定了情感与信任向反面的转变主要不是一种从量变到质变的渐进式过程，① 因为这对于个体来说意味着需要进行复杂、精细的计算，这会使得情感失去其应有的降低认知负担、促进快速判断的功能。

法律信任符号的阈限功能往往有着冷酷无情的严格性，因为跨越阈限的"一小步将带来巨大的变化"。② 信任与不信任之间的逆转常常具有戏剧性的特征，个别事件只要具有符号价值，就具有压倒整体的力量，"一个谬误就可以使信任全然无效"，③ 一朝事发，全盘皆输，毫不留情。因此，在阈限机制的控制下，信任遵循"全赢或全输"的原则，④ 一旦超越阈限，执法者就会陷入有理说不清、百口莫辩的境地。例如，在浙江钱某会案件中，虽然既有证据更能够证明钱某会是死于交通肇事而不是谋杀，但公众一旦得知钱某会是一个长期上访者，在如潮的谴责当中，这一则身份信息在特殊的语境下立刻使得公安机关的所有行为都蒙上了打击报复的色彩。⑤ 还如，在山东于某案中，"警察不作为"的传言构成了公众否定该案判决公正性的标志性事件之一，引发了对于办案法官与民警铺天盖地的情绪化指责。⑥ 这类案例在中国较为常见，如邓某娇案、药某鑫案、李某案、李某一案、张某扣案等。此外，还有中国社会群体事件中"社会泄愤"现象，也颇能说明阈限机制所引发的颠覆性的情绪反应：某些涉及社会不公的偶然事件与信息，能够迅速地点燃大量无利害关系者的怒火，进而动员他们参与大规模的破坏活动。⑦ 虽然大多数人对于事实本身缺乏了解，但某些关键的信息符号作为阈限机制能大大简化人们的判断。这

---

① 关于这一点的分析，参见伍德志：《论法治评估的"伪精确"》，载《法律科学》2020 年第 1 期。

② Niklas Luhmann, *Trust and Power*, trans. by Howard Davis, John Raffan and Kathryn Rooney, John Willey & Sons Ltd, 1979, p. 73.

③ Niklas Luhmann, *Trust and Power*, trans. by Howard Davis, John Raffan and Kathryn Rooney, John Willey & Sons Ltd., 1979, p. 28.

④ 参见[德]米歇尔·鲍曼：《道德的市场》，肖军、黄承业译，中国社会科学出版社 2003 年版，第 407 页。

⑤ 参见叶文添：《钱云会：圈地背后的生命负重》，载《中国经营报》2011 年 1 月 3 日，第 A1 版。

⑥ 参见梁波、沈轶：《刺杀辱母者何以被判无期?》，载《华西都市报》2017 年 3 月 26 日，第 A1 版；另请参见相关的舆情分析，魏永征：《群体智慧还是群体极化——于欢案中的舆论变化及引导》，载《新闻记者》2017 年第 11 期。

⑦ 参见于建嵘：《当前我国群体性事件的主要类型及其基本特征》，载《中国政法大学学报》2009 年第 6 期。

是人们面对无知时所产生的一种高度简化的二元对立反应。这种判断可能非常武断和盲目，因为其信息来源完全可能是捕风捉影。在信任逻辑的支配下，人们不需要去具体分析法律决定是否符合法律上的权利要求，也不需要去核实法官与执法者的事实证据，就可以"不分青红皂白"地整体性否定法律决定与法律过程的公正性与合理性。我们有时会说这是由于"群众不明真相"，但对于与法律制度有着高度信息与知识不对称的大多数人来说，"不明真相"很多情况下是不可避免的。

从更具客观性的视角来看，法律信任中的盲目情感与符号阈限也并非完全没有任何合理性。人们由于对法律制度的认知局限性，不可能基于充分的信息与知识对法律决定与法律过程进行理性的认知与权衡，因此不可能准确、细致地区分公正与不公正、合理与不合理的法律决定与过程。在扑朔迷离的争议性案件中，人们为了减轻自己的认知负担，要么采取完全肯定的态度，要么采取完全否定的态度。这是人们在面对无知时为降低认知负担所普遍采取的一种认知模式。正如雷姆玛茨所说，"人们不能差不多地信任"，"信任不能忍受矛盾，也不忍受模糊不清"。① 这类似于曾经有记者向某著名央视主持人提到国家市场监管总局检验国产奶粉的合格率是99%，问其是否有信心，但该主持人却反驳说，他不知道另外1%在哪。② 在发生三鹿奶粉事件后，人们对国产奶粉的不信任不会因为统计数字上的良好表现而改观，在现实的生活中，普通的消费者是无法辨别少量的不合格奶粉的。这导致大多消费者只能以一种盲目的正面或负面的态度来对待所有国产奶粉，这就体现为国人对国产奶粉的整体性不信任。对于法律制度来说也是如此，人们也不会因为司法系统每年公布的各种表现良好的结案率、上诉率、调解率、改判率等统计数字而就会更加信任法院。对于信息匮乏的普通民众来说，这些抽象的统计数字意义太过于复杂，也根本无法指明个人或社会的利害得失。日本学者棚濑孝雄曾指出，人们是否选择利用审判制度，并不是合理计算的结果，由于审判涉及的因素太复杂，对利用审判可能带来的利弊以及是否会实现期待的利益进行预测是非常不确实的。③ 因此，由于这种"必然的无知"，人们很难对法律制度的风险进行精确的理性计算，而是倾向于采用一种整体性的肯定或否定态度。如果是一种整体性的肯定性态度，少量的不确定性与不公正性就会被当成意外而可以"忽略不计"，而这正是信任所保障的。但如果是一种整体性的否定性态度，那么无论我们如何通过统计数字苦口婆心地强调法律的内在可靠性，也无法消除民众对于那些即使少量但无法辨别的不

① ［德］扬·菲利普·雷姆茨玛：《信任与暴力：试论现代一种特殊的局面》，赵蕾莲译，商务印书馆2016年版，第14页。

② 参见刘凌林：《寻找1%》，载《中国企业报》2013年3月12日，第17版。

③ 参见［日］棚濑孝雄：《纠纷的解决与审判制度》，王亚新译，中国政法大学出版社2004年版，第210~211页。

确定性与不公正性的疑虑，人们反而会将少数的负面信息放大为整体性情况。在我国大量极具争议性的案件中，当事人与公众在缺乏证据的情况下首先采取的是一种对法律的整体性否定态度，并且将法律过程中任何也许并非有意为之的瑕疵都当成徇私枉法的关键象征。

通过以上分析可以看到，法律信任既有理性的考虑，也有情感的保证，但法律信任既不能化约为纯粹的理性，也不能化约为纯粹的情感，而是理性认知与盲目情感有条件的内在结合，是一种特殊的社会现实。[①] 如果我们将法律信任等同于纯粹的理性，则会因为超出大多数人的认知水平和理性能力而导致心理上的焦虑；但如果我们将法律信任等同于纯粹的情感，则会使得法律信任完全失去经验上的适应性与可选择性。法律信任是对既有信息的"透支"，其将过去的有限经验想当然地延伸到对不可知未来的判断当中，这种"想当然"是通过"泛化"的情感及其阈限机制来予以保证与限制的。法律信任是将有限的理性考虑内化于情感当中，从而使得理性选择的风险被消解于主观的盲目情感当中，人们因此能够在即使成功得不到完全保证的情况下也会"放心"地与法律打交道。

## 第五节　法律信任对符号化信息的筛选

法律信任选择何种信息作为其推断的依据呢？一般说来，由于大多数人未曾受过专业、系统的法律教育，他们用以判断法律内在可靠性的信息的认知成本应比较低，在知识层面应具有可得性，在意义层面应具有可理解性，两者应同时兼备，不可偏废，由此人们才更易于对之进行讨论。能够得到外行公众的特别关照与注意，从而在认知过程中被符号化与象征化，成为判断法律制度可靠性的关键性依据。而其他方面的信息，即便能更准确地传达法律制度的内在可靠性，也会被漠视。基于符号的判断即使不准确，但也正如皮尔斯所说的，能够"使得低效率的意指关系变得有效"，[②] 但符号的选择并不是如索绪尔的符号学那样认为是任意的，而是包含了一定的"理据"。[③] 在中国的社会语境当中，我们可以从效力与实效这两个方面来论述法律信任的信息选择。对于很多人来说，道德构成了效力判断的基本信息，而制裁构成了实效判断的基本信息，这两方面信息选择的"理据"在于：道德属于普

① 这里借鉴了路易斯和温格特的说法，参见 J. David Lewis and Andrew Weigert, "Trust as a Social Reality", *Social Forces* 63, 1985, pp. 967-985.

② 参见[美]皮尔斯：《皮尔斯：论符号》，赵星植译，四川大学出版社 2014 年版，第 31 页。

③ 参见[瑞士]费尔迪南·德·索绪尔：《普通语言学教程》，刘丽译，中国社会科学出版社 2009 年版，第 88 页；[英]罗伯特·霍奇、冈瑟·克雷斯：《社会符号学》，周劲松、张碧译，四川出版集团 2012 年版，第 22~23 页。

遍的文化意识与日常生活常识，而制裁则与人皆有之的生理反应密切相关，两者作为信息符号，具有高度普遍的可得性与可理解性。这两方面的信息选择能够适应缺乏专业法律知识人群的认知能力，从而容易被符号化与象征化，有利于聚合成"法盲"们的认知焦点，成为他们认知与理解法律制度可靠性的关键媒介。

## 一、效力信息：道德的符号意义

法律效力的判断涉及对何为"应然"的判断，也即在实践当中，什么样的法律被认为是应当有效的。但法律规范本身无法达致这样一种认知，① 因为抽象的法律规范在知识与意义上对于很多人来说是陌生的。尽管今天的法律人基于实证主义也许会认为，只要基于某种立法程序制定的法律都是有效的，但我们却不能想当然地假定人们在实践当中也必然具备这样一种"法律意识"，他们判断法律效力并由此建立法律信任的方式并非来自那些遥远的立法活动，而只能是自己身边唾手可得或认知成本较低的知识。本书认为，大多数人判断法律效力的知识主要是来自道德。

大多数人所能够掌握的规范知识主要是道德，其生活的意义来源主要也是道德，因为道德从我们孩童之时就构成了学校教化与社会教化的内容。我们可能没学过法律，但不可能没学过道德。道德是一种类似于黑格尔所说的"第二天性"，② 因此是一种我们能够假定大多数人都能够普遍使用的认知模式，正如今天中国各行各业的网民对明星道德问题的谴责几乎是众口一词。在法律领域也是如此，任何法官或执法者出现私德上的问题，如出轨或嫖娼，我们都会认为：他不再适合担任法官或执法者。道德信息由于广泛来源于生活常识，一方面构成了大多数人认知法律的知识来源，另一方面也构成了他们理解法律的意义载体。尽管现代社会中法律与道德已经分化开来，但对于欠缺法律专业知识的人来说，其仍然会借助道德来认知与观察已经高度专业化的法律制度。道德的优势还在于其显著的情感效应。在哲学与伦理学的经验论传统中，道德情感被认为超越于个人利益，③ 而在唯理论传统中，道德情感被认为超越于具体经验。④ 因此，借助道德非常有利于人们超越法律制度对个人利益与具体经验的局限性而形成对法律的普遍信任。法律制度内部会有各种

---

① 拉兹从义务的角度指出了这一点，参见[英]约瑟夫·拉兹：《法律的权威：法律与道德论文集》，朱峰译，法律出版社 2005 年版，第 203~217 页。

② 本书是在黑格尔的伦理意义上来使用道德的，参见[德]黑格尔：《法哲学原理》，范扬、张企泰译，商务印书馆 1961 年版，第 194 页。

③ 参见[英]休谟：《道德原则研究》，曾小平译，商务印书馆 2001 年版，第 63~83 页；今天类似的观点，还可参见[美]理查德·A. 波斯纳：《道德和法律理论的疑问》，苏力译，中国政法大学出版社 2001 年版，第 41~45 页。

④ 参见[德]康德：《实践理性批判》，邓晓芒译，人民出版社 2016 年版，第 92 页。

专业操作，但必须以道德化的"印象管理艺术"来包装自己的制度承诺。① 正如一个医生专业技术再过硬，都应有一个和蔼可亲、善解人意的服务态度，否则在出现医疗事故后就可能招致患者的质疑与不满。② 任何专业系统在其专业内核之外都应有一个非专业的外部形象，如医疗机构前台服务的礼貌与便捷、空中小姐的淡定与微笑、政治家的亲民和善等。法律的实质可靠性也许和这些道德形象没有必然联系，但法律要取信于人，其专业运作就必须能够以可认知的道德面目示人。法律制度应该积极回应人们的道德关注，不能陷入一种"孤芳自赏"的境地。法律与科学等专业系统的最大不同在于，其社会效果在很大程度上取决于非专业人士对法律必要的认知与理解。一个不相信跳楼会摔死的人真的跳下去了，直观的经验会告诉所有人必须听从科学建议，但法律制度无法提供这样一种直观的认知。这意味着法律制度和其他社会领域应有更深度的结构性耦合，这就是道德。

　　法律运作会显露各种信息，但道德信息明显会受到特别的"关照"。法律制度当中的任何专业性操作，都必须在符合道德直觉的情况下，才具备符号价值，才能构成法律信任的信息基础。道德构成了胡塞尔所谓的"生活世界"的背景知识，也是所有人的"共享知识"，因此有着一种"总体化"的力量。③ 尽管道德已经退化为一个特殊的社会领域，但道德作为共同的背景知识与生活常识往往被非专业人士不自觉地用来评判一切专业问题或其他难解的现象。在多元化的现代社会，虽然道德和法律已经分化开来，但道德仍然有着这样一种功能：对无知进行沟通。④ 当人们缺乏相关的法律信息与知识时，就可能进行道德判断，公众对于法律的认知始终有着"泛道德化"的倾向。我们所理解的法律正义大致也是源于道德，道德信息也构成了展示法律正当性的根本性符号，这也是人们认知法律的主要知识媒介与意义媒介。从社会心理学的角度来看，道德作为一种"认知图式"，是一种固定化与自动化的认知模式，⑤ 大大降低了人们对法律制度的认知负担。道德来自日常生活常识或既有的文化直觉，认知成本较低，在功能分化的社会往往作为一种克服无知的方

---

　　① 关于"印象管理艺术"，参见[美]欧文·戈夫曼：《日常生活中的自我呈现》，冯钢译，北京大学出版社 2008 年版，第 179～194 页。

　　② 参见一个相关研究，伍德志：《论医患纠纷中的法律与信任》，载《法学家》2013 年第 5 期。

　　③ 参见哈贝马斯对胡塞尔的"生活世界"概念的进一步阐发，参见[德]于尔根·哈贝马斯：《后形而上学思想》，曹卫东、付德根译，译林出版社 2012 年版，第 79～80 页。

　　④ 参见[德]尼克拉斯·鲁曼：《对现代的观察》，鲁贵显译，左岸文化出版社 2005 年版，第 182～183 页。

　　⑤ 参见[美]Elliot Aronson, Timothy D. Wilson, Robin M. Akert：《社会心理学》，侯玉波等译，中国轻工业出版社 2007 年版，第 49 页。

式,① 成为判断专业问题的认知模式。正如我们在网络公共领域所看到的,虽然大多数议题超出了网民的信息与知识范围,但网民仍然能够借助道德修辞慷慨激昂地进行争论。道德在实践当中以"好/坏"或"善/恶"为区分模式,并表达出对人的尊敬和蔑视。② 这种区分模式有着直觉性的特征,能够为人们"不假思索"地应用。在实践当中,道德判断往往被人们假定有一种"不证自明"的地位,正如维特根斯坦曾说过:"什么东西是善好的,它也就是神圣的。"③道德因此是自我正当化的:道德上的"好"或"善"仅仅因为是"好"或"善"的就是正当的,就应当值得尊敬。正如卢曼所说:"人们借着道德使自己免于显而可见的无知,因为道德上的较好的意见可以以它自己的论证来证实自己。"④由于道德与日常生活的广泛关联性,有时甚至一个微不足道的道德符号都足以吸引人们的注意力,成为信任判断的根本性依据,进而导致公众对法律的信任的崩塌,即便这些道德符号并不能完全概括深层次的专业合理性。在某些具有道德色彩的案件中,民众如果缺乏相关法律专业知识,道德上的判断能很快被延伸至对法律专业行为的判断上。大多数人一般也是从道德的视角来观察法律,这又细化为一系列的符号信息。主要包括以下几类。

其一,法律自身内含的道德信息。很多法律规范及其运作过程都不可避免地内含各种道德特征与信息。一般说来,人们不是根据抽象的法律规范条文而是根据具体的案件来认知法律,因为案件是一个个生动的故事,更吸引眼球。在实践当中,那些有着明显道德特征的案件更能够吸引人们的注意,从而引发人们对于法律的信任或不信任的判断。如涉及杀人、抢劫、强奸、通奸、婚姻、家庭、财产、情感、腐败、死刑等因素的案件与道德存在深度的交叉,这些案件很明显比那些专业的知识产权纠纷案件、反垄断案件、海商事纠纷案件,对人们判断法律的公正性与合理性更具有认知意义与符号价值。如果把人们认知焦点再缩小,刑事冤案及其处理是否符合人们的道德期待则是更关键性的符号信息,呼某案、聂某斌案、浙江叔侄强奸案等之类的冤案,可以说是全民关注,是公众观察、判断司法公正性的标志性事件。相比之下,民商事案件中的冤假错案就很少有人问津。这些刑事冤案的处理是否公正,极大地影响到人们对于法律的信任,人们在这些案件中获得的信息将会成为对未来任何类似案件进行预先判断的前提。这些案件道德色彩鲜明,公众易于根

①　参见[德]尼克拉斯·鲁曼:《对现代的观察》,鲁贵显译,左岸文化 2005 年版,第 180、194 页。

②　参见 Georg Kneer、Armin Nassehi:《卢曼社会系统理论导引》,鲁贵显译,巨流图书公司 1998 年版,第 239 页。

③　[奥]维特根斯坦:《维特根斯坦读本》,陈家映编译,新世界出版社 2010 年版,第 274 页。

④　参见[德]尼克拉斯·鲁曼:《对现代的观察》,鲁贵显译,左岸文化 2005 年版,第 194 页。

据来自传统文化或生活常识的直觉性的道德认知图式，如屈打成招、官官相护、官商勾结、贪赃枉法、杀人偿命，作出自己的判断。对于大多数中国人来说，不论多么复杂的制度问题，都可以在这些道德认知图式下得到解释。在关于此类案件的社会争论中，公众各种"义正词严"的道德修辞，不需要任何专业知识基础，就足以使得专业上非常无知的争论得以正当化。在专业上，法律制度会通过种种复杂的技术来实现"相同情况相同对待、不同情况不同对待"的正义公式，① 但对于缺乏法律专业知识与现代法治意识的个人或群体来说，却必须以道德标准来简化这个问题，他们更关注道德上是相同还是不同。如山东于某案之所以引起人们的关注与争议，根本原因在于该案所涉及的辱母行为有着异于其他正当防卫案件的重要的道德特征。学界往往将基于规范条文的法律论证、法律推理与法律方法当成法律可信性的重要保证，但实际上大多数外行是看不懂这些论证的，他们能够理解的只是那些法律运作所内含的道德信息。

其二，法官与执法者在与当事人和公众互动过程中所展现出来的道德品性信息。当人们和法律打交道时，首先直面的是作为个人的法官与执法者，个人的道德品性就是人们观察与认知法律制度的一个重要"窗口"，道德品性构成了吉登斯所谓"非专业人士进入抽象体系的入口"，是当面承诺与非当面承诺的交汇处。② 在这种情况下，人们对复杂法律制度的认知被简化到个人身上，并在人际互动中根据认知成本较低的当面承诺推断认知成本较高的非当面承诺。一个道德上不值得尊重的法官，在专业上同样也不值得尊重。美国学者汤姆·泰勒等人对程序过程的研究发现，当事人明显更关注人际互动中那些符合道德直觉的因素，如法官与执法者是否表现出尽力、礼貌、诚实、关心、尊敬，这些道德因素比分配正义与结果有利性更有利于人们信任法官与执法者。③ 这些因素是任何人都能够识别、判断的沟通技巧与道德操守，而诉讼法中那些专业化程序操作的意义反而可能难以为大多数人所理解。在中国社会语境中，个人的道德品行信息也是人们观察与认知法律制度的重要依据，如法官与执法者的工作态度是否礼貌可亲，是否关心民生疾苦，是否尊重当事人，是否接受贿赂，是否接受当事人的吃请，私生活是否检点，是否出入高档娱

---

① 参见 Niklas Luhmann, *Law as a social system*, trans. by Klaus, A. Ziegert, Oxford University Press, 2004, p. 218.

② 参见[英]安东尼·吉登斯：《现代性的后果》，田禾译，译林出版社 2000 年版，第 73 页。

③ 参见[美]汤姆·R. 泰勒：《人们为什么遵守法律》，黄永译，中国法制出版社 2015 年版，第 201~276 页；参见 Tom R. Tyler and Yuen J. Huo, *Trust in the Law*, Russell Sage Foundation, 2002, pp. 76-96. 另一个来自德国学者的类似研究，参见 Nathalie Guzy and Helmut Hirtenlehner, "Trust in the German Police: Determinants and Consequences for Reporting Behavior", in Gorazd Mesko and Justice Tankebe, eds., *Trust and Legitimacy in Criminal Justice*, Springer, 2015, pp. 203-229.

乐场所，律师是否暗示关系的存在或贿赂的必要性，是否和政府机构人员同桌共饮，等等。何为法律公正，大多数人可能说不清楚，也很难通过分析法律条文与判决书来判断这一点，但法官与执法者的道德品行却提供了一个也许实质上不可靠的直观证据。某些涉及官员与执法者私生活道德作风的案件之所以轰动一时，正是因为其进入了公众喜闻乐见的道德领域。虽然我们无从判断这些法官的实际业务水平如何，也无法了解法官在判决中是否真的徇私枉法，但某些吸引眼球的道德信息就得到了当事人与公众特别的"关照"，并以此全盘否定了这些法官的公正性，并且该事件也成为了判断中国司法整体公正性的一个重要符号性事件，让整个法院系统因此蒙羞。

其三，法律运作社会背景中的道德信息。很多违法犯罪案件并不是偶然性的个案，而关联到某种特定的社会背景，反映了公众所普遍关心的某种道德问题。那么背景中的道德信息往往超越案件本身，成为当事人和公众的认知焦点，并造成公众对法律本身的预断。人们对社会中道德问题的认知与判断也会延伸到对于法律问题的认知与判断。法律信任从来都不是精确的理性判断，社会背景中的道德信息同样也有可能成为推断的依据，如案件是否涉及富人与穷人、官僚与平民、恶霸与民女等经典的道德二元对立，是否涉及弱势群体的权益保护，这样的案件更容易成为公众与当事人的认知焦点。在这一类案件中人们会极为担忧法律能否公平公正。例如，在曾经引起社会舆论和法学界普遍关注的邓某娇案中，大多数人并不是根据法律规范与事实证据来判断邓某娇是否需要承担法律责任，而是在复杂的案件信息中将"民女抗暴"这一涉及典型的传统道德叙事与文学想象的社会背景信息挑选出来，将其作为判断该案整体公正性的关键依据，并假定邓某娇作为弱女子一定是无辜的，一定是受到枉法弄权的侵害的。① 另外，还有药某鑫案、李某一案、孙某果案、张某扣案等，之所以引起社会的广泛关注，都是因为这类案件的社会背景信息能够激起公众的道德热情。不论是否属实，这些案件的背景信息挑起了民众对于"富二代"为富不仁、"官二代"嚣张跋扈的担忧，公众既定的道德认知图示对这些案件中的法律可靠性都形成了负面的预断，这些案件是否能够得到公平处理，对于法律的可信性就极具象征意义。

由于现代社会道德与法律的分化，道德信息是否是判断法律系统专业可靠性的准确依据？道德是否会破坏法律的规范性期望？这在中国道德文化语境下是一个比较特殊的问题，因为经专业法律人打磨过的法律制度，会被中国人根据自有的道德知识进行解读与判断。很明显，如果按照现代法治话语，基于道德的某些"认知图式"而产生的对于法律的自动化认知完全有可能是错误的。这在实践当中就体现为

---

① 参见邓聿文：《从邓玉娇案的舆情看社会的断裂》，载《中国青年报》2009 年 5 月 22 日，第 2 版。

众所周知的道德审判、民意审判或舆论审判的问题。道德信息虽然对于判断法律的专业可靠性只是一种非专业性的符号，但道德在中国社会语境当中往往被当成法律正义的代表，这往往导致舆论或民意对法律的正当功能的干预。如果法律要以一种符合现代法治要求的合理方式而不仅仅是依据道德标准被大多数人认为是正义的，那么能够支持现代法治的道德符号信息应与法律的专业合理性建立一种直觉化的认知联系，或者说法律制度所展示出来的专业形象应正好契合于人们的道德认知图式。如通过法律解决冲突代表着更文明更有教养的生活方式，独立廉洁而又高高在上的司法代表着高于政治与民意的道德正确性，正当程序代表着实体结果的正义性。但这种联系不是理性判断的结果，在西方社会，这种联系与契合是来自于长期的历史传统演化所形成的特殊文化意识。① 在这种文化意识支持下，法律制度在保持自己的专业内核的同时，其自治性与专业性还能够获得道德上的认可，但对于中国来说，这种意识的形成却不是必然的。即便在西方国家，利益法学、批判法学、现实主义法学、社会法学等对于法条主义与形式主义的广泛批判也表明这种联系与契合并不是绝对的。从一定程度上来说，现代法治需要特定的"道德认知图式"的支持，而且这种特定的"道德认知图式"可能是中国所缺乏的。我国法律实践中融合了民本主义与民主主义的"人民群众"话语，往往成为判断法律制度可靠性的认知选择模式，因为其契合了中国人关于法律的道德想象，其要求"想群众之所想，急群众之所急"，要密切联系群众，要倾听人民群众呼声，要耐心对待群众诉求，要关心群众冷暖，要尊重群众情感，总之要让人民群众满意。这种谋求法律信任的策略实际上将抽象的制度承诺简化成了人际互动层面的道德要求，中国人也几乎将日常生活中一切细碎的道德诉求都强加给了不同功能的专业法律制度，使得法律难以维护自己的自主性与专业性。尽管道德是人们判断法律可靠性的重要符号信息来源，但道德的泛化特性也对法律制度施加了巨大的压力。因此，中国法官或执法者的责任几乎是一种"无限责任"，不仅要做好法治工作，还要做好群众工作；不仅要搞清楚事实问题，也要协调好人伦关系问题；既要考虑法律效果，也要考虑社会效果。无疑，在高度功能分化的当代中国社会，专业化的法律制度已经承受不起这种道德标准的重压。在人们对于法律的"认知图式"中，通过道德来谋取对现代法律系统的信任导致了难以克服的困境：一方面我们很难放弃既有的道德知识，转向认知成本更高的专业知识；另一方面道德话语的高标准和泛化性为法律塑造了不可能完全实现的"全能主义"角色，从而可能导致更大程度的失望。从长远来看，为了实现法律信任，法律制度要根据人们的道德意识在实践中进行不断地相互调整与

---

①　在西方，这样一种关联的形成，是特殊法律文化传统与宗教传统共同塑造的结果。参见［法］罗伯特·雅各布：《上天·审判——中国与欧洲司法观念历史的初步比较》，李滨译，上海交通大学出版社 2013 年版，第 13、50、65~69、153、187 页。

适应，但这将会是一个长期的过程，不可能完全通过理论上的假设或制度上的顶层设计来预先设定。

## 二、实效信息：制裁的符号意义

欠缺专业法律知识与信息的个人与群体如何判断法律的实效？法律具备可信性的前提是被相信能够"说到做到"。但要判断这一点，我们大多数情况下不会去阅读法律条文中的责任条款，或去具体了解执法机关的执法效率、公安机关的破案率、法院判处有罪的概率或公民守法的概率。本书认为，法律制裁，特别是暴力制裁，作为一种负面信息符号对于展现法律实效具有根本的重要性的象征价值。判断法律实效的一个根本性信息基础就是制裁在直觉上是否被民众认为足够严格、有效，或者借用俗语：是否能够"大快人心"。对于制裁的恐惧与敏感性，是每一个人都会具备的生理与心理反应，也是每一个人都能够理解的。相比于道德作为人的"第二天性"，制裁引发的恐惧与敏感性，则是人的"第一天性"，人们对制裁会有着与生俱来、直觉性的判断能力，这赋予了其在传达法律实效上独一无二的符号价值。

制裁在知识层面的符号价值是提醒人们法律效力的实际存在，在意义层面的符号价值是提供了一种关于法律是否被有效贯彻的直觉化理解。从知识的角度来看，我们对于大部分法律都是懵懂无知的，但通过制裁以及与制裁相关的信息，我们才有可能"惊觉"于法律的存在与效果。一般来说，负面信息一般都是一种危机信息，比正面信息更能吸引人的注意力与引起人们的警觉。[1] 另外，由于违法的例外比守法的常规更为罕见，是"大棒"而不是"胡萝卜"，更能够吸引人们的注意力。[2] 无论是日常生活中的街谈巷议，还是新闻媒体的公开报道，负面的制裁信息更容易成为传播法律知识的媒介。从意义的角度来看，以上所述也意味着制裁比奖励有着更强烈的"表达性效果"。[3] 法律制裁涉及规范的违反。只有违反规范的信息在传播过程中才能激发共同关注感与义愤感，但我们从规范本身无法体会这一点，而只有

---

① 这方面的经验研究，参见 Felicia Pratto & Oliver P. John, "Automatic Vigilance: The Attention-grabbing Power of Negative Social Information", *Journal of Personality & Social Psychology*, 61, 1991, p. 380-391. 在新闻学中，我们也能发现类似的现象，参见[荷]托伊恩·A. 梵·迪克：《作为话语的新闻》，曾庆香译，华夏出版社 2003 年版，第 117 页。

② 参见[美]罗伯特·C. 埃里克森：《无需法律的秩序：邻人如何解决纠纷》，苏力译，中国政法大学出版社 2016 年版，第 220~221 页。

③ 关于法律的表达性效果，参见 Richard H. McAdams, "An Attitudinal Theory of Expressive Law", *Oregon Law Review* 79, 2000, pp. 339-340.

"违反才真正制造了规范"，否则规范仅仅是"有效"而已。① 法律制裁因其反常规、冲突、危机的内涵，比其他任何信息都能够以一种更易于理解、更生动的方式向人们展示法律的实际效果。而且法律制裁明显比法律上的各种潜在性权益更具有确定性与显著性，在传达多数人的法律选择上也具有更大的符号价值。

在法律制裁机制当中，刑事制裁的暴力性特征赋予了其更显著的符号意义。暴力在直观上可以被认为是社会冲突最严重的形式，有着更重要的认知价值。公众对于法律的关注往往会被媒体集中性地导向对暴力的关注。② 这也反映在中国公众对各种刑事案件的关注上。从认知的角度来看，刑事制裁相比于其他类型的法律制裁更能代表法律的存在与效果，有着更显著的符号价值。正如弗里德曼的观点，刑事审判一直以来在流行文化中都占据重要地位。③ 刑事制裁也成了公众观察法律的重要窗口，在一定意义上来说，刑事制裁是否被认为足够有效，构成了法律实效与否的根本性标志。正如某些官员失职渎职案件，在其问责结果出来后，公众普遍认为党纪处罚过轻，并要求对责任者实施刑事制裁。通过这起事件公众表达出了对于公权力被滥用的极度担忧。很显然，这样一个万众瞩目的标志性事件会严重损害人们对于执法者遵纪守法的信任。在一个社会转型时期，随着公众获取信息渠道的增多，公众有时对社会易产生更多不满，如果没有足以让公众"大快人心"的刑事制裁是不足以树立法律的威信的。从社会学的角度来看，暴力是"以行动消灭行动"，④ 其有一个非常重要的特征就是对于社会结构的自由性与独立性，暴力的实施效果仅仅以力量优势为前提，很大程度上不依赖于特殊的社会结构，如等级秩序、角色语境、群体身份、信息分配以

---

① 参见［德］尼克拉斯·鲁曼：《大众媒体的实在》，胡育祥、陈逸淳译，左岸文化 2006 年版，第 77 页。

② 国外有学者在关于媒体如何报道法院的实证研究中发现，超过 2/3 的新闻报道都涉及暴力犯罪。参见 C. Danielle Vinson and John S. Ertter, Entertainment or Education: How Do media Cover the Courts? *Harvard International Journal of Press/Politics* 7, 2002, pp. 84-85. 新闻媒体就特别会迎合公众的这一认知特征，相关的实证研究，参见 Guy Cumberbatch, Ian Jones and Matthew Lee, "Measuring violence on television", *Current Psychology* 7, 1988, p. 10; George Gerbner, "Television Violence: At a Time of Turmoil and Terror in Gail Dines and Jean M. Humez, eds., *Gender, Race, and Class in Media: A Text-Reader*, Sage Publications inc., 2003, pp. 339-340.

③ 参见［美］劳伦斯·弗里德曼：《大审判：为公众展示的法律》，朱元庆译，中国民主法制出版社 2020 年版，第 15 页。

④ 参见 Niklas Luhmann, *Trust and Power*, trans. by Howard Davis, John Raffan and Kathryn Rooney, John Willey & Sons Ltd, 1979, p. 149.

及价值判断等。① 相比于罚金、剥夺政治权利、赔礼道歉、剥夺职务等法律制裁手段对于社会结构条件的高度依赖性，暴力性的法律制裁几乎能够在不同语境中做到对所有人都同等有效。暴力制裁不仅将遭受暴力的人简化到"肉体"的特征当中，心理暴力也被简化到肉体的威胁当中，② 暴力制裁实际利用了每一个人都具有的生物本能与肉体反应，以及由此产生的人皆有之的心理反应，从而在任何情境中以及针对任何人时，都能够达到相同或类似的震慑性效果。由于人皆有肉体，暴力制裁相比于依赖各种特殊社会结构的法律制裁，其产生的效果具有高度可预见的成功的可能性，不论是何种身份与文化背景的人，都会深切地感受到肉体攻击、人身强制以及死亡带来的威胁。暴力制裁因此具备了独一无二的符号价值，其能够超越多元化的社会语境，向所有人传达一种高度普遍化的信息。由于暴力制裁能够实现一种能够被所有人理解的普遍化的生理与心理效果，我们因此也能够相信大多数人都会理解并服从法律所施加的暴力制裁，并由此形成对于法律实效的普遍认知。因此，在规范教育不发达、文明化的规范实施机制非常匮乏的古代社会，法律对于酷刑的表演功能与戏剧化展示有着特别的依赖。③ 在古代社会，刑罚就代表着法律的存在。被公开的刑罚是一种认知成本较低的信号机制，不仅能够以一种触目惊心的方式展示政府与民众之间力量的悬殊，也提供了一种能够为所有人所理解并震慑所有人的生理与心理机制。现代社会虽然废除了酷刑，但国家对有组织暴力的垄断使得我们能够假定：任何肉体都无法战胜国家，任何肉体在国家有组织的暴力面前都是不堪一击的。我们现在不需要通过触目惊心的血淋淋的方式展现刑事制裁的威力，刑事制裁被"再符号化"，现在隐藏在严肃的法庭程序、标准化的警察制服背后，在外表上变得更加文明化，但没有人敢忽视这些文明化外表背后暴力的可能性。只要有必要，暴力制裁就能够得到快速的实施。暴力制裁固然有被滥用的可能，但暴力制裁对于社会结构的高度独立性也能够保证对任何极端的违法者都提供一种高度普遍化的生理和心理控制机制，也能够为大多数人提供一种极为普遍的安全担保机

---

① 参见［德］尼克拉斯·卢曼：《法社会学》，宾凯、赵春燕译，上海世纪出版集团 2013 年版，第 144~145 页。不可否认，暴力也依赖于一定的社会结构条件，但其依赖程度相比于其他制裁方式是比较低的。正如在中国古代社会，北方游牧民族的社会结构复杂程度远低于中原王朝，但其仍然能够组织起强大的军事力量。

② 参见［德］扬·菲利普·雷姆茨玛：《信任与暴力：试论现代一种特殊的局面》，赵蕾莲译，商务印书馆 2016 年版，第 131、137 页。

③ 参见［德］尼克拉斯·卢曼：《法社会学》，宾凯、赵春燕译，上海世纪出版集团 2013 年版，第 142~143 页；［法］米歇尔·福柯：《规训与惩罚》，刘北成等译，三联书店 1999 年版，第 35~80 页；［加］卜正民、［法］巩涛、［加］格力高利·布鲁：《杀千刀：中西视野下的凌迟处死》，张光润等译，商务印书馆 2013 年版，第 22~23 页；［美］查尔斯·蒂利：《集体暴力的政治》，谢岳译，上海人民出版社 2006 年版，第 80~84 页。

制，由此也有助于树立法律权威的强大形象。当然，法律制裁或刑事制裁不应当被滥用，而需要经过法律的严格规范，以及符合人们的道德直觉。

需要强调的是，法律制裁，包括暴力制裁，在这里主要并不是作为一种行为强制机制发挥其功能，而是作为一种展示法律存在与效果的象征性符号。这里更重要的不是制裁的效率，也即违法者当中有多少人会受到制裁，因为这是不可直接观察的，而在于制裁的象征意义与表达性效果。法律制裁，特别是已经成为公众认知焦点的案件中的法律制裁，能够超出个案，在社会中形成对于法律可靠性的普遍期待与信任。很多学者可能忽视了这一点。例如，很多碰瓷现象发生于老年人身上，但执法者出于执法成本的考虑，往往会不愿对违法老年人采取强制措施，① 这导致很多人对于老年人能够守法失去了信任，以至于整个社会对于碰瓷的恐惧感主要指向了老年人，甚至有保险公司要推出"扶老人险"。② 对于老年人这种逐渐远离主流社会结构的群体，声誉、职业、工作时间等结构性约束机制都会逐渐失效，正所谓的"我是老人我怕谁"。③ 这时就必须要依赖于非结构性的法律强制力。制裁当然不能保证任何人都会守法，但却能够形成一种超出个案本身的普遍信任效果，能够让人们在决定是否对摔倒老人进行搀扶时，都能够假定风险在法律上是可控的。又如，人们在与法律打交道时，可以说最担心的问题仍然是腐败问题。从一定意义上来说，腐败问题在中国社会的道德语境下也与法律信任水平有着最为显著的相关性，④ 也是人们遭遇法律不公时最重要的归因。由于执法者是否守法对于法治体系是否可信具有关键意义，那么对腐败的法律制裁是否被认为足够有效，就构成了对法律实效的根本性判断依据之一。

在现实当中作为法律信任推断的信息来源当然不止上述两个方面，但上述两个方面有着核心性的符号价值。人们在观察法律系统时会将注意力高度集中于这两个方面的信息符号，而对其他比较深层次或专业化的信息则可能视而不见。上述符号虽然并不能完全保证法律制度的实际运作就一定是可靠的，也并不能将法律过程完全展示出来，但却能够大大简化人们对于法律制度内在可靠性的判断，从而引发对法律制度的整体性信任或不信任。

---

① 参见邓子斌：《碰瓷问题治理纲要》，载《中国法律评论》2014 年第 3 期。

② 参见杨兰：《"扶老人险"：能否为搀扶道德助力》，载《人民法院报》2015 年 10 月 26 日，第 2 版。

③ 参见郗敏、张公辉、孙乃栋：《我是老人我怕谁：透视老年人交通违法现象》，载《人民公安报·交通安全周刊》2010 年 12 月 3 日，第 4 版。

④ 一个相关的实证调查，参见胡铭：《司法公信力的理性解释与建构》，载《中国社会科学》2015 年第 4 期。

## 第六节　法律信任的稳定机制：制度化不信任

上述关于效力与实效的符号体系，虽然有助于形成对法律制度可靠性的推断，但符号层面的推断往往显得极不稳定，因为在实践当中，任何执法者都可能出现道德失误，任何国家的法律制裁都可能出现疏漏。如果任由这些偶然性的符号来左右人们对于法律制度可靠性的判断，那么对法律的信任也将会变得极不稳定，正如我国各种社会争议案件中，公民对于法律的态度就会随着捕风捉影的信息而发生剧烈起伏。法律的功能在于保障稳定的规范性期望，这是一种"反事实的稳定化期望"（counterfactually stabilized expectation）：意味着人们即使遭遇失望，仍然坚持对法律的期望。① 就此而言，法律的功能实质在于建立基于规范的社会信任。为了维护这种期望或信任，法律制度采取了非常复杂的机制与技术，如规范体系的稳定化与逻辑化，法律教义学，逻辑推理的优先性，统一性的法律教育，对于司法公正的各种制度保障，设立在先的判例，等等。但很多此类的机制与技术缺乏符号意义，难以为未受过专业法律训练的外行人士所理解。前述的道德与制裁对于保障规范性期望都是有意义的。道德对于规范性期望的支持性意义在于通过所有人都拥有的常识、常理与常情来确立规范性期望的正当性，使得人们即使遭遇违法行为，也能够继续从道德角度继续坚持法律的正当性。制裁对于规范性期望的保障方式是在出现令人失望的违法行为时，通过否定法律的对立面也即违法，来确立或彰显法律的存在与正当性。但这些信息却难以实现规范性期望的稳定化，因为法律制度在事实上的固有缺陷使得这些信息始终有走向负面的可能性。如果仅仅依据这些较为散碎的信息，法律信任还只能停留在个别化的人格信任层次，因为这时人们只能将认知焦点集中在个别的法律实施者在个案中是否符合道德标准或是否严格地执行了法律制裁，但法律信任应当是一种超越个别情境与个人动机、不受个人不满影响的系统信任。② 在中国这个关系文化盛行的国家，通过个别化的关系运作、互惠交换、人格考察容易成为人们谋求法律信任的策略，本应是抽象、匿名的系统信任则被消解为情境化、具名的人格信任，③ 从而使得法律信任失去了系统上的客观性与普遍性。而要实现系统信任，需要在系统内部建立严格的制度化不信任（institutionalization of distrust），将不信任的可能性在系统内部消化掉，从而使得法律信任获得系统层面

① 参见 Niklas Luhmann, *Law as a social system*, trans. by Klaus, A. Ziegert, Oxford University Press, 2004, p. 149.

② 关于系统信任，参见 Niklas Luhmann, *Trust and Power*, trans. by Howard Davis, John Raffan and Kathryn Rooney, John Willey & Sons Ltd, 1979, pp. 39-60.

③ 参见季卫东：《法治构图》，法律出版社 2012 年版，第 38~68 页。

的稳定性。卢曼认为，"一个高度复杂的系统，固然需要更多的信任，但同时也需要更多的不信任，因此必须使不信任制度化"，① 由此来控制系统风险的过度增加。对任何制度系统的信任都必须通过制度化不信任把风险控制在可接受的层次，而不能有过多的失望。制度化不信任以不信任为前提预设，通过界定信任与不信任之间的制度界限、对不信任的表达进行规范化处理以及建立对背信行为进行监控的常规化程序，从而通过对不信任的制度化排除，实现稳定性的系统信任，具体包括法律运作可疑信息的可查阅性、表达不信任的自由、控诉的普遍可能性、对于法律程序内外的各种背信行为的严密监督机制、对于背信行为的严格惩罚机制等。在一定范围内，制度化不信任与制裁是有一定重叠的，但制度化不信任是对制裁的反思与监督，目的在弥补制裁的缺漏。总体而言，制度化不信任构成了信任的自我反思与监督机制，目的在于防止信任风险的无限扩大。②

法律制度不可能通过制度化的方式将自身有意或无意显露出来的信息符号都规定在正面这一侧，负面信息符号所引发的失望也是难以避免的。而只有通过制度化不信任，预先将失望的处理纳入制度化轨道，才能实现对于失望的规范性期望。我们需要将事中、情绪化、以结果为导向的不信任表达转化为以事后、理性、以程序为导向的不信任制度，将法律领域外道德色彩鲜明的被动型纠错机制转化为法律制度内客观、匿名的自我激发型纠错机制，从而使得符号化信息所引发的风险意识与不信任情绪及其处理变成法律制度内部的一种可预期状况，一种程序化的常规性操作。现实当中极为多样化的不信任表达以及相应的符号指示由此变得不再具有颠覆性意义。制度化不信任作为法律信任的自我反思与自我监督机制，一方面可以使得法律制度对于外界的信息干扰做出持续性的反应；另一方面能够让人们假定系统的风险能够持续性地在内部得到自我控制，有助于法律信任的自我维护与稳定化。最终，规范性期望的稳定化不是通过个别化的人格信任而是通过可以自我维护的系统信任得到保障。人们的规范性期望以一种悖论性的方式而形成：在负面信息所引发的失望未必减少的情况下，增加了对这种失望的内在承受力。

制度化不信任作为自我激发型纠错机制也有助于克服人格信任在法律系统中的不确定风险。对于中国这个有着浓厚关系文化传统的国家来说，"关系"是人们生活中必不可少的一部分，为人们的生活提供了一定程度的安全感与便利性，但"关系"及其塑造的人格信任也可能渗透进正式的法律制度中，系统信任也因此容易被人格信任异化为因人而异、因事而异的不确定承诺。由于缺少制度保障与限制，人

---

① 参见 Niklas Luhmann, *Trust and Power*, trans. by Howard Davis, John Raffan and Kathryn Rooney, John Willey & Sons Ltd, 1979, p. 89.

② 参见 John Braithwaite, Institutionalizing Distrust, Enculturating Trust, in Valerie Braithwaite and Margaret Levi, eds., *Trust and Governance*, Russell Sage Foundation, 1998, p. 356.

格信任对于符号化信息更加敏感与情绪化。但在人格信任关系中，不信任的公开表达很难被容忍，因为不信任对个人人格会有一种道德上的羞辱性，① 会破坏既有的人情与面子关系。而制度化不信任有利于实现法律信任的去人格化，系统内制度化的不信任表达不会被视为对个人人格尊严的攻击，而是被视为系统自我激发的制度反应。② 这种不信任表达不会招致个人的敌意与反弹，因为监督者仅仅是在履行制度赋予的职责，而不是在个人层面上不信任他人。③ 表达不信任的个人不再是冒个人的风险，而是冒系统的风险，这有利于激励个人积极举报、控诉他人的不可信行为。制度化不信任使得法律更加"铁面无私"，进而降低系统风险，提升制度的系统可靠性。

制度化不信任可以被视为一种"兜底"式的风险担保符号体系，可以将前述符号认知所产生的不可控风险转化为可控风险，从而形成动态但稳定的系统信任。制度化不信任可以说是一种稳定符号认知的符号，能够使得任何负面的符号信息都会得到"兜底"式处理，从而不会引发过分的失望。任何制度皆有风险，而且这种风险的存在可能还是合理的，并不是完全可以控制与消除的。对于未曾受过专业法律训练的大多数人来说，他们也不可能去辨别法律运作中的各种失误和错漏是否合理。为了使人们对有风险的法律制度"放心"，风险的判断必须被简化，而制度化不信任就是这样一类高度简化的符号体系，其能够规避法律风险判断的复杂性与法律信任的符号敏感性，从而使得法律信任尽管有风险但也能够保持动态的稳定。引发不信任的符号性事件不论何时被发现，都能够得到制度化的处理，由此，符号判断的敏感性不再对法律信任产生颠覆性的破坏。对此，法律制度要建立专门、高效的不信任表达与处理机制，使得制度化不信任机制能够成为社会存在感鲜明的符号体系，可以被人们视为制度风险的有效吸收机制与法律可信性的可见担保。虽然各种负面信息符号仍然会不断干扰人们对法律的信任，但其风险已经被制度化不信任所吸收。就此而言，制度化不信任对于中国社会的法律信任建构与法治建设尤其重要，因为中国法律制度本来就存在一定不完善之处，其和社会道德文化认知之间本来就存在脱节，更需要制度化不信任的反馈来逐步予以完善，也需要制度化不信任来增加人们对于转型时期制度风险的内在承受力。

从道德的角度来看，制度化不信任的符号价值还体现在：其能够展示一种开诚布公与负责任的一般化态度。例如，我国的有些冤案被揭发后，执法机构的处理往

---

① 参见 Niklas Luhmann, *Trust and Power*, trans. by Howard Davis, John Raffan & Kathryn Rooney, John Willey & Sons Ltd, 1979, p. 34.

② 参见 Niklas Luhmann, *Trust and Power*, trans. by Howard Davis, John Raffan & Kathryn Rooney, John Willey & Sons Ltd, 1979, p. 93.

③ 参见 Roy J. Lewicki, Daniel J. McAllister and Robert J. Bies, "Trust and Distrust: New Relationships and Realities", *The Academy of Management Review* 23, 1998, p. 454.

往比较迟缓，给公众一种似乎有意遮掩之感，不论执法机构是否实质上存在过错，但"遮掩"本身就足以构成不信任的标志。正如西美尔所说，秘密虽然并不与恶有直接的关系，但恶却与秘密有着直接的关系，① 被遮掩的秘密虽然看不见，但"遮掩"这一态度本身却是"不可遮掩"的。法律的内在风险也许是不可见的，但积极消除内在风险的外在态度总是可见的，制度化不信任对于法律信任建构的意义正在于通过可见的外在态度来推断不可见的内在可靠性。这是一种认知成本比较低的重要外在符号，能够直观地表明法律系统会坦率地承认自己的可错性，并愿意接受公众与当事人的监督，以及勇于纠正自身的错误。虽然大多数人并不能明白法律会在何种情况下发生何种错误，但法律制度愿意接受监督与自我纠错的态度本身就能够让我们假定：即使发生错误但也存在纠错的机会。这对于系统信任的形成与稳定性极为重要，因为对任何整体性系统的信任，都"决定性地取决于在关键时刻被消减的信任以及插入的不信任"。② 这种"以退为进"的策略并不会导致不信任，其反而构成了信任的一种自我担保。这类似于人际交往中的情况，虽然每一个人都会有缺点，但那些能够大方承认自己缺点并虚心接受别人批评的人更值得信任。人格信任为了获得稳定性很多时候也借用了系统信任的策略。这也类似于经济领域中的售后服务。任何工业产品都会存在瑕疵，人们也很难去理解瑕疵产生的专业原理，但及时有效的售后服务作为一种制度化不信任机制，则是一个重要的符号标志，能够直观地表明该产品的质量即使有问题，其风险也是可控的，因此也是可信的。良好的售后服务已经成了企业建立自己良好品牌形象的重要手段。这个道理延伸到其他社会领域，同样成立，如美国学者哈丁认为不信任是政治领域一个"出色的工作假设"。③ 公众通过制度化不信任可以成为政府的"质量控制者"。因此，这种"不信任"是"健康"的，有利于增加政府的活力，提高政府的反应速度。④ 现代民主政府也正是以不信任作为逻辑出发点，由此建立各种制约与监控机制，最终实现制度化的系统信任。什托姆普卡认为，民主制度最基本的前提就是对所有权威的怀疑，大多数民主秩序的基本原则，如多数选举、权力制约、司法审查、正当程序，都假定了制度化的不信任，这为那些愿意冒信任风险的人提供一种支持或保险，为背信行

---

① 参见［德］盖奥尔格·西美尔：《社会学：关于社会化形式的研究》，林荣远译，华夏出版社 2002 年版，第 260 页。

② 参见 Niklas Luhmann, *Trust and Power*, trans. by Howard Davis, John Raffan and Kathryn Rooney, John Willey & Sons Ltd, 1979, p. 92. 也请参见郑也夫：《信任论》，中国广播电视出版社 2006 年版，第 104 页。

③ 参见 Russell Hardin, *Trust*, polity Press, 2006, pp. 159-160.

④ 参见 Karen S. Cook, Russell Hardin and Margaret Levi, *Cooperation without Trust?*, Russell Sage Foundation, 2005, pp. 70-71.

为提供障碍与矫正机制。① 一整套民主宪制都可以被认为属于制度化不信任，由此来保障政治系统的可信性。与此相应，现代政治学与宪法理论也是以不信任为出发点，并认为政府永远存在滥用其权力为自己谋私和侵犯公民利益的风险，如果有专职的不信任者专门监督政府、提出警告或者提供负面信息，政府会运作得更好。②法律同样也不例外，制度化不信任能够成为法律制度的风险得以控制的一种重要符号标志。虽然任何法律制度都存在错误的风险，但制度化不信任作为一种坦率的态度能够直观地表明错误风险即使是不可避免的，也是可控的。冤假错案在任何国家的司法制度中都有可能发生，但很明显，在拒绝质疑、拒绝纠错的司法制度下，冤假错案更加不被接受。制度化不信任并不能完全消除法律制度的风险，但却使风险在主观上更容易被接受。这使我们能够"放心"地与法律打交道，而不会陷入患得患失的心理焦虑当中。

为了实现法律信任的稳定化，我们需要建立全面、严格的制度化不信任机制，一方面要允许不信任的自由表达，因为不信任的符号信息来源在现实当中非常丰富，特别是日常生活中道德提供了广泛的信任与不信任的信息来源，法律制度要想全面吸收现实当中的各种不信任，必须使得各种不信任能够充分地释放出来；另一方面，要建立专门、高效的不信任处理机制，使得制度化不信任机制能够成为社会存在感鲜明的符号体系，被人们视为法律制度可靠性的可见担保。

在西方国家，法律制度的制度化不信任机制一直以来主要都是由法院承当的，法院是社会存在感鲜明的制度符号，在西方社会有着非常尊崇的强大地位，其几乎成了整个法律制度的风险担保机制。这就体现为"禁止拒绝审判"的规范化，这实质是对法律体系漏洞的预防措施。③ 尽管法院不可能是无所不能的，但却被要求是无所不能的，或者按照卢曼的说法，法院很多情况下做的是"无法裁决的裁决"（undecidable decision）。④ 同时，对于法院的信任同样也需要制度化不信任的保证。人们之所以非常信任法院，不是因为法院天生地就值得信任，而是如雅各布所认为

---

① 参见[波兰]彼得·什托姆普卡：《信任：一种社会学理论》，程胜利译，中华书局 2005年版，第 187 页。国内学者关于政治领域的制度化不信任的研究，如上官酒瑞：《制度化不信任：内涵、理论原型和意义》，载《云南行政学院学报》，2011 年第 4 期；陈朋：《现代国家治理中的制度化不信任建构》，载《天津行政学院学报》2014 年第 6 期；高国梁、夏纪森：《政治信任风险控制的法律监督体系构建》，载《广西大学学报（哲学社会科学版）》2020 年第 1 期。法律领域的研究，参见伍德志：《论法律信任建构的反向逻辑：不信任的制度化及其功能》，载《暨南学报（哲学社会科学版）》2023 年第 3 期。

② 参见 Russell Hardin, *Trust and Trustworthiness*, Russell Sage Foundation, 2002, pp. 107-108.

③ 参见 Niklas Luhmann, *Law as a social system*, trans. fby Klaus, A. Ziegert, Oxford University Press, 2004, p. 279.

④ 参见 Niklas Luhmann, *Law as a social system*, trans. by Klaus, A. Ziegert, Oxford University Press, 2004, p. 289.

的，法官审判的正当性是建立在对法官也可以接受审判的基础上的。在欧洲，对法官很早就形成了宗教性的象征恐吓体系以及名目繁多的控诉机制。① 在现代法治国家，法院在今天的可信性是通过权力制约与言论自由等制度化不信任机制来予以保障的。法院在西方国家能够为社会安全提供一种底线的担保，能够赋予社会极大的信心，使得人们相信：发生任何问题都是可以找法院的。我国有学者通过基层调查发现，除了正规的司法渠道以外，信访因其低成本、容纳范围大、亲和性高的优势，以及政治协商功能和社会剩余事务兜底功能，也是解决纠纷的重要渠道，而且这些渠道解决了大多数的纠纷。② 但这些纠纷解决机制太过于零散，不够中心化，也缺乏权威，难以成为社会安全的重要符号象征。除法院以外，瑞典的行政监察专员制度、③ 我国香港特别行政区的廉政公署制度，都是制度化不信任的典范。这些制度化不信任机制独立而又强大，能够成为法律制度风险处理能力与自我纠错能力的可靠象征，也成为法律信任的制度化稳定装置。

在我国，比较重要的制度化不信任机制具体体现于司法、检察和监察等制度装置上，这些制度也提供了对于法律自身进行"审判"的可能性。对于行政执法机构、监察机构和检察机构来说，一个独立强大高效并具有普遍的控告可能性的司法机构将是其可信性的重要担保；对于司法机构、行政执法机构与检察机构来说，一个独立强大高效并且具有普遍的控告可能性的监察委也是其可信性的重要担保。另外，这些机构内部还有各自的制度化不信任机制，如司法系统内部的法官与检察官惩戒委员会，机关单位内部的纪委监察部门。这些机制之间互为制度化不信任。不同的制度化不信任机制之间由此形成了一种相互不信任的循环与连锁，进而建立对于彼此可信性的相互担保网络，最终实现稳定的系统信任。如果总是依赖于法律制度自身完美的道德品质与万无一失的运作能力，那么我们对于法律的信任就不可能做到稳定。在这个意义上，对法律的系统信任可以说就是对法律系统中制度化不信任功能的信任。为了能够充分吸收各种各样的不信任，也为了使得制度化不信任机制成为社会存在感鲜明的制度符号，我们需要赋予法院、检察院、监察委等这些核心的制度化不信任机制更大的自主性、功能与权力，使得其能够对职能范围内的事务都可以做出高效、充分的处理。总之，要从地位和权力这两个方面突出这些制度装置作为制度化不信任机制的效能与社会存在感，使其成为法律制度可靠性的关键性符号和象征。

---

① 参见［法］罗伯特·雅各布：《上天·审判：中国与欧洲司法观念历史的初步比较》，李滨译，上海交通大学出版社 2013 年版，第 78~82、97~98、107~108 页。

② 参见陈柏峰：《信访制度的功能及其法治化改革》，载《中外法学》2016 年第 5 期。

③ 参见李少军：《瑞典议会监察专员制度的产生与发展》，载《人大研究》2019 年第 7 期；王江波：《黄国议会监察专员制度研究——政治务实性与保守性的典范》，载《人大研究》2023 年第 4 期。

本书作为一项基础理论研究，对法律信任的认知原理进行了细致的分析。这种分析连接了心理系统与法律系统，较为全面地展现了法律信任作为一种特殊的社会现实在认知上的具体特征。由于现代法律制度的高度复杂化与抽象化，大多数人都很难有机会再去系统、专门地学习专业法律知识，因此，人们为了能和法律打交道，最终只能简化对复杂法律制度的判断，采取一种有风险的信任或不信任态度。法律信任建立在有限理性的基础上，通过认知成本较低的信息符号来推断法律制度的内在可靠性，并不谋求对于法律知识及其专业意义的充分掌握，避免了难以承受的理性计算；同时，信任还通过内在的情感机制来降低由认知负担导致的心理负担，从而使得人们即使在对法律知之甚少的情况下也能在主观上承受其有利或不利后果。现代法律制度的正常运转建立在信任的基础上，古人说"民无信不立"，今天我们同样也可以认为，没有公民对于法律的信任，也就难以建立稳定、可持续的法治体系，法律就会被人们以机会主义的方式来对待。信任对于中国法治建设的可持续性与最终成功有着非常重要的意义。尽管中国的法治建设为适应中国国情与道德文化作出了长期、艰巨的努力，但总体来看，法治建设很大程度上是以专家学者的理论建构为导向，并通过自上而下的方式予以贯彻，这也许使得法律在专业上变得越来越可靠，但这种可靠性却无法以一种直观的方式传达给非专业人士。由于这个原因，人们对法律可能会不理解、不合作与不服从了为了形成对法律的信任，中国法律制度需要建构出一系列能够契合于公民法律认知特征的制度符号体系，如符合公众道德直觉而又"无懈可击"的道德形象，能够"大快人心"的法律制裁机制，以及社会存在感鲜明的制度化不信任机制，从而将法律制度的内在可靠性以一种易于理解的方式展示出来。其中制度化不信任机制对于中国法治建设尤为重要，因为其为人们提供了在面对制度固有风险时的底线担保，使得人们在一个快速变革的时期还能对不完美的法律制度有着基本的信心。因此，中国的法治建设要"内外兼修"，除了要进行专业可靠性的建设外，还必须通过认知成本较低的制度符号体系来传达这种专业可靠性。但这种符号体系在中国的建构并不是在理论上可以预先设定的，而是必须要有对中国人法律认知的文化与社会特征的准确把握，并经过实践的磨合与互动，由此才能使得法律制度准确地、全面地回应人们的不信任，并在此基础上建构出有效、稳定的法律信任。

# 第二编　问题分析

# 第二章　法律信任中的认知问题：
## 从谣言的角度切入

在我国的法治建设中，法律信任的不足是一个比较突出的问题。其不仅体现于日常生活中，而且还体现于各种舆论表达中。谣言作为一种特殊的舆论现象，为我们观察法律信任的不足提供了一个重要切入点。

谣言是一种包含特殊认知背景与情感态度的二手信息，也是一种特殊的社会沟通。谣言滋生于信息匮乏的环境，并关涉到某种重要议题，它是人们急于作出判断但又缺乏判断依据的产物。这就为人们的某种先验性情感左右人们的判断提供了可能。在当下中国，法律领域也是谣言滋生的重要环境。现代法律系统由于其高度的专业性与复杂性在某种程度上已经超出了人们的直觉认知与传统法律意识所能把握的内涵，存在着难以克服的不透明性与风险性。而法律又和人们的日常生活息息相关，谣言就有可能在某种偏向性情感的支持下滋生于法律领域。因此，尽管谣言是二手信息，但正由于此，谣言却是我们观察公众对于法律的认知与态度的一个重要窗口，通过对谣言生成与传播特征的分析，我们不仅能够看到公众对法律所存在的信任匮乏问题，也能够从中认识到公众的法律认知逻辑。鉴于公众对于法律的认知大多以人云亦云的二手信息为依据，并表现出明显的情感特征，当下中国的法律信任欠缺问题难以完全通过理性化的制度建构予以解决，相反，我们只能从不信任出发，将不信任的表达与处理制度化，并通过对不信任的制度性排除，最终实现常态化的制度信任。

## 第一节　谣言的生成环境与意义指向

谣言是一种未经证实的二手信息，但其又极容易被相信、议论与传播。谣言发生于不确定的环境中，不确定性催生了对确定性的追求，在客观的不确定性难以被减少的情况下，谣言则主要从主观角度满足了人们对确定感的需求。谣言的生成环境一般有两个特征：含糊性与重要性。[①] 含糊性意指信息匮乏或者因为信息过于复

---

① 参见[美]奥尔波特等：《谣言心理学》，刘水平、梁元元、黄鹏译，辽宁教育出版社2003年版，第17页；[法]让-诺埃尔·卡普费雷：《谣言：世界最古老的传媒》，郑若麟译，上海人民出版社2008年版，第8页。

杂导致公众分辨能力不足，人们往往无法亲自核实自己所听到的信息的真伪；而重要性则意指谣言关涉到某种重要的问题或者公众对其有着极大的兴趣，重要性则可能激发人们去饥不择食地去寻求信息，以降低不确定感。这两者为谣言提供了最基本的滋生空间。当人们面对非常重要的议题但又缺乏相关信息时，人们不仅会产生一探究竟的认知兴趣，也可能会产生要排解某种不安情绪的压力，这构成了波尔布特所谓的"理智上的压力"与"情感上的压力"，① 或所谓的"信息性社会影响"与"规范性社会影响"。② 在这种情况下，谣言就可能被个体或集体无意识或有意识地构造出来，而人们也会潜意识地或有意识地相信并传播谣言，因为谣言能够澄清现实环境的模糊之处，为现实的困惑之处提供某种"恰当"的解释，或为听者不太自信但又偏向于相信的某种偏见提供佐证。谣言特别容易发生于政治、性、隐私等隐秘但人们又极为感兴趣的领域，或发生于因信息与知识匮乏而缺失安全感等情境，如中国社会经常流传关于娱乐圈中明星家暴、离婚、出轨的谣言，日常生活中关于性的各色谣言，以及人们因为恐慌而发生的抢购食盐谣言与地震谣言，等等。

　　尽管谣言的生成环境一般具备含糊性与重要性这两个基本特征，但是契合于这两种环境特征的信息并不是都会成为谣言。谣言总是会有着特定的意义指向，其可能反映了人们的某种偏见、成见或既有观念。如在美国 20 世纪五六十年代种族骚乱频发与民权运动高涨的时期，社会上就流传着关于黑人如何侵犯白人而不是白人如何侵犯黑人的各种谣言。③ 这些谣言就存在着很明显的针对黑人的偏见，因为其在未知情况下就开始假定黑人是充满暴力性的。即使黑人的暴力被证明为真，这些信息也不是客观调查之后的结果，驱使人们说出真相的仍然是"病态"的种族主义偏见。④ 正如有学者所认为的，谣言是一种超越认知范畴的"负价值"，⑤ 谣言中总

---

① 参见［美］奥尔波特等：《谣言心理学》，刘水平、梁元元、黄鹂译，辽宁教育出版社 2003 年版，第 20 页。

② 参见［美］E. 阿伦森等：《社会心理学》，侯玉波等译，中国轻工业出版社 2007 年版，第 204~213 页；孙斯坦所谓的"信息连锁效应"与"名誉连锁效应"与阿伦森的观点也非常类似，参见［美］凯斯·R. 孙斯坦：《风险与理性》，师帅译，中国政法大学出版社 2005 年版，第 105~108 页。

③ 参见 Stephen Yong, Alasdair Pinkerton, Klaus Dodds, "The word on the street: Rumor, 'race' and the anticipation of urban unrest", *Political Geography* 38, 2014, pp. 57-67; Terry Ann Knopf, "Beating the Rumors: An Evaluation of Rumor Control Centers", *Policy Analysis* 1, 1975, pp. 599-612.

④ 参见如齐泽克在新奥尔良飓风之后的骚乱之后，认为即使关于黑人暴力的报道是真实的，人们也会说："你看，黑人真的就是那样：披着文明外衣的粗暴野蛮人"，这仍然源自"病态"的种族主义。参见［斯洛文尼亚］斯拉沃热·齐泽克：《暴力：六个侧面的反思》，唐健、张嘉荣译，中国法制出版社 2012 年版，第 90 页。

⑤ 参见刘伟：《热点事件网络谣言的内生逻辑与规制》，载《政法论丛》2023 年第 4 期。

是会有一种不同于认知与事实的负面情绪与偏见在里面。尽管受偏见支配，但谣言也不完全是谬误，认为谣言是谬误者，一般都是"事后诸葛亮"，事先我们一般是无法辨别谣言的真假的，正如事先我们一般也无法辨别"真相"的真假。但如果谣言真的发生，那么人们也绝不会感到奇怪。有网民认为谣言是"遥遥领先的预言"，就颇为传神地道出了这一点。谣言是一种特殊的社会沟通，介于认知与情感、真实与谬误、理性与非理性之间。谣言无疑是有着一定的认知基础的，谣言背后的偏见并不是空穴来风，而是通过对过去长期经验的总结与抽象而形成的情感积淀，但这种情感一旦形成便有了自身的独立逻辑，开始独立于经验，即使未来出现了新的事实，这种情感也会拒绝自我修正。在谣言中，往往不是"事实胜于雄辩"，而是"雄辩胜于事实"，重要的不是事实、真相、证据，而是情感与情绪。① 因此，谣言一定程度上是人们对社会实在的一种有意识或无意识的建构，这种建构不仅体现于人们对环境信息的偏向性选择当中，也体现于对虚假信息的伪造当中。心理学研究也表明，人们倾向于否定与自己的内在信念相冲突的论断，由此减少了认知不和谐。② 减少认知不和谐的方式是以情感判断代替事实判断，以顽固的偏见弥补现实的缺憾。当面对令人困惑的现实时，我们就会产生"穷根究源"的冲动，为难解的现实找到一个"理由"，③ 从而缓解信息性压力与规范性压力。相比于事实，谣言往往能够为现实提供一个更加"合理"的解释，即使谣言不是事实，我们也容易对事实产生选择性失明以迎合自己的情感偏见。

其中，认知不和谐不仅包括个体思想内部的认知不和谐，也包括个体与群体之间的认知不和谐。在抽象的哲学意义上，人立足于社会当中，为了避免存在性焦虑，不仅要避免自我认同危机，也要避免社会认同危机。④ 就本部分而言这意味着：在一个集体环境中，由于社会认同的压力，人们是否相信某则信息很大程度上也受到其他人是否相信的影响。在谣言的传播中，孙斯坦认为存在所谓的"信息流瀑"与"群体激化"现象，⑤ 如果一个群体中的大多数人都持有某种偏见，并普遍相信一则谣言，那么我们在对该谣言传达的信息一无所知的情况下也更容易相信这则谣言。不仅如此，当人们在公共领域就谣言进行沟通之后可能会更加相信谣言，人们会想当然地认为，大多数人的意见怎么会是错的呢？因此，我们往往会不假思索地假定大多数人持有的某种普遍性观念肯定是正确的。即使有人怀疑大多数人意见

---

① 参见翟月荧：《网络谣言的传播与治理》，载《东岳论丛》2023 年第 8 期。

② 参见[美]卡斯·R. 孙斯坦：《谣言》，张楠迪扬译，中信出版社 2010 年版，第 26 页。

③ 参见[美]奥尔波特等：《谣言心理学》，刘水平、梁元元、黄鹂译，辽宁教育出版社 2003 年版，第 20~21 页。

④ 参见吉登斯关于个人认同、基本信任与他人评价之间关系的论述，参见[英]安东尼·吉登斯：《现代性与自我认同》，赵旭东、方文、王铭铭译，三联书店 1998 年版，第 42~60 页。

⑤ [美]卡斯·R. 孙斯坦：《谣言》，张楠迪扬译，中信出版社 2010 年版，第 8~9 页。

的正确性，但出于"从众压力"，很多人也可能会违心接受谣言。① 正所谓的"枪打出头鸟"，持异议者在一个有着普遍性共识的集体环境中很容易被敌视与厌恶，从而对个体造成社会认同危机。在一个集体环境中，信息匮乏者与思想犹豫者不仅存在信息性压力，也存在规范性压力。行动决定的作出，不仅要有信息上的依据，也有规范上的依据，否则就难以获得自我认同与社会认同。面对人人相传的谣言，即使找不到任何确切的经验依据，人们也容易在这两种压力之下盲目地接受谣言。在今天的中国，由于网络传媒的发达，网民能够超越时空的局限性而就很多自己未必有深入了解的议题进行集体性的公共讨论，通过"信息流瀑"与"群体极化"等社会心理机制，能够迅速地强化对谣言的快速传播与集体接受。网民作为很多议题的外行，其与实际事件之间往往存在高度的信息与知识不对称，但在从众压力之下，网民能够将个体与集体的情感偏见迅速填补其中的信息与知识鸿沟。谣言在此过程中不仅消解了个体思想内部的事实与期待之间的张力，也消除了个体认知与群体认知之间的不协调。不仅如此，谣言在从众心理的强化下能够大大脱离原初的经验基础而走向"泡沫化"，这一点正如股票市场，虽然企业收益也许并没有显著的提高，但在人云亦云的价格上涨谣言中，人们也在不知不觉中将股票价格抬升到与其实际价值完全不对称的水平。谣言同样也是如此，即使谣言没有任何根据，但谣言在从众心理的强化下，谣言的接受不再取决于原初的经验基础而是取决于其他人对谣言的态度，由于脱离了经验的束缚，谣言在经过广泛的讨论与传播后最终可能变得十分夸张与荒谬。

## 第二节　谣言作为法律信任匮乏的体现

### 一、谣言取决于信任还是不信任

在对谣言意义指向的引导中，信任与不信任的情感是最为重要的一种。当人们第一次接触谣言时，是不能对谣言与真相做出明确区分的。第一次出现的谣言和大多数第一次出现的真相一样，都是二手信息，都是从他人那里得到的"道听途说"。如果我们信任他人的说辞，这些二手信息就是"真相"；如果不信任，那么就是谣言。不论是真相还是谣言都不会自我标示出来是真相还是谣言。我们第一次接触可能是谣言或真相的信息时，是无法从实证角度进行分辨的。因此，真相与谣言能够以相同的逻辑传播，② 一项信息被认为是谣言还是真相，取决于是信任还是不信任

---

① 参见[美]卡斯·R. 孙斯坦：《谣言》，张楠迪扬译，中信出版社 2010 年版，第 36~37 页。

② 参见[美]卡斯·R. 孙斯坦：《谣言》，张楠迪扬译，中信出版社 2010 年版，第 38 页。

信息发布者与传播者。谣言的传播与真实与否无关，而是与信任或不信任的态度有关。① 当我们说谣言是虚假信息时，这只是事后的判断，我们在事先基本是以某种主观偏见或成见来判断一项信息是谣言还是真相的。我们之所以称一项谣言为谣言，那是因为我们宁愿信任多数人的人云亦云，也不信任官方机构发布的信息。

谣言是信任与否的产物，与信任和不信任有着内在的情感关联。谣言与信任虽然都不乏经验基础，但都是认知与情感的结合。谣言作为一种主观情感状态的投射，是在既有情感偏见的基础上虚构新信息或对既有信息进行不自觉地加工改造。② 而信任作为一种态度，既非主观的，也非客观的，信任也是认知与情感的有条件结合，③ 信任能够将外在的认知问题部分转化为内在的情感问题，用内在的确定性代替外在的确定性，从而提升对于外部关系中不确定性的内在承受力。人们对于未来的期待很难建立在对未来的完全掌控上，人们往往只能根据有限的信息去推断未来，客观风险仍然存在，信任机制因此被社会演化出来以降低主观风险。信任是一种特殊的社会现实，是根据有限的信息来潜在地推断未来的可靠性。信任是关于他人未来行为的假设，介于知与无知之间，并根据知来推断无知，根据有限的过去推断无限的未来。信任可以说是一种风险投资，因为信任超越它所收到的信息，冒险地去界定未来，但超越有限信息的冒险只有在某种偏向性情感的支持下才得以可能。信任虽然有着一定的信息基础，但信任能"非理性"地将正面或负面的情感偏好扩展到既有信息能够保证的安全范围之外。信任与不信任在功能上是等价的，信任是对未来的正面评价，而不信任是对未来的负面评价，信任与不信任都是根据有限信息对未来的潜在性推断，都是为超越有限信息、克服客观风险而演化而成的一种旨在降低主观风险的特殊态度与行为模式。信任与不信任都带有相当大的盲目性。当人们面对一则自己无法亲身体验的信息时，人们也只能对发布或传播此信息的人采取一种有风险的信任或不信任的态度，这是从特定的身份标记，如朋友、家人、圈内人、政府官员、专家或网络大 V，或者基于过去的各种负面或正面的历史经验，来潜在地推断信息的可靠性，因此很难做到完全没有谬误。谣言就是因为信任冒险失败而在事后被发现是谬误的一种信息。但信任冒险也有可能成功，因此谣言并不必然为假，也并不必然为真。谣言区别其他信息的地方在于，谣言能够借助信任或不信任的情感态度将一种未经证实或无法证实的信息传播开来。谣言很大程

① ［法］让-诺埃尔·卡普费雷：《谣言：世界最古老的传媒》，郑若麟译，上海人民出版社2008年版，第13~15页。

② 参见［美］奥尔波特等：《谣言心理学》，刘水平、梁元元、黄鹂译，辽宁教育出版社2003年版，第24、65~113页。

③ 参见［德］尼可拉斯·卢曼：《信任》，瞿铁鹏、李强译，上海世纪出版集团2005年版，第36页，以及 J. David Lewis and Andrew Weigert, "Trust as a Social Reality", *Social Forces* 63, 1985, pp. 967-985.

度上就是公众因不信任现实所呈现出来的表象而形成的一种偏向性解释、补证与构造，其目的也在于通过内在的情感偏见来化解外在的不确定性。谣言不是从事实得出结论，而是根据结论裁剪事实。事实往往导致人们产生更大的认知错乱感，而谣言则能够提供相对来说更加"合理"的解释。因此，谣言的传播很大程度上是人们的主观选择，目的在于使现实世界变得更加容易被理解与接受，从而降低主观风险。由于谣言与信任以及不信任在认知与情感上的内在契合性，谣言在某种程度上就是信任或不信任的一种表达。不论谣言是否是真相，在确知这一点之前，人们在信任或不信任情绪之下已经对此形成了预判。谣言传播的动力也正在于此。谣言强大的繁殖力不在于其真假，而在于偏向性情感支持下的盲目信任或不信任。

正是因为这一点，中国社会当中的严重信任危机也是谣言在中国滋生泛滥的重要社会背景。从近年来少数在谣言中不断发酵的案件中，我们也可能看到公众对于公权力的不信任。即便执法机关对于这些案件的处理并无错误，但公众总能根据对于公权力机构的偏见构想出种种看似"合理"的谣言来。通过这些谣言，我们看到了民众对公权力的深刻不信任。谣言既是这种不信任情绪的释放，也是对这种不信任情绪的解释，谣言能够为不知情民众后续的各种抗法行为提供合理性辩解与正当性依据。当然，这种不信任也是源于某些社会事实与社会情绪的长期积累，多年来的暴力拆迁、暴力执法、官僚腐败被民众提炼成了顽固不破的盲目情感，从而很自然地将这种情感延伸到了任何与政府相关的争议事件当中。虽然这些谣言背后都有着不可忽视的经验基础，但谣言当中的不信任已经能够突破事实与理性的限制，变成一种能够独立传播的情感机制了。在面对高度信息不对称的外部环境时，谣言提供了一种简化认知的方式，在不信任及其所内含的价值偏见或成见的引导之下，人们能够根据过去的思想脉络想当然地推测当下个案中的具体情况。事实反而不愿意被公众所接受，因为事实会打乱公众对于政府的既定认知，事实与既有的思想脉络之间的冲突则会导致不可知的恐惧感，谣言作为一种对当下事件的"合理"解释则至少能够将不可知的恐惧感降为可知的恐惧感。对于很多群体性事件，如安徽池州事件、云南孟连事件、贵州瓮安事件等，我们都能进行类似的分析。在中国的任何群体性事件中，我们都能看到谣言的影子，这些谣言都指向了对公权力的深刻不信任。当然，谣言有时也有网络推手在背后推动，但这些网络推手更像是"催化剂"而不是化学反应本身。这些网络推手能够利用网民的无知与不信任情绪，将未经确证的谣言填补进网民与事件本身之间的认知鸿沟。而政府对谣言的一贯解释就是"群众不明真相"，但不论是真相，还是谣言，对于广大网民来说都是不明的，一项信息被认为是谣言还是真相，往往取决于人们是否信任正式信息的发布机构。

## 二、法律谣言的生成环境：现代法律系统的不透明性

现代社会是一个高度功能分化的社会，各行各业都会形成自身的专业壁垒，这

造成专业人士与非专业人士之间的隔阂以及两者之间在信息与知识上的不对称。这不仅使得知识较少一方对知识较多一方的利用与信任变得必要，也使得知识较多一方欺骗知识较少一方变得可能。对于高度功能分化的社会系统，大多数人只能信任或者不信任，而难以实现建立在充分信息与知识基础上的全面掌控。高度分化的法律系统同样也是如此。现代法律系统构成了吉登斯所谓的"脱域机制"与"抽象体系"，其依赖于公众对无法验证的抽象能力而非可验证的具体个人品质的信任。[①]在中国，公众对于法律系统的认知在一定程度上已经脱离了面对面互动的层次，公民在面对专业的法律系统时可能产生陌生感，而其对法律的期待仍然还停留在熟人社会认知模式上，马锡五式审判模式仍然是中国民众中理想的法律形象。[②] 这使得法律系统有时很难以一种清晰易懂的方式被普通公民所完全透彻认知。与熟人社会语境相比，建立在专业法律规范基础上的执法活动与司法活动则存在着显著的不透明性。法律系统的这种不透明性固然增加了对信任的需求，但也为怀疑与不信任保留了巨大的可能。根据前面关于谣言的生成环境与意义指向的论述，现代法律系统作为一个对于大多数人来说相当模糊但又显得至关重要的领域，如果人们对其形成了某种不信任的偏见，那么谣言也极可能滋生出来。在发生争议后，任何事实论证与理性说教对遏制谣言都会显得无能为力。在面对铺天盖地的谣言时，专业性的法律解释未必能够获得公众的理解和认同。对此，我们不能简单地谴责公众对于法律的无知，而是现代法律制度在应付高度复杂的社会时，也使得自身变得高度的专业化，使得法律制度很难被公众从既有的道德文化直觉出发作出合理判断。公众只能挑选出一些标志性案例，并将其当成整个法律系统抽象能力的关键性象征。而随着网络传媒与自媒体的普及，一些被舆论热炒的冤案、暴力执法事件、群体性事件或司法腐败案件构成公众认知法律系统抽象能力的标志性案例，这些少数案例因此被符号化。虽然符号所传达的信息可能过于浅薄，但我们由于看不见符号背后的东西，只能将现实简化为易于辨识的符号。人们由于对现代社会的抽象法律制度存在着一定程度的陌生感与隔阂感，只能通过标志性案例来潜在地推断法律系统的内在可靠性，这就形成了建立在有限信息基础上但也存在风险性的不信任态度，因为少数的标志性案例并不能完全概括未来其他案件的真实情况。但这种不信任态度一旦形成，就能够超越事实，形成自己独立的运作逻辑。这也构成了法律领域谣言滋生的制度背景与社会背景。

---

[①] 参见[英]安东尼·吉登斯：《现代性的后果》，田禾译，译林出版社 2000 年版，第 19~24、72~74 页。

[②] 参见陈洪杰：《现代性视野下的司法信任危机及其应对》，载《法商研究》2014 年第 4 期。

　　在谣言当中，我们会发现公众对法律能否公平公正最缺乏信任。谣言在此迎合了公众关于法律"不公正"的既有期待，这不仅体现于谣言对既有信息有偏向的选择，也表现于谣言对新信息有偏向的伪造。如在浙江钱某会案中，尽管当地公安机关将案件定性为交通肇事，但网民大多对此强烈质疑，网民虽然无法确定钱某会到底是如何死亡的，但钱某会多年上访的背景使网民坚信钱某会的死因一定非同寻常，因此网络上甚嚣尘上的是各种版本的谣言。而且网民眼中只看到佐证谣言的证据，如录像未保存、死者亲属被逮捕、工程车逆行等，但对否定谣言的证据，如死者的拖痕、肇事者与死者的无关、目击证人的证词、人车碰撞痕迹等，则选择性失明。① 透过钱某会案中的谣言，我们能够看得到网民对于执法者能否公正无私、能否依法办事有着很大的疑虑。只有谣言而不是事实才能合理解释网民对执法者的不信任偏见，因此网民宁愿相信谣言而不是执法者的调查结论。而且公众对钱某会案件的质疑很少指向实体法问题与程序法问题，这也表明，公众有时并不是通过制定法规范与程序性规范来判断法律的公正性与可靠性，尽管学界都熟知"程序正义是通过看见得的正义来实现看不见的正义"的信条，但程序正义并不能将法律以完全透明、可信赖的方式展示给公众。人们一旦在光鲜亮丽的程序外衣之下还能发现各种蝇营狗苟时，人们就没有理由再假设程序正义是实体正义的保障了，而必须寻找其他的认知渠道，而谣言就可能成了程序正义的信息替代品。在杭州胡某飙车案中，网络谣言为这起普通的交通肇事案添加了很多佐料，如"七十码说""领导儿子说""替身说"，这些谣言在"富家子弟"与"平民青年"的二元对立之下对司法是否能够一视同仁提出了深刻的怀疑与不信任。② 在这种情况下，谣言在某种意义上是对法律的一种想象性纠正，谣言在公众不信任偏见的引导之下，似乎要对原有的事件形成一个更具说服力的故事，由此来迎合人们对于法律的既定认知与期待。而且此案至少从表面上看，也没有任何实体与程序上的问题，制定法与程序法也同样难以将法律的公正性以一种没有任何死角的方式展示给公众。谣言一个接一个，不信任总能够找到其理由。公众不相信司法审判所展现出来的表象信息，这些表象信息尽管从事后看来也许都是事实，但公众更相信在表象信息之后还有另外一层"真相"。真实的信息对于公众来说是不可接受的，因为这会使得公众的世界观发生错乱，事实与期待之间的张力会使公众陷入困惑与迷惘，而谣言能够满足人们的一贯期待，平息公众的内在心理紧张，为公众的不信任偏见提供"合理"解释，从而使得后续的谴责与控诉都显得义正词严与理所应当。在谣言当

---

　　① 参见《浙江乐清村民钱云会死亡案件》，载网易新闻 http://news.163.com/special/qianyunhuituozhang，2015 年 3 月 4 日最后访问。

　　② 参见《杭州"富家子"飙车撞人案》，载网易新闻，http://news.163.com/special/00013CEV/dragracing.html，访问日期：2024 年 5 月 27 日。

中，弥补事实与期待之间张力的方法不是修正期待，而是篡改事实。由于法律关系到每一个人的期待与安全，公众实际上是不自觉地通过谣言来将自己对法律的不信任与恐惧宣泄出来，从而使不可知、不可控的恐惧变成至少是可知的恐惧。透过这些谣言，我们会看到一个共同的特征：公众对于法律能否超越这些不对等的社会与政治关系表达出强烈的担忧，对司法能否超越强者不当干预保护弱势群体有着极大的疑虑。

## 第三节 谣言与法律信任危机中的认知逻辑

谣言不论真假，都构成了公众与法律系统之间重要的沟通媒介。谣言的认知特征与情感特征同时也能够透露出人们对于法律的认知与态度。谣言的传播特征也能够反映出公民与法律系统之间互动的结构特征。因此，谣言能够为法学研究者提供非常有价值的视角，观察作为法律外行人士的公众是通过何种标准与方式来判断法律的公正性与可靠性。

### 一、谣言作为法律认知的二手信息

既有法学理论关于司法公信力与法律信任的研究基本都以完全理性为潜在预设，并假定一系列标准的现代法律制度的合理性与实效性必然能够为公众所直接认知，公众能够在理性认知的基础上建立对法律的信任。前文已经提到，现代法律系统的专业性与复杂性在一定程度上超出了公众的道德文化直觉，未受过法律训练的人有时并不能直接通过制定法与程序法来判断法律制度的可靠性。不仅如此，很多人并没有直接参与过诉讼、体验过法律运作，他们并不能完全根据个人经验来判断法律制度的可靠性个人经验相比于复杂的法律制度毕竟是有限的。因此，公众对于法律的认知与判断一般都是建立在二手信息的基础上。正由于此，这就为某种偏向性情感左右人们的判断提供可能。谣言与真相基本都是二手信息，因此是以相同的逻辑在法律领域传播。大多数谣言都指向了法律的不公正，但不论人们是否认为法律是公正的，都是基于二手信息作出的判断。这意味着公众对法律的认知很少是客观、理性的。其实，在高度功能分化的社会，由于专业人士与非专业人士之间的隔阂，我们对于不熟悉知识的判断都来自于其他人的转述。如我们为什么相信地球是圆的？当然不是因为我们大多数人真的懂得天文学理论或者我们真的乘坐宇宙飞船在太空中看到的。很大程度上，这是从他人那里转述过来的知识。我们对此坚信不疑也是出于对他人的信任。教科书与老师的不停教导，使得我们普遍相信地球是圆的，即使我们尚未从经验的角度确证这一点。在法律领域，很多知识是无法经过亲身去验证的。我们历来都认为我们可以通过看得见的程序正义来实现看不见的实体正义。但问题在于，法律运作的很多环节与过程是无法通过程序正义展示出来的。

我们能够通过禁止法官审理与自己有利害关系的案件来避免法官的公正性受到影响，但我们如何能够保证法官完全杜绝未必恰当的个别化价值判断对审判的影响？用很通俗的语言来说，我们又不是法官"肚子里的蛔虫"，对于法官某些决定与想法，我们是无法通过程序正义得以控制的。尽管审判公开与程序正义都很重要，但仍然难以完全覆盖司法程序的所有环节。

由于法律系统通过法律条文与法律程序所展现出来的信息太过于专业，为了建立对法律的信任，我们就需要通过对接受者来说易于辨认但也可能是未经过确证的二手信息来使人们相信那些不可观察的法律过程是公正的。而这主要是通过对法律共同体职业伦理的培养并建立统一性的意识形态得以实现的，只有当法律人也相信法律是客观公正并坚信自己是在维护公平正义时，公众才会相信法律的公正性。① 法律人对法律公正性的信任与不信任是一个至关重要的信息，能够构成作为外行的公众判断法律公正性的重要依据。相比于自己学习复杂的法律知识，信任法律专家的知识对于外行的公众来说是更容易的选择。法律共同体的职业伦理与统一意识形态的功能意义就在于通过营造共同体内部的相互信任以及对法律的普遍信任，来实现公众对于法律的信任。这正如美国批判法学家弗兰克认为律师和巫师并没有本质性的区别，巫师对魔法的信仰是依靠其他也信仰这些魔法的巫师的声明来支撑的，而律师对法律的信奉同样也建立在其他律师对法律的信奉上，而这种共同信仰造就了公众与法律人都共同信奉的法律确定性神话。② 人人信之不疑的神话也是一种未经确证的谣言，但只要法律共同体都能够表现出对这个神话的真诚信任，那么也就能够博得对法律更不了解的普通公众对法律的信任。现代法律系统的专业可靠性也很难完全以一种公众熟悉的方式被展示出来，因此，对法律系统的信任只能建立在他人也信任法律这一应该成为众所周知的共同意识的基础上，这也是现代社会各种系统信任，如对货币的信任、对医疗的信任，相比于建立个案考察基础上的人格信任的不同之处。③ 对他人信任的信任简化了认知，因为人们不必再去考察自己无法理解和立即学会的法律专业知识的合理性，这大大方便了现代法律信任的形成与确立。我们相信法治不是因为我们的相信是正确的，而是因为这是社会共识。法治主要是建立在有风险的信任而不是纯粹的理性认知之上。国外还有学者在对人们遵守税法的动机研究后发现，人们对法律的遵守很大程度上是建立在对彼此都会遵守法

---

① 参见季卫东：《法治构图》，法律出版社 2012 年版，第 64、306~307 页。

② 参见[美]杰罗姆·弗兰克：《初审法院》，赵承寿译，中国政法大学出版社 2007 年版，第 66~85 页。

③ 参见[德]尼可拉斯·卢曼：《信任》，瞿铁鹏、李强译，上海世纪出版集团 2005 年版，第 92 页。

律的相互信任氛围之上的。① 人们既无法根据具体的统计数字来判断法律的公平性，也无法确切知道法律的惩罚风险到底有多大，人们决定是否遵守很大程度上取决于其他大多数人是否遵守法律，也即对他人信任或不信任法律的信任。因此公众对法律的不信任在认知层面上的重要原因就在于法律人也同样表现出对法律的不信任，如律师可能向当事人传达出法律可以被人情关系扭曲的信息，法学家与律师对司法公正性的公开强烈质疑等，这些因素都在某种程度上造就了公众对法律的不信任，尽管这种不信任的更深层次来源还可以进一步追究。反过来说，法律人对于法律的普遍信任也为外行的公众提供了一种二手信息，从而构造了公众对于法律品质的认知。而且这种信任是被法律共同体在法律教育、宣传与服务当中不断强化的。

指向法律不公正的谣言也同样出自这样一种认知逻辑。这些谣言一般也是二手性信息，不过其是关于法律的负面性信息，以及其传播中介主要是作为法律外行的公众。公众在第一次接触这一类谣言时，是无法判断这些就是谣言的，因为公众也同样无法判断关于法律公正性的"真相"就是真相的。这也可以表明公众无法分辨内行与外行之间信息的真伪。关于执法与司法腐败与黑幕的种种谣言，即使很多人对此确信不疑，但这种确信不疑的基础不是因为有着经验上的考察，而是对人云亦云的多数人的信任。谣言的传播过程实际也是对他人信任的信任，人们面对谣言时并不是直接辨别谣言的真伪，而是以他人是否信任谣言作为认知出发点。当我们面对一个不确定的情境时，他人的行为就成为了我们一个"强大且有用的知识资源"。② 在谣言的传播过程中，当我们难以信任执法机关与司法机关时，我们很容易在带有偏向性的从众心理支配下转向信任多数人的所信或所不信。而网络时代更是强化了法律认知信息的二手性。网络社会存在大量的沟通，而沟通是建立信任的重要方式，③ 网络社会也形成了一定程度的信任结构。任何存在某种基础性信任关系的社会网络结构，如某种亲密群体、某种组织、网络论坛，都会强化谣言的传播，④ 谣言在网络社会中

---

① 参见 Ingrid Wahl, Barbara Kastlunger, and Erich Kirchler, "Trust in Authorities and Power to Enforce Tax Compliance: An Empirical Analysis of the 'Slippery Slope Framework'", *Law & Policy* 32, 2000, pp. 383-406; Henrik Hammar, Sverker C. Jagers, Katarina Nordblom, "Perceived tax evasion and the importance of trust", *The Journal of Socio-Economics* 38, 2009, pp. 238-245.

② 参见[美]E. 阿伦森等：《社会心理学》，侯玉波等译，中国轻工业出版社 2007 年版，第 204 页。

③ 参见 Teck-Hua Ho, "Trust Building Among Strangers", *Management Science* 51, 2005, pp. 519-530.

④ 参见 Nicholas Difonzo et al., "Rumor Clustering, Consensus, and Polarization: Dynamic social impact and self-organization of hearsay", *Journal of Experimental Social Psychology* 49, 2013, pp. 378-399.

甚至类似于病毒的传播,有着极大的传染性。[①] 如果说在网络时代出现之前人们对于法律的认知更加依赖于个人体验的话,那么网络时代则更加依赖匿名大众对法律的态度。虽然对他人信任的信任使得对法律的认知变得更加简单,但由于其远远超越了原初的经验基础,这种信任也潜藏了很高的风险,错误也就在所难免。谣言作为二手信息很多情况下都是错误的,但这也正如法律确定性的神话作为二手信息很多情况下也是错误的。尽管如此,在网络传媒传播的关于法律不公正的谣言是以信息与知识基础更加匮乏的外行人士作为传播媒介。由于谣言传播者的受教育程度大小与谣言的传播范围有着明显的负相关,[②] 与受过法律教育的法律人相比,没有受过法律教育的大众更容易相信人云亦云的谣言。因此,关于法律不公正的谣言相比于法律职业意识形态更有可能是错误的,当下中国法律信任危机的原因也不在于多数情况下法律实际上是不公正的,而是因为法律被认为是不公正的。与法律人所传达的职业伦理与统一性意识形态不同的是,这些二手信息由于得不到专职人士的长期性与系统性维护,因此往往显得比较脆弱、稍纵即逝。指向法律不公正的谣言一般也是"来也匆匆,去也匆匆"。如在药某鑫案中,关于药某鑫权贵背景的各种谣言在药某鑫被判处死刑立即执行后也自然销声匿迹。而李某一案也是如此,关于各个犯罪嫌疑人背景深厚的各种谣言在他们被各自判刑之后也很快销声匿迹。

## 二、谣言与法律认知的情感特征

谣言作为二手信息虽然未经确证,但正由于此,我们才能够透过谣言观察公众对于法律的既定偏见与成见在不确定情境中所发挥的作用。谣言在此是没有可靠经验基础的纯粹情感表达。公众的法律认知也同样表现出明显的情感性特征,并有着特殊的稳定性与敏感性。

由于现代法律系统的高度专业性以及公众对法律知识的欠缺,人们对于法律的先验情感态度在某种程度上就决定了他们对法律的基本态度。当然,这里的先验情感态度也不是凭空而来,而是有特定的抽象背景,其形成也并非一日之寒,而是司法体制中各种制度问题、媒体的负面报道、民众的口耳相传、群体性事件、各种冤案凝聚累积形成的一种"抽象的愤怒"。[③] 这实际上就是不信任的"普遍化"现象:通过将既有的经验"泛化",延伸到其他"类似"的案例上,从而使对区别的不介意稳定化。这种愤怒情感被普遍化后,开始表现出独立的运作逻辑,不再考虑当下具

---

① 参见 Ru-Ya Tian, Xue-Fu Zhang, Yi Jun Liu, "SSIC model: A multi-layer model for intervention of online rumors spreading", *Physica A* 427, 2015, pp. 181-191.

② 参见 Komi Afassinou, "Analysis of the impact of education rate on the rumor spreading mechanism", *Physica A* 414, 2014, pp. 43-52.

③ 此处借用了于建嵘的说法,参见于建嵘:《有一种"抽象愤怒"》,载《南风窗》2009 年第 18 期。

体个案中经验与事实的差异，因此能够保持特殊的稳定性。谣言所体现的不信任情绪也体现了一般性情感的运作特征，其已经从熟悉、具体的起源处抽象出来，变成了与客观环境相分离的有着自主性的主观机制。[1] 谣言背后的不信任情绪尽管不乏一定的经验基础，但这种情绪至少对当下的个案来说是先验与独立的。在日常生活语义当中，这就意味着偏执心理。信任与不信任都是一种能够对抗经验变化的偏执心理，在不信任当中，那些可信性证据被这种心理排除或进行反面解释，而那些可能是善意的行为则被认为是在掩饰与假装。[2] 这种心理很大程度上已经脱离了具体个案经验的束缚，成为了谣言不定期爆发的火药桶。公众对法律的不信任在谣言的传播当中也有一种"先赋"的决定性地位，[3] 不信任开始表现出独立自主的功能，不仅不再取决于新的案件事实，而且还有可能添油加醋构造案件事实，而谣言就成了不信任进行表达与构造的一种媒介。就中国而言，公众对于法律的不信任很多时候体现为汹涌的网络舆情。很多网民虽然说不清楚究竟哪里存在腐败和如何不公，但却有一种莫名的愤怒情绪，在这种愤怒情绪的指引与支配下，那些能够佐证司法不公的谣言就很容易在社会舆论中获得支持，成为公众宣泄不信任与愤怒的一个出口。在争议案件中，执法机构与司法机构的任何说服、任何辩解都难以成为对黑暗内幕的澄清，而只能成为对掩饰黑暗内幕的证明，如钱某会案件、邓某娇案件、于某欢案案中，公安机关就陷入了无论说什么网民都不信的窘境。在谣言当中，多变的事实总能佐证不变的情绪。而事实的展示与逻辑的说服解决不了情感性的法律信任危机。

　　谣言及其所表达的不信任情绪和任何其他类型的情感一样，同时也是非常敏感的。由于情感是一种泛化态度，正因为如此，为了避免对经验的无限泛化，对于这一能力必须予以限制，这要求情感在某个界限表现出根本性的否定。与此相应，谣言及其表达的不信任情绪在判断上都是极速而轻率的，这是一种"前认知情绪"，其在尚不知就里的情况下就对零星的信息做出激烈的反应。[4] 这类似于地震多发地区的民众一看见天花板颤动就有跳起来向外奔跑的冲动。谣言所传达的信息虽然极为模糊、有限，但也足以挑动公众的敏感神经，公众似乎通过谣言看到了深不可测的内幕，并爆发出激烈的抗议。如安徽合肥曾发生过一起少女被毁容案件，有网民

---

　　① 参见[美]詹姆斯·卢格：《人生发展心理学》，陈德明等译，译林出版社1996年版，第221页。

　　② 参见 Roy J. Lewicki, Daniel J. McAllister and Robert J. Bies, "Trust and Distrust: New Relationships and Realities", *The Academy of Management Review* 23, 1998, p. 451.

　　③ 参见[德]尼可拉斯·卢曼：《信任》，瞿铁鹏、李强译，上海世纪出版集团2005年版，第36页。

　　④ 参见[美]丹尼尔·戈尔曼：《情感智商》，查波、耿文秀译，上海科学技术出版社1997年版，第29页。

在微博上以"曝安徽'官二代'横行霸道，恋爱不成将少女毁容"为题发布了一则谣言，这一谣言立刻点燃了网民的愤怒之火，网络顿时陷入"枪毙凶手""深挖背景"等如潮般的呐喊声中。① 谣言虽然事后证明多数都是谬误，但由于谣言背后是独立而又敏感的不信任情绪，谣言的颠覆性力量仍然不可小觑，谣言至少能够会不定时地干扰人们对法律的态度，从而使得当下的某个案件成为整个法律系统的标志性案件，这导致了人们对个案细节的穷根究底。谣言当中的不信任情绪很容易导致人们夸大现实的复杂性，因为人们总会相信表面现象是误导人的与错误的，并试图挖掘更深层次的非常规性信息或者外表信息的不寻常意义。② 而在现代社会，任何抽象系统都多多少少残留一些风险，法律系统同样也是如此，法律规范不可能包罗万象以至于在任何案件中都能做到绝对公正，法律实践也不可能完美无缺以至于任何执法与司法行为都不会出现任何瑕疵，而对法律的信任则是一种有风险的态度，是以对法律的某些固有瑕疵保持"谨慎的不介意"③与"必要的沉默"为前提。④ 因此，谣言对法律风险的过度挖掘反而会导致信任的丧失，越是挖掘法律风险，被发现的错误就越多，从而进一步佐证法律的不可信，最终恶性循环，法律越来越不值得信任。这正如，如果我们对医疗行为的风险都知根知底的话，那么我们就不会对医生的工作深信不疑了。任何事实从抽象观念的角度来看都是不完美的，以抽象观念为参照的不信任情绪总是能够"鸡蛋里挑骨头"，发现事实的不完美之处，并将也许是微不足道的不完美之处放大化，被信息匮乏的公众当成是整个现象的关键性象征。正如湖北邓某娇案件中，在当地公安局关于案件的最初调查中，公众就揪住公安局公开发言中的个别语词，如是"按倒"还是"推坐"、是"特殊服务"还是"异性洗浴服务"、新增"两个服务员"是何用意，等等，大加挞伐，后来公安局发现到了"不管说什么都被网民骂死"的地步。⑤ 执法实践并非行云流水、完全通畅无阻，其中可能存在多次反复与多次纠错，但其中个别细节在不信任的情绪当中就可能被放大化，成为执法不公正的关键象征，从而激起对法律实践的广泛质疑与否

---

① 参见沈彬：《莫让毁容案重走药家鑫的弯路》，载东方早报：http：//www. dfdaily. com/html/63/2012/2/27/749687. shtml，2015 年 7 月 8 日最后访问。

② 参见 Yaacov Schul, Ruth Mayo and Eugene Burnstein, "The Value of Distrust", *Journal of Experimental Social Psychology* 44, 2008, pp. 1300-1301.

③ 参见[德]尼可拉斯·卢曼：《信任》，瞿铁鹏、李强译，上海世纪出版集团 2005 年版，第 29 页。

④ 参见[英]安东尼·吉登斯：《超越左与右：激进政治的未来》，李惠斌、杨雪冬译，社会科学文献出版社 2000 年版，第 120 页。

⑤ 参见腾讯网：《理性看待邓玉娇案》，http：//view. news. qq. com/zt/2009/ciguan2/index. htm，2015 年 3 月 7 日访问；杭州报业集团：《邓玉娇案吊诡的 37 天》，http：//hzdaily. hangzhou. com. cn/dskb/html/2009-06/19/content_694271. htm，2015 年 3 月 7 日访问。

定。除邓某娇案外，钱某会案、胡某案、李某一案中的谣言基本都是"鸡蛋里挑骨头"，即使是正常的法律实施活动，也能够被彻底负面化。法律的批判者总能够为自己的不信任情绪找到充分的理由。谣言及其背后的不信任情绪引发的破坏力也很容易超出与案件本身相称的范围。这种不信任在经过网络社会人云亦云的自我强化后，变得更加脱离事实而走向"泡沫化"。谣言的自我强化往往会伴随引起广泛且不分青红皂白的愤怒，并可能激发大规模的暴力抗法事件与群体性事件。

### 三、谣言与法律认知的道德特征

谣言作为二手信息，认知成本也比较低，否则就难以实现人云亦云，这就体现于谣言的道德化特征。透过谣言，我们能发现人们对于法律的认知普遍采取了一种道德的态度。道德源自"生活世界"，道德作为生活世界中的"背景知识"是得到预先认可的潜在的先验前提，其能够摆脱强调精确测量与因果论证的技术化知识的束缚，具有不自觉解释一切非道德问题的趋向。因此，道德在现代社会提供了这样一种可能：对无知进行沟通。[1] 道德在某种意义上来说就是一种无知的克服方式，[2] 当人们缺乏充分信息时，就可能进行道德判断。科学、法律以及其他理性知识解决不了的问题都可能被转化为道德问题，无知在道德沟通中获得了正当化。当然，这里的"无知"当然不是指绝对的无知或道德的完全任意性，而是指相比于现代社会的专家系统，道德由于建立在感官直觉的基础上而对信息与知识的要求比较低，从而能够为任何人所援引。谣言也是一种社会沟通，而谣言之所以成为谣言，是因为其能够借助从众心理得到广泛的传播，有着极为广泛的受众。因此，这种广泛的社会沟通往往采用了道德的认知模式。在中国曾经流行过的关于法律的种种谣言中，我们能够看到各种经典的道德叙事。如在药某鑫案件中，刚开始就有药某鑫是"富二代""军二代""官二代"，家里有 4 套房产，单套房产面积超过 200 平方米等各种关于"权贵背景"的谣言。[3] 一起普通的刑事案件被人们当成了猖狂的权贵子弟欺负弱势的农民妇女的故事，非常偶然性的案件被涂上了浓重的道德色彩，从而事实上的偶然，变成道德上的必然，也即人们关于为富不仁的一贯成见。而在邓某娇案件中，在关于邓某娇被强奸的种种谣言中，我们能够看到一个中国经典民间故事的当

---

① 参见[德]尼克拉斯·鲁曼：《对现代的观察》，鲁贵显译，左岸文化 2005 年版，第 180 页。

② 参见[德]尼克拉斯·鲁曼：《对现代的观察》，鲁贵显译，左岸文化 2005 年版，第 194 页。

③ 参见腾讯网：《药家鑫案：罪与罚的辩论》，http://xian.qq.com/zt2011/yjx/index.htm，2016 年 2 月 1 日访问。

代版本：腐败官员作威作福调戏良家妇女从而引起良家妇女奋力抵抗。[①] 邓某娇甚至还被网民冠以"烈女""侠女""贞女"等美名，并通过赋诗表彰其贞烈。[②] 在该案中，一方是生活糜烂作风粗暴的腐败官僚，另一方是手无缚鸡之力、性格孝顺的弱女子，网民用这种经典的二元对立形象代替了对法律规范的严格分析，从而以一种道德化的方式将这个案件变成了人人可以传颂的民女抗暴故事。在李某一案中，就有关于几个被告人年龄造假、取保候审、豪华律师团、犯罪嫌疑人背景深厚、家属动用关系积极营救等种种谣言，[③] 这些谣言似乎都在重复水浒当中高衙内仗势欺人的经典故事。

　　上述所有谣言都以民众的道德情感为导向，以官僚与平民、富人与穷人、恶霸与民女等在民间传说、民间文学中非常典型的二元道德符号作为潜在的叙事背景，从而将本身也许并无任何夸张离奇之处的普通刑事案件改造成具有极大道德张力的社会舆论事件。通过上述分析，我们能够看到公众由于缺少法律专业知识，很难从专业角度判断法律问题，而更多地从道德角度对法律问题进行评判，法律信任危机也是社会道德危机，人们对官僚腐败、贫富不均、社会不平等导致的道德不满也不知不觉延伸至对于法律的价值预设当中，进而通过谣言的方式，将这种价值预设表达为对法律能否超越不对等的社会与政治关系的不信任与怀疑。而对法律的不信任不是因为法律本身的运作完全不可靠，而是由于这种可靠无法通过直观的方式体现出来，而只能被人们以更加喜闻乐见的道德认知方式来对待。在此过程中，公众对于法律的先验道德知识就起到了决定性的作用。个案中的不公正可能有多种原因，如普遍性与事实的特殊性之间的矛盾，立法的滞后性，法律解释的偶然性，等等，这是在任何法律制度都可能存在的问题。但如果公众不信任法律，这些问题则被当成法律所存在的内在制度缺陷，或被当成某种外部强势力量不正当干预法律的体现。这些强势力量在道德语境中一般都是我们熟知的官僚、富人、纨绔子弟等，而受其侵犯的一般都是老百姓、穷人、弱女子等。公众通过谣言不分青红皂白地将自己的道德想象强加给了法律，而由于公众与法律系统之间在信息与知识上的不对称，法律也很难通过制定法与程序法的方式予以澄清。

---

　　① 参见腾讯网：《与邓玉娇案相关：巴东 37 天》，http：//news. qq. com/a/20090618/000894. htm，2016 年 2 月 1 日访问。

　　② 参见沈彬：《"侠女"邓玉娇的文学合法性》，荆楚网：http：//focus. cnhubei. com/local/200905/t682109. shtml，2016 年 2 月 1 日访问。

　　③ 参见搜狐网：《李天一案谣言泛滥，教授：对暗箱操作有黑色记忆》，http：//yule. sohu. com/20130315/n368906263. shtml，2016 年 2 月 1 日访问。

## 第四节　谣言表达的常规化：制度化不信任

### 一、通过法律规制谣言的局限性：不信任背景的总体性与不信任情感的逆反性

我国目前就网络谣言的治理出台了非常严格的司法解释，如转发五百次、点击五千次就可以构成诽谤罪，传播谣言造成公共秩序严重混乱、危害国家利益的以寻衅滋事罪论处，等等。但网络谣言的泛滥只是表面性问题，而对谣言的法律规制是无法解决表面问题背后的深层次问题的。谣言很少是根本性的问题。我们既不能说谣言导致了社会秩序的紊乱，也不能说社会秩序的紊乱滋生了谣言，谣言和社会秩序的紊乱都只是导致社会秩序混乱的过程的一部分。① 谣言不能被作为一种危害社会秩序的现象被孤立地对待，只要谣言背后的不信任情绪无法去除，那么对谣言的法律规制就无法解决当前严重的法律信任危机。不信任情绪的表达与释放有多种途径，谣言只是其中之一。即使谣言的传播被有效遏制了，不信任情绪也会通过其他方式释放出来。将谣言当作一种严重危害社会秩序的现象并给予过分关注也会使我们转移对真正本质性问题的关注。

对于每一个谣言泛滥的公共法律案件来说，案件本身很少是谣言泛滥的全部原因。谣言背后对法律的不信任才是深层次的原因。这种不信任情绪是一种泛化态度，并不仅仅针对当下这个案件本身，而是指向法律系统的整体。但法律制度本身的缺陷也不足以完全解释这种不信任，其形成原因也很难追溯到某一项法律制度、某一个案件甚至整个法律系统，而是对各种复杂历史经验的汇总与抽象，这可能包括经济领域的贫富分化、企业的垄断与不诚信、各种腐败现象、环境领域的生态破坏、城乡之间的二元分化、高考招生中的不平等，等等。公众在这些复杂因素的基础上形成了能够超越个案经验变化的泛化情感。在中国，由于各个社会领域都或多或少存在一些问题，不信任作为一种特殊的情感是整体性的与弥散性的，是整体性社会危机的一种表现，这种危机也延伸到了法律领域。因此，对于泛滥的谣言，仅仅采取法律规制的方式进行治理是很难奏效的，这和社会的整体改观密切相关。

谣言是对情感的一种投射，情感问题一般也是很难通过理性的方式被解决的。类似于其他情感，不信任情绪对外在限制往往有着很强的逆反性。在不信任情绪的支配下，对谣言的法律规制不会被认为是对谬误的纠正和对真相的追求，而是被解

---

① 可见于美国学者对于美国 20 世纪五六十年代种族骚乱谣言的观点。参见 Terry Ann Knopf，"Beating the Rumors：AnEvaluation of Rumor Control Centers"，*Policy Analysis* 1，1975，pp. 599-612.

读成掩饰的一种表现。公众虽然看不见掩饰背后的秘密，但却能看见掩饰这一行为本身，通过掩饰这一信息，公众就足以推断掩饰背后必藏有不可告人的秘密。对谣言的法律规制在一种不信任的社会氛围中会导致逆反的效果。通过法律来限制谣言也只能限制谣言本身，更重要的是要能够真正回应谣言背后的不信任情绪。

## 二、不信任作为认知法律的前提性预设

在去魅化并有着高度反思性的现代社会，以制定法与程序正义为专业制度体系的现代法律制度在一定程度上疏离了人们的传统道德正义直觉。社会制度的演化已经进入了非常复杂的功能分化时期，而公众的认知能力仍然停留在比较朴素的道德情感层次上。公众不自觉地将道德判断与情感直觉延伸到已经和道德实现高度分化的抽象法律系统，而专业的法律系统有时又难以满足这种朴素的道德情感直觉，这是构成法律信任危机的现代性原因。中国社会的法律认知模式强调对社会道德的直觉体验，对政策利害的直接权衡，以及刚性的国家法规范与软性的民间法规范的直接互动，这种认知模式有时不能理解现代法律制度所代表的抽象的普遍正义。因此，在由传统向现代转型的过程中，对现代法律制度某种程度的不信任是有可能的。任何理性化的制度建构都难以从根本上克服这种源自现代性本身的不信任。

尽管如此，我们至少要能够采取措施尽量缓解当前的法律信任危机。在这里，我们只能将不信任作为公众认知法律的前提性预设。在中国，法治建设正处于各个方面都在不断完善改进的阶段，不信任在现代社会公众与高度复杂抽象的法律系统的沟通中具有一定的原生性与先验性，试图通过遏制谣言来纠正这种不信任有一定难度。不信任作为泛化的情绪，其爆发并不一定是通过法律渠道，还可以是因抗拒拆迁而引发的群体性事件，对政府建设工程如 PX 项目、垃圾焚烧厂项目的盲目质疑，或是对政府某些合理决策如延迟退休年龄的盲目反对，等等。但是，如果不信任构成了现代社会对法律系统的一种前提性预设，那么我们如何还能建构对法律的信任？

与以信任为出发点强调理性制度建设的传统法治建构思维不同，我们应以不信任为出发点并将不信任的表达与处理制度化，通过对不信任的制度排除来实现常态化的信任。而当下中国的法治建构思维实际上是基于一种片面的认知逻辑，其预先给出一系列制度装置，然后告诉人们：司法是有人民性的、法官是独立与廉洁的、法律是公正的，而各种对上诉率、调解率等数字指标的统计则从更抽象的层面假定法律是可信的。这实际上并不符合公众的法律认知逻辑，很难建立信任也是学界与政界精英意识的反映。在现代社会，信任只有通过对不信任的排除才能得以实现。在现代民主法治的发展中，我们就能够很明显地看到这样一种认知逻辑：权力的正当性不能建立在韦伯所谓的魅力型权威与传统型权威的基础上，权力只能首先被假定为是需要监督的，只有在得到严格监督并能够排除不可信的权力行为的基础上，

对权力的信任才是有可能的。民主制度最基本的前提就是对所有权威的怀疑与监督，大多数民主政治的基本制度，都假定了制度化的不信任，这为那些参与政治过程的人提供一种支持或保险。与此相应，古典自由主义理论也以不信任为出发点，并认为政府永远存在滥用其权力为自己谋私和侵犯公民利益的风险，如果有专职的不信任者专门监督政府、提出警告或者提供负面信息，现代政府会运作得更好。① 现代民主法治通过设定不信任向信任转化的界限，将不信任的界定制度化，并假定只要没有逾越此界限，政府就是可信的。公民与政府之间的信任关系很大程度上就建立在对不信任进行界定与排除的制度可能性的基础上。在高度反思性的现代社会，常态化信任只能建立在制度化的不信任基础上，只有当不信任可以在制度上被有效处理与控制时，信任才能够扩展。任何人不可能无条件信任任何人与任何事。信任是人们为适应有风险世界而演化形成的行动模式，因此必须能够对经验变化保持一定的灵活性，而这是通过对不信任的发现与排除予以实现的。因此，信任的建立也很大程度上依赖于信任在某些关键点上被剪除，并用不信任代替。而且制度化的不信任也有利于不信任的非个人化，因为不信任的控制者仅仅是在履行制度赋予的职责，而不是个人层面上不信任他人，这能够避免人际关系中的尴尬，从而能够减少人格信任对处理不信任时的障碍。因此，制度化的不信任能够为陌生主体提供系统性的安全，这正如我们和熟人做生意往往因碍于面子而不方便提出批评，而和陌生人做生意反而没有这方面的顾忌。这意味着信任也必须在一定程度上被不信任，信任也必须被控制一定的范围条件内，否则信任也难以确立。信任与不信任之间的这种悖论性关系遵循从反面出发进行论证的合法化模式。这也正如日常生活中的常识，那些承认自己有缺点的人比自认完美无缺的人更值得信任。在西方国家，由于基督教传统的特殊塑造，就演化出了司法是代表上帝审判、法律代表普遍正义的理念。② 这种法律观内含了一种内在的信任态度。而在中国的法律传统中，法律并不具备这种宗教内涵与超验品质，而是如季卫东所认为的，法律在实际的实践中往往被认为是"可变的、试行的、暂时性的、是在事实与多样性规范的相互作用中不断生成的过程"。③ 法律在与政策、公益、民意与民间法规范的互动中，并不被认为具有超验的品质与超然的地位。而以此为潜在精神底蕴的现代法律制度往往也很难契合于中国传统法律思维。因此，法律权威也必须接受不信任的审视，法律权威如果要被信任，必须首先被假定为是不可信的，并公开接受各种质疑的考验。

---

① 参见 Russell Hardin, *Trust and Trustworthiness*, Russell Sage Foundation, 2002, pp. 107-108.

② 参见[法]罗伯特·雅各布：《上天·审判——中国与欧洲司法观念历史的初步比较》，上海交通大学出版社 2013 年版，李滨译，第 61~73 页。

③ 参见季卫东：《法治构图》，法律出版社 2012 年版，第 84 页。

### 三、放开不信任的表达与制度化不信任的建构

谣言是很难事先进行防范的，因为谣言往往是被非常偶然的原因或事件所引发，因此，事后对谣言的核实与纠正更为重要。但在此过程中，应将不信任的表达纳入制度化的轨道当中。由于不信任是情绪化与盲目性的，如果不加以制度性限制，很容易衍生为对社会秩序的狂暴破坏。但制度限制不是限制不信任表达本身，而是使不信任的表达规范化。对法律权威的制度化不信任可能包括以下机制：第一，公开一切可公开的信息。信息公开在这里的主要意义不在于被公开的信息能够被公众所理解，而是信息公开表明了一种态度：执法与司法是可以被监督和批判的。只要不涉及公民隐私与国家秘密，对于一切案卷材料、执法过程与审判过程都应予以公开。如判决书上网，大多数公众未必有兴趣和能力去细致阅读判决内容，但判决书上网能够表明一种态度：司法是需要且可以被监督的。除以上以外，法官、检察官以及其他相关法律实施者的相关职务信息全部公开，接受社会的批判与监督，能够将司法机关与执法机关尽可能打造成比较可信的机构。虽然在法律过程中仍然存在无法公开的死角，但公开一切能够公开的信息本身就是一种非常重要的可信性标志。第二，公开答疑机制。其主要目的也在于展示一种可信性态度，而不在于让公众能够透彻理解法律决定。各级执法机关与司法机关应建立公开的答疑机制，对于公众比较关注的疑问，进行专门的解释，加强司法机关和执法机关与社会之间的沟通，而不能闭门造车，将自己完全隔离于社会。中西方社会背景不同，问题解决方法也应有所不同。为建立对法律的信任，我们就不能片面地追随西方的法治模式，而必须有自己的问题解决方法。公众的信任最终也能够促进审判的公正性，因为公众能够放弃对更深层次信息的追究，从而对法律实践保持"必要的沉默"。司法机关依法独立公正行使审判权在某种程度上应该是被信任的结果，而不是被信任的原因。没有信任的支持，司法机关是否能够依法独立公正行使审判权就不会被公众认可，也就难自主地发挥其社会功能。第三，澄清不信任的参与机制。对于很多社会舆论关注、谣言泛滥的公共法律案件，我们完全可以引入公众的参与，只要不涉及案件的公正审判或侵害个人隐私、商业机密与国家机密，如呼某案、聂某斌案、于某案、张某扣案、劳某枝案，法院应公开相关案件信息，由公众进行讨论与监督。当有针对司法不公的谣言传播时，如果司法机关能够以"欢迎调查"的开放态度来处理，那么谣言传播的力度必然要大幅度减弱，这样一种开诚布公的态度也必然能够成为一个重要的信任标志。个别公共法律案件的审判不仅仅是关涉到当事人，而且也关涉到公众对于法律的信任与期待，也影响到公众在涉及纠纷时的行为选择。因此，个别性的公共法律案件也是与公众的福祉和利益息息相关。第四，对制度违规者的公开监督与惩戒机制。对于任何背叛公众信任的法官或执法者，都应予以惩戒，并将惩戒结果予以公布与公开答复。这一方面需要强化既

有的监察部门与检察部门对执法机关的监督职能，另一方面需要建立针对法官与检察官的专门监督机构，如法官监督委员会。尽管我国的人大及其常委会也能够发挥对司法与执法机关的监督作用，但人大的职能定位与职业水平使其很难成为高效的监督机构。第五，将上述所有对不信任的处理机制都予以程序化，设定严格的时间限制与专门的处理人员，由他们通过法定程序专门处理公众的不信任。第六，制度化的不信任必须伴随有相关的制度改进。什么样的制度设计能够赢得信任，这并不是一个可以先验回答的问题，而必须经过以公众的经验为导向的考验。这要求从公众的认知取向出发，特别是以公众对法律的道德认知特征为导向，打造能够契合社会正义期待的法律外在形象。不信任不能被不断激活，只能作为信任的潜在控制背景，① 否则不信任的持续性表达最终可能导致公众陷入绝望。上述相关的措施对于信任的建构也并非一蹴而就的，实际上要经过一个长期的考察与考验。当公众翻透箱底，发现并无任何赃物时，自然也就逐渐形成对法律的信任态度。或者当公众发现以前一些所谓的法律问题其实是系统的固有属性之后，也不得不接受现有制度的合理性。通过不信任的考验，最终公众能够达到一个"疲劳点"，② 在经过一切可采取的手段后，发现现状也不过是如此，那么最终就会形成稳定的信任态度。不过我们需要注意的是，由于信任与不信任都是一种情绪性很强的认知态度，不信任的释放在初期很可能对公众的法律认知造成强烈的冲击，公众对法律的信心在短期内很可能出现严重退化。制度化不信任对于未来更加稳固的法律信任形成是非常必要的，正所谓"不破不立"，任何改革从来都不是一帆风顺的。

---

① 　参见上官酒瑞：《现代政治信任建构的根本原理——兼论制度化不信任的功能与限度》，载《山西大学学报(哲学社会科学版)》2011 年第 2 期。

② 　此处借用了托依布纳的术语，参见[德]贡塔·托依布纳：《魔阵·剥削·异化：托依布纳法律社会学文集》，泮伟江、高鸿钧等译，清华大学出版社 2012 年版，第 388 页。

# 第三章　司法领域的信任问题：
## 基于文化角度的分析

改革开放之后，随着现代性意识的扩张，尚处于建设中的司法制度在没有任何宗教、自然法、普遍正义等外在意识形态防护的情况下被抛入了有着高度反思性与批判性的现代化洪流之中。这种反思与批判既不仅仅是根据现代法律文化对于传统法律制度的批判，也不仅仅是抱守本土法律文化对于现代法律制度的抵抗，而是指向一切的"反思现代化"。在这种思想氛围之下，由于司法在中国的传统文化认知中所特有的世俗性与政治性，司法权威是否合理与正当不再是传统的礼法文化或源自西方社会语境的抽象正义可以涵盖的，而变成了一种偶然性与风险性的功能存在。中国近年来尽管不断地建设现代法律制度，也卓有成效，但司法公信力却未见有显著提升，其背后有着非常深刻的文化原因。因此，对司法的传统文化认知与高度反思的现代性思维之间的时代错位，客观上要求我国必须在吸收传统文化认知与综合现代性思维基础上，对司法制度进行必要的改革。从某种意义上来说，是不信任而不是信任构成了人们对待司法权威的普遍的潜在预设，未确证错误之前先行假定错误的可能性也成了人们对待司法权威的先验态度。法学界对于司法信任危机的解释更多的是指向制度建构的不充分，但在高度反思性的思想氛围下，即便是完善的制度也难逃公众的质疑，这不仅是因为现代司法制度已经变得非常专业、复杂与抽象，人们的日常生活常识与道德直觉已经难以完全涵盖现代司法制度，还是因为公众对司法固有的世俗化与政治化认知使得他们以一种不同于专业理性的方式判断现代司法制度的可靠性。但由于权威是一种未经详细解释的复杂性，[①] 司法权威的有效性须以信任为前提，当人们面对高度抽象与复杂的司法系统时，只有信任才能保证司法权威在没有被充分理解的情况下得到遵从。而在一种先验性的不信任预设下，司法信任就不能仅仅建立在司法本身的内在可靠性上，更要求司法应有自我排解外界不信任的制度能力，司法改革不能闭门造车，必须根据公众的认知水平与特征有效回应他们的质疑与不信任。在中国语境当中，建构司法信任就必须"置之死地而后生"，以不信任作为出发点，并将不信任制度化，从而通过对不信任的不断

---

① 参见[德]尼克拉斯·卢曼：《信任》，瞿铁鹏、李强译，上海世纪出版集团 2005 年版，第 69 页。

70

排除以实现能够保持动态稳定的制度化信任。

## 第一节  反思现代化与中国司法

现代社会的任何权威，包括司法权威，都必须被置于高度反思性的现代性思想氛围中。现代性不仅仅意味着一个只有在理论中才会出现的名词，也是我们的一种鲜活的生活体验。现代性是今天我们体验社会现实的一种独特方式，其将社会和社会关系看成是过渡的、飞逝的，这意味着在现代性思维当中，社会与制度是偶然性的。① 或根据卢曼的说法，偶然性是现代社会的"固有值"，② 也即现代社会唯一的确定性就是它的不确定性。现代性是一种持续不断的危机意识，这种独特的体验社会现实的方式也要求人类必须有着强烈的反思、批判与创造精神，而不能墨守成规，沿袭过去的固定经验，否则就难以适应社会的快速变化。这正如改革话语在中国社会中的盛行，仿佛制度与权力的正当性只能建立在不断自我反思、自我改革的基础上。现代性意识已经渗透到一切社会领域，韦伯的"去魅化"命题能够在一定程度上说明这一点，但还远远不够。"去魅化"仅仅是对传统权威与宗教权威的反思与批判，而现代性是一种持续不断的反思与批判，这种反思与批判甚至延伸到现代性本身，形成了所谓的"反思现代化"。③ 吉登斯认为，现代性"是对整个反思性的认定，这当然也包括对反思性自身的反思"。④ 因此，现代性在解放批评精神的同时，也未能阻止对它自身的文化与意识形态信条以及有意无意后果的各种批评性反动。现代性意识扩张的结果就是其既反思传统也反思现代。正所谓"后现代主义也只是现代性的一副面孔"，⑤ 后现代主义实际上就是"反思现代化"，后现代与现代的决裂在某种意义上就是"现代之巅峰"，⑥ 其同样也在重复现代性不断反思、不断进步、不断超越的内在理念。无论是现代性，还是后现代性，都内含一种高度反

---

① 参见［英］戴维·弗里斯比：《现代性的碎片》，卢晖临等译，商务印书馆2003年版，第23、29、61页。

② 参见［德］尼克拉斯·鲁曼：《对现代的观察》，鲁贵显译，左岸文化2005年版，第112~113页。

③ 关于"反思现代化"的概念，请参见［德］乌尔里希·贝克：《风险社会》，何博闻译，译林出版社2003年版，第190页；［英］安东尼·吉登斯：《超越左与右：激进政治的未来》，李慧斌、杨雪冬译，社会科学文献出版社2000年版，第84页。

④ 参见［英］安东尼·吉登斯：《现代性后果》，田禾译，译林出版社2000年版，第34页。

⑤ 参见［美］马泰·卡琳内斯库：《现代性的五副面孔》，顾爱彬、李瑞华译，商务印书馆2002年版，第334页。

⑥ 参见［法］安托瓦纳·贡巴尼翁：《现代性的五个悖论》，许钧译，商务印书馆2005年版，第138页。

思的态度与精神，一种对"在场出现"进行反问、并使之"成问题化"的批判。① 这
种反思甚至到了一种"为批判而批判"的痴迷程度。现代性意识的这种激进化所产
生的结果就是风险意识，现代性对其自身的"自反性"使得现代制度自身成了风险
的来源，② 其所凭借的理性在对自身的反思中也使自身相对化了，成了一种具有可
错性的认知模式。而法律制度在这种现代性态度之下所面临的不仅是公众对制度建
构不足的质疑，更面临着对制度本身的质疑。在全球化的时代，中国的司法制度也
同样遭遇了类似的处境。

　　受到这种"为批判而批判"的态度审视是由于现代司法系统的抽象性与复杂性，
其早已超越了充满人性关怀、有着温情脉脉面孔的传统民间调解的道德直觉，作为
日常生活基础的面对面互动模式已经难以把握现代司法系统的抽象能力的可靠性，
现代司法制度本身成了偶然性的存在以及风险的来源。现代司法系统构成了吉登斯
所谓的"脱域机制"，其超越了面对面互动的地域限制以及由此提供的"当面承诺"，
并通过非个人化的象征标志以及在知识上难以验证的专家系统为社会交往提供跨时
空的"非当面承诺"，人们所信任的也不是系统内部角色的个人品质，而是其抽象
能力。③ 也正由于现代司法系统提供的不是一种可以通过直观经验感受所把握的抽
象能力，其也极有可能遭到有着正常理性自觉的人的怀疑。在高度反思性的现代性
意识下，人们会很自然地提出怀疑：这些正襟危坐、一脸漠然的法官能否体察民间
的酸甜苦辣，那些他们根本读不懂的抽象法律条文以及以程序正义为代表的法律符
号体系能否满足他们心中的道德诉求与正义直觉？总之，对于一套大多数人看不懂
的社会制度，在高度反思性的思想氛围中，人们就没有理由相信它就一定是合理与
正义的，而不论这一套制度在学者眼中是多么的"高大上"。因此，公众不仅可能
参照某些"先进"的司法制度对某些"落后"的司法制度进行批判，而在高度反思性
的现代性语境中同样也有可能的是，他们会根据传统的道德与文化直觉对这种"先
进"的司法制度进行批判。这也意味着制度现代化遭遇了思想现代化的反对。

　　就当前司法公信力的不足问题而言，公众对于司法的不信任在一定程度上还是
源自于对于现代司法制度内部风险的反思与警觉，而不仅仅是现代司法制度建构的不
足。如对于许某案、钱某会案、药某鑫案、胡某案、邓某娇案、李某奎案等一系列

---

① 参见高宣扬：《后现代论》，中国人民大学出版社 2005 年版，第 106~109 页。
② 参见[德]乌尔里希·贝克：《风险社会》，何博闻译，译林出版社 2003 年版，第 73~74
页；[德]乌尔里希·贝克：《再造政治：自反性现代化理论初探》，载[德]乌尔里希·贝克、
[英]安东尼·吉登斯、[英]斯科特·拉什：《自反性现代化》，赵文书译，商务印书馆 2001 年
版，第 9 页；[英]安东尼·吉登斯：《失控的世界》，周红云译，江西人民出版社 2001 年版，第
27~28 页。
③ 参见[英]安东尼·吉登斯：《现代性后果》，田禾译，译林出版社 2001 年版，第 19、23
页。

在社会舆论中争议极大的案件，我们很容易将其解读为制度缺陷的结果，但这一类案件都没有明显的制定法与程序法问题，而公众的不信任也很少指向具体的制度问题。即便如此，在公众的臆想中，外表看似完备的司法程序总是存在巨大的徇私枉法与包庇犯罪者的嫌疑。这种不信任是一种整体性不信任，也即公众并不仔细辨别司法程序中可能存在的合理性。在公众的潜意识当中，即使在学者看来相当完备的制定法与程序法也不能防止违法风险的滋生。在当代中国语境中，司法已变成一种不可测与不安全的风险存在。无论司法制度是否已经真的变得非常公正与可靠，但其所形成的专业壁垒已经使得司法变成了一种难以理解的高风险活动。专业化的司法与外行的公众之间的隔膜固然使得公众的信任变得越来越有必要，但也使得对司法的怀疑与不信任变得更有可能。① 在社会舆论当中，我们很明显地看到，尽管公众对于法律知识与法律运作一知半解，但也明显地不屑一顾，很多法学专家即使在学界极有威望，一旦和公众的道德直觉发生冲突，其在社会舆论当中也能被铺天盖地的谩骂所淹没。② 而在法律实践当中，无论是以逻辑严谨著称的现代制定法体系，还是作为"看得见的正义"的正当程序都不足以完全将司法的公正性与可靠性展示出来，公众在公共法律案件中总能找到怀疑的理由，总相信实体法与程序法背后仍有不可知的"黑幕"。

　　尽管在社会舆论争议比较大的案件中，网络上也有针对法官的种种质疑。即便法官判决没有问题，也很难杜绝这种质疑，因为现代司法系统已经通过专门的术语与抽象的程序建起了专业上的"高墙壁垒"，从而在一定程度上将相比于传统社会更加渴望参与、更有反思精神的外行公众排除在外，而公众则往往只能借助道德话语来表达对司法决定的不满。鉴于道德话语是在信息与知识匮乏的情况下克服无知的一种方式，③ 这里更关键的问题不在于法官的道德品质真的出了问题，而在于公众对于现代司法系统无可避免的认知鸿沟，公众对法官个人的质疑在某种程度上是对无知的一种"掩饰"。由于公众与司法之间在信息与知识上的高度不对称，大多数普通公民难以根据既有的文化与道德直觉准确判断现代司法制度是否合理与完备。而在"反思现代化"的思想氛围中，现代性制度相比于传统道德与文化并不必然具有更大的正当性，因此与学界普遍强调的制度建构不足的问题不同的是，司法信任危机的原因还可能在于：以抽象正义为制度承诺的现代司法难以回应公众基于

---

① 关于专业化知识与信任的之间的关系，请参见［英］安东尼·吉登斯：《现代性的后果》，田禾译，译林出版社 2001 年版，第 78 页。

② 参见周理松：《专家何以沦为"砖家"》，载《检察日报》2015 年 8 月 12 日，第 007 版；相关分析，参见敖路平：《论虚拟舆论场中"砖家"的"角色断裂"与信任重塑》，载《社会科学动态》2020 年第 1 期。

③ 参见［德］尼克拉斯·鲁曼：《对现代的观察》，鲁贵显译，左岸文化 2005 年版，第 180、194 页。

传统道德文化直觉的反思性批判。这也使得司法改革容易陷入专业性越强、其对社会的疏离感越强的悖论性困境。① 因此，当下社会对司法的不信任，最根本的原因可能还不是法官的个人品质出了问题，而是因为现代司法的制度性承诺出了问题。② 公众对于司法的不信任也可能来自现代司法制度本身而不仅仅是其建构的不足。面对高度专业化的现代司法系统，公众有时持有的是一种近乎先验性的怀疑与不信任，这种不信任很多情况下并不是因为公众真的发现了司法不公的证据，而是在进行确证之前就已首先假定司法是不公正的。

　　当然，当前司法面临的信任匮乏的原因可能还在于，中国尚处于社会转型时期，各项制度都还处于不断改进与改革中。有些制度多多少少存在某些不尽如人意之处，但由于公众和现代司法之间的专业屏障与认知隔膜，即便是微不足道的问题都可能被象征化与放大化，成为司法不可信的重要佐证，进而在高度反思性的现代性态度下形成了制度进步与社会不满同步增加的悖论性局面。在今天这样一个存在多元化参照的世界，思想往往比制度更容易转变，思想现代化实际已先行制度现代化一步，这使得制度现实与主观理想之间的张力在制度变革不遗余力的今天反而变得更加严重。中国社会作为一个转型社会，制度转型与制度本身必然会伴随各种风险，这种风险在某种程度上应该被"理解"与"包容"，正如成长中的孩子犯错误更应该被包容和谅解。但目前中国法治建设所面临的局面恰恰相反。在公共法律案件中我们往往看到的是一些非理性的盲目质疑，如在浙江钱某会案中，公众总能为负面谣言找到各种千奇百怪的理由，官方的任何言论与行为在网民看来都是佐证徇私枉法的疑点。在杭州胡某飙车案中，公众对司法提出的各种质疑基本都是空穴来风，如"七十码说""领导儿子说""替身说"。在这些极具争议性的案件中，某些微不足道的疑点都可能成为佐证司法不公正的关键证据。我们很难将这些怀疑关联到制度缺陷上，即便司法制度按照学者的理论论证是完美无缺的，即使法学家们能够利用各种时髦理论充分论证司法是"正义的最后一道防线"，但既有的文化与道德却在某些个案中难以成为认知现代司法合理性的知识媒介，这样一些怀疑仍然不可避免，只不过公众的质疑又可能转换为另外一种"托词"。公众与专家之间的认知错位显而易见，这种抽象的冲突造就了公众对于司法的先验性不信任，进而被不自觉地延伸到每一个争议性案件中，而公众在公共法律案件中的种种指责与谣言也只是对这种不信任的表达以及为减少"认知不和谐"而形成的对于事实的偏向性解释与裁剪。

---

　　① 我国台湾地区在司法改革期间也出现了类似的情况，参见苏永钦：《飘移在两种司法理念间的司法改革——台湾司法改革的社经背景与法制基础》，载《环球法律评论》2002 年第 1 期。

　　② 请参见高兆明对现代社会信任危机的类似表述，高兆明：《信任危机的现代性解释》，载《学术研究》2002 年第 4 期。

## 第二节　世俗化的司法权威：知识权威的平面化与规范的可妥协性

中国司法在文化认知中的世俗化特征在某种程度上也不经意地契合了现代性意识在法律领域的普及与强化。与带有神圣与神秘色彩并强调绝对正确性的宗教信念相对，世俗化意味着非神圣性与非神秘性，以及可人为改变的偶然性。在现代社会我们所看到的大部分制度现象或社会现象都能够体现出世俗化的特征。现代社会是世俗化的社会，由此也形成了对于易错性的坚定信念，因此任何权威都需要被时刻警惕与纠正。

### 一、司法官权威的世俗化与知识权威的平面化

尽管西方国家目前在总体上是世俗化的，但在西方中世纪漫长的历史中，审判的职能始终具有宗教性，世俗审判被认为是上帝审判的复制，[①] 这使得法官的审判在实践中获得了相对于政治权力甚至宗教权力的毋庸置疑的自主性。在西方历史上，我们很容易看到，法官有时会借着上帝的名义来抵制国王的意见。如我们所熟知的著名典故：英国柯克法官在与詹姆斯一世的对抗中引用了一个经久流传的名言："国王不应低于任何人，但应在上帝与法律之下。"[②]司法也因此被赋予了普遍正义的内涵与独一无二的社会权威，这种传统至今仍然深刻影响着现代西方社会。为培育法官的权威与强化法官责任，西方基督教还借助宗教信仰对法官建立了一种恐吓性的象征体系与震撼式教育，并基于"末日审判"形成了"审判法官"的理念以及针对法官的监督与控诉体系。[③] 这种对法官超验权威的塑造构成了西方国家与其他国家司法制度之间一个极为鲜明的区别。

与西方国家不同，中国不仅自古以来就是一个高度世俗化的国家，而且传统司法自古以来都缺少不可触犯的超验思想与普遍正义的防护。法国学者雅各布指出，相比于西方国家司法传统中"代上帝审判"的超验特征与神学内涵，中国古代社会的司法审判是"世俗"的，其官员不受任何宗教教条的制约，或屈从于宗教权威或

---

① 参见[法]罗伯特·雅各布：《上天·审判：中国与欧洲司法观念历史的初步比较》，李滨译，上海交通大学出版社 2013 年版，第 13、50、65~69 页。

② 这句话是否被柯克所引用是存疑的，但其背后的司法理念与精神却是真实的。参见何勤华、王帅：《法治与王权的博弈：布雷克顿的实践》，载《政治与法律》2014 年第 12 期。

③ 参见[法]罗伯特·雅各布：《上天·审判：中国与欧洲司法观念历史的初步比较》，李滨译，上海交通大学出版社 2013 年版，第 78~82、92~99、105~108 页。

任何宗教魔法式的做法。① 由于这种特殊的文化"出身"，我们难以通过制度改革为中国的司法披上超验色彩，这种既定的认知一直延续到现代中国，高度的世俗化使得司法和政治机构一样都被抛入了改革开放之后更加激进的现代性思潮当中。中国司法因其在文化认知中的世俗化特征而在现代社会更容易遭遇现代性风险，这使得今天中国的现代性司法改革需要以恰当的方式回应传统文化中的司法观，使得司法制度能够在高度反思性的现代性思维与传统的特殊文化认知中达成平衡。

尽管没有"神功护体"，中国传统社会的司法官还是享有一定的权威的，只是这种权威完全建立在世俗的显贵与荣耀上。在中国古代社会相当长的时期内，行政官员与司法官员的职能是一体的，并都选拔自读书人。在古代社会，由于教育机会与文献的匮乏，并不是每一个人都有机会读书认字，获得知识，正如费孝通所说："文字造下了阶级"，② 学习文字机会的匮乏对于大多数文盲来说造成了文字的神秘性，能否读书认字很自然地成了读书人权威的标志。但这种权威的来源是学习机会的匮乏，而不是某种无可替代的神职身份，而且科举制强化了这一权威。古代读书人以"修身齐家治国平天下"为最高人生追求，以读书做官为最佳人生出路，如果一朝能够中举，那将是一件光耀门楣、光宗耀祖的盛事。古代社会是一个文盲占主流的社会，尽管古代中国社会极为重视教化，但能够中举者无论是在哪个朝代都是凤毛麟角。③ 当时的社会经济条件也是难以支撑普遍义务教育的，如在清代，一场县考就足以花费一个普通农民家庭全年的生活费，能够支持"十年寒窗"的基本上是那些经济能力比较强的家族，如地主、商贾、将领与官宦。④ 中举者多数出自殷实家庭或书香门第。尽管科举非常艰难，但科举的回报也极大。科举及第后的待遇非常优厚，及第之后可以免除赋役，最重要的是授予官职，官职就提供了获得高官厚禄、升官发财的丰富机会。科举成功的罕见与稀有也赋予了中举者巨大的社会声誉。科举的成功意味着登上了多数人可望不可即的社会巅峰，以及获得了世俗社会所赋予的无与伦比的荣耀。正所谓："十年寒窗无人问，一举成名天下知"，后世科举的这种荣耀一以贯之。⑤ 这也使得

---

① 参见[法]罗伯特·雅各布：《上天·审判：中国与欧洲司法观念历史的初步比较》，李滨译，上海交通大学出版社2013年版，第178~179页。

② 参见费孝通、吴晗等：《皇权与绅权》，三联书店2013年版，第20~22页。

③ 就资料比较详细的明清两代而言，总体上来看，中举的人数相比于全国巨量的人口是极少数，参见郭培贵：《明代科举各级考试的规模及其录取率》，载《史学月刊》2006年第12期；马镛：《中国教育通史：清代卷(中)》，北京师范大学出版社2013年版，第369~374页；[美]何柄棣：《科举与社会流动的地域差异》，王振忠译，载《历史地理》第11辑，上海人民出版社1993年版，第302页。

④ 参见张杰：《清代科举家族》，社会科学文献出版社2003年版，第68~113页。

⑤ 参见廖鸿裕：《明代科举制度研究》，中国文化大学中国文学研究所2009年博士论文，第253~256页。

读书人及其所属的知识体系的社会地位也远高于其他社会阶层，正所谓"万般皆下品，惟有读书高""士、农、工、商"是也。不仅如此，科举考试以四书五经、道德礼仪为基本内容，这些内容不仅是官方极为重视的道德素养与政治素养，也是那些目不识丁的普通百姓所极为羡慕的上层社会品质。尽管古代社会也常有"百无一用是书生"的调侃，但读书人所学习的道德礼仪并非某种"不食人间烟火"的神圣教义，而是普通百姓在社会生活中极为崇敬的世俗人伦。① 因此，科举之难能够衬托出中举者智慧与道德的卓尔不群。智慧、学识与地位上的"高人一等"赋予了古代读书人从事审判活动时极大的社会权威，但这种权威完全是世俗性与社会化的，不是来自对于超验正义的传达与执行，而是来自和每一个普通百姓息息相关的人情伦理的准确把握，其在于实现法意与人情的圆通无碍，在于以德化人、使民无争。② 中国古代判决书也以伦理说教见长，但这种说教只有那些享有道德权威的人进行才能达到以理服人的效果。这样一种世俗化权威之所以能够在蒙昧的古代社会得以维持，是因为读书人相对于其他社会阶层在教育与知识上的巨大"不对称优势"以及科举制赋予读书人远高于其他职业的特殊地位，这使得中国古代司法官能够保持一定的神秘性与神圣性。甚至到了民国时期，读书人在社会当中仍然享有一种特殊的尊荣。③ 尽管今天我们无从调查古代社会民众对于司法官的态度，但我们有理由推断万里挑一的司法官在古代也同样会享有这样一种特殊的尊荣。

读书人出身的司法官权威的内在世俗性，一旦进入教育相对普及、知识权威平面化的现代社会，这样一种尊荣便不复存在。这使得中国司法无需经过西方国家才有的"去魅化"改造，④ 司法权威和皇帝这样的政治权威一样被抛入了现代化的洪流当中。在西方政治权威世俗化的过程中，司法权威由于特殊的宗教传统的塑造，仍然被赋予高于政治机构的正义话语权，并被寄予限制政治权力的厚望。⑤ 由于中国古代社会的司法本就没有超验的根基，这使得原本就不完善的司法制度在缺乏防护

---

① 对此，相信我们都还记得《儒林外史》第三回中关于范进中举后神志癫狂、胡屠户前倨后恭、街坊邻居众星捧月的小说情节。这部小说也许是虚构，但其反映出的社会背景却是相当真实，我们从中也能够看出科举之艰难与荣耀。当时就有人说，"慎勿读《儒林外史》，读竟乃觉日用酬酢之间，无往而非《儒林外史》"，可见儒林外史相当逼真地刻画了当时的社会心态。参见李灵年、韩石：《论〈儒林外史〉所体现的近代理性主义精神》，载《明清小说研究》1997 年第 1期。

② 参见梁治平：《法意与人情》，中国法制出版社 2004 年版，第 189~192、236 页。

③ 伍德忠：《文盲、法盲与司法权威的社会效力范围变迁》，载《法学家》2019 年第 3 期。

④ 参见[法]罗伯特·雅各布：《上天·审判：中国与欧洲司法观念历史的初步比较》，李滨译，上海交通大学出版社 2013 年版，第 30 页。

⑤ 这方面最为经典的表述当属孟德斯鸠与汉密尔顿，参见[法]孟德斯鸠：《论法的精神》，张雁深译，商务印书馆 1997 年版，第 103 页；Alexander Hamilton, John Jay and James Madison, *The Federalist*, Liberty Fund, 2001, pp. 249-255.

下就开始遭到现代性思潮的颠覆。在今天的网络论坛上，我们经常看到各种舆论争议案件，除了法律人在苦口婆心地强调司法与法律的重要性与神圣性外，很多网民对此缺乏足够的理性认知。今天依法治国已经变成全社会的共识，但司法机关仍然难以获得一种独特的社会权威，以使其获得必要的、能够得到普遍认同的终局性裁决权。观念上的世俗化认知以及制度上的世俗化安排使得法官并没有被公众赋予任何超越性权能。即便法律人以普遍正义的执行者自居，但在一个知识权威平面化的时代，法律人早已没有了古代读书人所拥有的那种世俗权威，也失去了传统知识分子才有的"为生民立命，为往圣继绝学，为万世开太平"的社会公信力了。再加上现代性意识的普及，所有人都成了"现代人"，即使某项法院判决得到知名法学专家的支持，普通公众仍有可能根据自己的角度进行反思与批判。谴责民众的"狂欢"与"暴戾"是没有意义的，民众不可能达到法学专家对于现代法治知识的认知水准。法学家们对不理性民意的批判，多数情况下也只是一种精英主义态度，将一种也许很"高大上"的知识与逻辑强加给那些并不理解的普通民众。

## 二、司法实践的世俗化与规范的可妥协性

在规范实践上，中国司法自古以来也是高度世俗化的，这使得国家法与多元化的民间规范一样在公众意识中都是可妥协的，也即可以被权衡取舍。西方国家在这一点上也和中国存在不同。在西方国家，由于基督教作为一神教以及审判曾经是重要的宗教职能，法律与神旨往往被混淆在一起，这使得人为法的社会地位极为崇高，从而在司法当中形成了法律在修改前都应得以遵守的观念，① 这在西方社会形成了建立在法律神圣观基础上的法治理想。② 在西方法律文化传统中，由于法律带有神意的色彩，法律是不允许随意进行妥协与权衡的。而中国司法的规范实践的可妥协性也有其深刻的文化渊源，这和儒家思想的世俗化特征密切相关。众所周知，中国古代的法律呈现儒家化的特征。尽管儒家在古代社会常被称为"儒教"，并作为"三教"之一，但儒家教义中的仁、义、礼、智、信、孝、友等皆属"此世"的生活道德。儒家思想更多地是建立在"直观理性"或"常识理性"基础上，③ 其源于人人皆可洞察的人性与常识，因此"子不语怪力乱神""敬鬼神而远之""六合之外，存

---

① 参见［美］哈罗德·J.伯尔曼：《法律与革命：西方法律传统的形成》，高鸿钧等译，法律出版社 2008 年版，第 112、161~193、216~219 页；张伟仁：《天眼与天平：中西司法者的图像和标志解读》，载《法学家》2012 年第 1 期。

② 参见［日］大木雅夫：《东西方的法观念比较》，华夏、战宪斌译，北京大学出版社 2004 年版，第 34~39 页。这里需要说明的是，法律神圣的观念其实在基督教统治欧洲之前就已经存在，只不过中世纪的基督教强化了这一观念。

③ 参见金观涛、刘青峰：《兴盛与危机：论中国社会超稳定结构》，法律出版社 2011 年版，第 274 页。

而不论"。尽管我国古代司法审判也强调"天理人情"，但"天"在中国古代政治思想中早已从"人格神"演变为抽象化的人类生活理法，并被称为"天道"。但"天"如何显现自己的存在呢？"托民意以见"，古代中国的天治主义与民本主义逐渐结合了起来，天意变成了民意，① 《左传》所云："民之所欲，天必从之"，② 正是这样一种天道观。因此，"天"基本上不是一个超越性的宗教概念，更多的是"此岸"而非"彼岸"的东西，而且常常被解释为人心与民意。这样一种社会文化决定了中国古代司法是缺乏宗教色彩与神圣内涵的。即使司法实践仍然有"神判"痕迹，例如古代司法官碰到难断案件时借助"城隍"鉴察是非善恶，③ 但这些"神判"更多的是一种断案策略，远没有上升至本体论的高度，更未形成西方社会才有的神法、自然法、实证法之间上下有序的规范等级结构。在中国法律史中，我们所看到的基本都是以刑讯获取口供，早已不仰赖神判法了。④ 由于中国传统文化缺少对法律的超验塑造，法律与其他规范是可以在具体情境之下被权衡与变通的，情感、人情、情理和礼法都交互而共同发挥着维护社会秩序的功能，⑤ 没有哪一种处于更高的绝对性地位。这里不涉及中国古代的司法审判是依法审判多一点，还是引经决狱多一点，而是说通过"天理"与"人情"所表达出来的道德和以制定法为表现形式的法律在古代的文化认知中有着同等的地位，这正如《礼记》所云："礼乐刑政，其极一也，所以同民心而出治道也。"⑥在更广泛的层面上，中国古代司法官是"置身于一个由法律、事实、生活和诉讼共同组成、互动和不断演变的世界"，⑦ 司法审判并没有被当成不可通融的超验正义的体现，而被当成了一种可以被公众与法官根据各种背景性因素就规范的解释与适用进行权衡、讨论、争议的过程。由于没有任何一种规范是神圣与至上的，人们可以根据心目中的是非准则来判定不同规范之间的高下。⑧ 特别是那些社会舆论争议比较大的案件审判都会成为国家法与民间法、法意与民情、硬性规则与软性规则之间的互动与妥协的过程，并导致国家规范的解释与适用往往因人而异、因案而异、因地而异。黄宗智所谓的"第三域"也颇能反映出中国古代司法

---

① 参见梁启超：《先秦政治思想史》，中华书局 2015 年版，第 31、44 页。

② 参见《左传·襄公三十一年》，郭丹译注，中华书局 2012 年版，第 1512 页。

③ 参见赵娓妮、里赞：《城隍崇拜在清代知县司法中的影响》，载《四川大学学报（哲学社会科学版）》2013 年第 6 期。

④ 参见瞿同祖：《中国法律与中国社会》，中华书局 1981 年版，第 252~253 页。

⑤ 参见徐忠明：《情感、循吏与明清司法实践》，上海三联书店 2014 年版，第 62、211~212、230~231 页。

⑥ 参见《礼记·乐记》。

⑦ 参见[法]罗伯特·雅各布：《上天·审判：中国与欧洲司法观念历史的初步比较》，李滨译，上海交通大学出版社 2013 年版，第 187 页。

⑧ 参见张伟仁：《中国法文化的起源、发展和特点（上）》，载《中外法学》2010 年第 6 期。

由具体互动与特定语境所造就的这种偶然性特征"第三域"是一个可以在以依法判决为主的官方法庭体系和以妥协为主的民间社会调节机制、正式的纠纷处理机制与非正式的纠纷处理机制之间平等互动的领域，① 在中国古代司法实践中，正式性的法律规范是可以被权衡与取舍的，只要能够解决纠纷、息事宁人，古代官府一般是不会根据国家法干预的。

中华人民共和国成立后，对"情、理、法"融会贯通的强调被融入"人民司法"话语中。尽管换了一套话语表达，"人民司法"作为司法领域基本的官方意识形态，仍然强调以即时的民意民情作为审判导向，以人民的满意度作为评判法官的依据。② 法官在"人民司法"这个中国独有的"政法"意识形态之下要接受以"人民满意"为导向的各种业务要求，如审判中要有政治意识、大局意识、群众意识、公平正义意识、国情意识、为民意识。③ 这在司法实践当中就体现于直到今天仍被强调的"从群众中来到群众中去"的群众路线，以及与此相关的是马锡五审判方式的再倡导。④ 马锡五审判方式强调的是对纠纷与冲突的民主与协商解决，如听取群众意见、选择群众作为陪审员、依靠群众执行判决，甚至有学者从党中央的"全过程人民民主"的角度解读马锡五审判方式。⑤ 因此，马锡五审判方式不在于对规范的严格执行，而是基于个案情境对于纠纷与冲突的合情合理的解决。司法的权威也不是来自自身作为普遍正义代表的独特品质，而是在于法官在个案中对于民情民意的准确把握，对国家法与民间法之间关系的恰当调处。在这里，我们不能简单地认为"人民司法"是自上而下推行给民众的结果，它也是出于谋求合法性的需要而对民众的道德与文化直觉作出的回应。对于大多数民众来说，相比于比较专业化的现代司法，马锡五审判方式的认知成本更低。不论是古代司法官在"情、理、法"之间的权衡与取舍，还是今天"人民司法"对于民意的妥协，都只有在一种世俗化的语境中才有可能：司法并非神秘性与神圣性的，而是一种可能存在不足、可以人为改变以及可以在多元化规范体系中进行取舍的存在。

国家法规范的可妥协性在某种程度上为谋取公众的认同与信任提供了契机，但对于民意民情的完全开放也导致了公众任意批判司法审判的可能。因此，我们看到

---

① 参见黄宗智：《过去与现在：中国民事法律实践的探索》，法律出版社 2009 年版，第 77 页；黄宗智：《清代的法律、社会与文化：民法的表达与实践》，上海书店 2007 年版，第 110 页。

② 季卫东：《法治构图》，法律出版社 2012 年版，第 71 页。

③ 如最高人民法院常常举办的类似活动就能反映出这一点，参见最高人民法院：《最高人民法院关于开展"人民法官为人民"主题实践活动 2009 年度工作实施方案》，法〔2009〕16 号。

④ 参见黄永雄：《群众路线是人民司法工作的生命线——马锡五审判方式再学习》，载《人民法院报》2014 年 12 月 17 日，第 5 版。

⑤ 参见郝铁川：《正确认识和评价马锡五审判方式》，载《中国法学》2023 年第 6 期。

的一种悖论性现象就是：司法越试图满足民意，民意越难以满足。司法在民意的压力下每一次改判之后，似乎都进一步佐证了公众关于司法不公正的假设，从而刺激公众在下一个争议案例中继续质疑并试图改变司法审判。公众似乎并不是从司法的确定性中找到安全感，而是从对司法自由自在的批判中找到安全感。随着社会纠纷的复杂化与人际关系的匿名化，强调个案权衡的马锡五审判方式已经很难应付陌生人社会的纠纷解决需求了。面对更加复杂的社会，当代中国法律实践更加强调形式主义司法，但公众既有的认知模式并没有发生根本性变化，司法权威并不能建立在法律即使不合理但在废除之前仍应遵守的现代司法理念上，而是仍然需要因时因地考虑民情民意，在法意与人情之间做出合理的权衡与考虑。而由于司法机构又完全是一个世俗化的机构，知识权威的平面化只会更加强化规范内容的可批判性。在法官及其所实施的法律规范并非唯我独尊的情况下，公众就有可能去质疑也许不符合他们道德直觉的司法决定。因此，在现代性语境下，中国司法权威固有的世俗性以及读书人知识权威的逐渐消除，在一定程度上强化了社会对于司法权威的反思性批判。

## 第三节　司法信任与政治信任的连带性： 司法与政治的文化连襟

在高度反思性的当代中国社会，缺少超验意识塑造与防护的司法机关以近乎"裸奔"的状态招摇于互联网已经得到普及的公共领域。而由于司法与政治之间的文化连襟，这又使得其也被置于与政治机构类似的不被信任的境地当中。对司法的政治化认知在中国也是一种根深蒂固的文化传统，但这主要不是指当前我国的司法行政化问题，而是指在中国的文化认知当中，司法就是一个只是功能有所不同的政治机构，司法信任与政治信任必然会存在连带性，司法机构也"概括承受"了公众对于政治机构的不信任。公众对于司法的政治化认知一方面使得中国人很少接受司法作为能够凌驾于政治结构的权威与终局的纠纷裁决者的角色，另一方面也使得司法在制度改革中也很难作为一种不同于政治机构的特殊机构被对待。

### 一、对政治权力的天然不信任

自古以来，人们对于政治权力有着一种天然的不信任，原因不难理解，因为我们依赖于权力，但权力却并不必然依赖于我们，[①] 这使得我们很难建立对于权力的

---

① 参见 Russell Hardin, "Distrust", *Boston University Law Review* 81, 2001, pp. 506-509; Karen S. Cook, Russell Hardin and Margaret Levi, *Cooperation without Trust*? Russell Sage Foundation, 2005, p. 42.

安全感与信任感。无论古今中外，人们对于权力总是有着深刻的怀疑，孔子很早就有"苛政猛于虎"的感叹，在中国历史中，民变总是被归因于苛捐杂税。在帝制时代，这种不信任无法成为国家政治与法律制度建构的出发点，最多是作为政府政策性考量的一部分，要求统治者休养生息、勤政爱民。直到近代，随着西方自由主义思潮传入，对政治权力的不信任才真正作为国家制度建构的前提性预设。在西方近代的启蒙运动与理性主义运动当中，最先受到冲击的就是当时宣扬君权神授的君主权力。当普遍怀疑成为理性化社会的根本精神时，政治权力的正当性就无法建立在韦伯所谓的魅力型权威与传统型权威的基础上，而只能首先被假定为是不可信的。按照休谟的观点，在设计任何政府体制时，必须把每个政府成员设想成自私自利的"无赖之徒"。① 杰弗逊更明确地指出："自由政府建立在猜忌之上而不是建立在信任之上。"②古典自由主义理论以这种近乎先验的不信任为潜在预设，认为政府永远存在滥用其权力为自己谋私和侵犯公民利益的风险，如果有专职的不信任者专门监督政府，现代政府会运作得更好。在政治实践当中与此相应就是，以英国革命与法国大革命为代表的宪制革命其核心精神都在于对政治权力的警惕、防范与控制。以这种不信任为出发点，西方国家演化出一系列的权力制约制度，如多数选举、集体决策、权力制衡、有限政府、司法审查、正当程序、诉讼原则、公民权利原则等，这些现代政治制度的构成原则都假定了一种制度化的不信任，对政治过程与政治决定的风险提供了一种必要的限制。因此，无论是在政治理论还是在政治实践中，都假定了政府是一种"必要之恶"。

　　而在中国，随着启蒙思想在近代中国的传入以及皇帝制度在辛亥革命之后的废除，政治权力同样也被抛入了有着激烈怀疑精神的现代性洪流当中。③ 与这种现代性洪流相应的就是政治领域中通过民主来救国的思维与主张。在西方自由主义思想的启蒙下，近代中国的知识分子开始对皇权的正当性持一种颠覆性的态度，如尽管康有为曾提倡"君主立宪"、梁启超曾提倡"开明专制"，但对于袁世凯的复辟，两人都极力反对。④ 皇帝权威的丧失与民主思潮的传入，使得政治权力的正当性只能以抽象的"人民"作为基础。政治民主化对于中国人来说是一个缺乏细致制度区分的抽象理念，我们不分青红皂白地将所有政府机构，包括司法机构都囊括其中，这与清高孤傲的西方法院既防止少数专制又防止多数专制的理念是截然不同的。在这

---

　　① 参见[英]休谟：《休谟政治论文选》，张若衡译，商务印书馆2010年版，第27页。

　　② 参见[美]詹姆斯·M.伯恩斯、杰克·W.佩尔塔森、托马斯·E.克罗宁：《美国式民主》，谭军久等译，中国社会科学出版社1993年版，第35页。

　　③ 如谭嗣同、康有为以及后来新儒家学者如张君劢、梁漱溟等"新儒家"在西方民主思想与制度的启发下开始对皇权持一种颠覆性的怀疑态度。参见秦晖：《传统十论》，东方出版社2014年版，第183~191页。

　　④ 参见金观涛、刘青峰：《观念史研究》，法律出版社2009年版，第270~274页。

种民主思维中，对政治权力的不信任成为一种可以公开表达的政治话语以及国家制度建构的根本性出发点，因此需要通过人民的选举与监督来保证政治权力的可信性。而"人民法院"在向"人民"谋求信任的同时，实际上也将自己开放给了"人民"的批判。习近平总书记在 2013 年就曾指出，"没有监督的权力必然导致腐败，这是一条铁律"。① 在 2018 年又指出，"只要公权力存在，就必须有制约和监督。不关进笼子，公权力就会被滥用"。② 因此，习近平总书记明确地指出了权力所可能存在的风险，对于权力的制约与监督基本上也是一个政治共识，其背后就是对于政治权力可能存在的滥用风险的警惕与不信任，我们需要继续强化权力制约制度与责任政府，而当下中国社会仍然存在一定的政治信任不足问题，并延伸至司法机构。司法机构"概括承受"了公众对于政治机构那种近乎先验性的不信任，这也是西方国家被超验宗教塑造过与庇护过的司法所没有的特殊经历。

## 二、司法与政治之间的文化连襟

尽管西方社会对于政治权力也有着一种天然的不信任，但由于西方司法与政治之间的文化"断裂"，③ 这种不信任并没有扩散到司法上。在西方法律传统中，法律的历史性总是和"自治性以及超越政治统治者的权威性的概念相联系"。④ 正如前文提到，基督教赋予了司法以神性，与此相应，西方文化对于审判职能进行了特殊的对待，司法不能被视为和政治机构类似的存在。通过漫长的文化演化，西方国家的司法获得了一种独立并凌驾于政治权力的至上地位。至今，我们仍然能够看到，西方社会舆论对于司法机构与政治机构持有的是一种厚此薄彼、判然有别的态度：司法机构往往被认为是专业、公正无私、客观与慎思的机构，而政治机构往往被认为充斥着妥协、腐败与无能。⑤ 而中国的司法却无此等"好运"。在中国古代社会，中央层面上，元代之前，司法与行政等不同机构之间往往多有区分；元代之后，作为行政系统的刑部完全取代了司法裁判系统，行政与司法合二为一；而地方层面上，

① 习近平：《在全国组织工作会议上的讲话》，2013 年 6 月 28 日。

② 习近平：《在十九届中央政治局第十一次集体学习时的讲话》，2018 年 12 月 13 日。

③ 参见[法]罗伯特·雅各布：《上天·审判：中国与欧洲司法观念历史的初步比较》，李滨译，上海交通大学出版社 2013 年版，第 108 页。

④ 参见[美]哈罗德·J. 伯尔曼：《法律与革命（第二卷）：新教改革对西方法律传统的影响》，袁瑜琤、苗文龙译，法律出版社 2018 年版，第 5～6、17 页。

⑤ 如美国的情况，See, Vanessa A. Baird and Amy Gangl, "Shattering the Myth of Legality: The Impact of the Media's Framing of Supreme Court Procedures on Perceptions of Fairness", *Political Psychology* 27, 2006, pp. 597-614; J. M. Scheb and W. Lyons, "The myth of legality and popular support for the Supreme Court", *Social Science Quarterly* 81, 2000, pp. 928-940; 以色列学者对其本国法院的研究也得出了类似的结论，参见 Bryna Bogoch and Yifat Holzman-Gazit, "Mutual Bonds: Media Frames and the Israeli High Court of Justice", *Law & Social Inquiry* 33, 2008, p. 53.

地方官兼理司法，自古皆然。① 不论古代司法与行政之间在职能上如何分分合合，司法在文化上都没有和政治"断裂"开来，更无法对抗作为最高行政权的皇权，这与西方近代法官借助上帝名义对抗国王不可同日而语。在中国古代社会，政府的司法职能与其他职能如救灾、兴修水利、征税、朝贡、应对饥荒等都处于同一个层面，② 并没有超越政治的特殊内涵。进入现代社会后，尽管我国开始对司法与行政进行明确的制度区分，但在公众认知的层面上，公众对于司法与政治的文化认知仍然是重叠的。在今天，政府与法院之前统统冠以"人民"也很能说明这一点，都成了维护"人民"利益与意志的政治手段。因此，中国长期以来将法官的招聘、选拔以及待遇上与政府公务员同等对待，并不是一个偶然的制度选择，而是有着深刻的文化渊源。相比于西方国家法院与行政机构之间的文化断裂，在中国法律文化的潜意识中，司法职能与行政职能就没有任何本质性的不同。今天仍然有实证调查能表明，司法机关和政治机关在大多数公众眼中都是行政公务员。③ 对司法与政治的这种无差别对待，对于司法机构的制度构造与职能界定是有着深刻影响的。由于司法也是谋求政治合法性的一个制度环节，司法制度不仅以政治机构的模式被塑造出来，而且司法也很少能够被民众接受为解决纠纷的带有神圣性的终局手段。制度上不加区分地对待司法与行政，还有默顿所说的"自我实现预言"的效果，因为我们在制度上越是以政治化的方式构造司法，公众越有理由认为法官和政府官僚是一体的，由此恶性循环，司法的行政化因此可能会导致信任的流失。例如，我们常强调司法应以"人民满意"为标准，而司法很多情况下在民意压力下也确实做出了改判，但改判反而导致民众更加相信他们的不信任是有理由的，最终司法信任危机也越加恶化。由于我们完全参照政治机构的逻辑来塑造司法，司法的公信力也就并不显著高于行政机构，法院的社会信任度甚至比政府的社会信任度还低，④ 且司法机关与行政机关的社会信任存在显著的连带性。⑤ 即便大幅度提高法官待遇、改变法官的选拔方式与管理方式，强化判决的执行力，也难以改变法官作为行政官僚的社会认

---

① 参见林乾：《论中国古代司法与行政权的分、合嬗变》，载《中华法系国际学术研讨会文集》，中国政治大学出版社 2006 年版，第 260~267 页。

② 参见[法]罗伯特·雅各布：《上天·审判：中国与欧洲司法观念历史的初步比较》，李滨译，上海交通大学出版社 2013 年版，第 154 页。

③ 参见四川省高级人民法院课题组：《人民法院司法公信力调查报告》，载《法律适用》2007 年第 4 期。

④ 参见肖唐镖、王欣：《中国农民政治信任的变迁——对五省份 60 个村的跟踪研究（1999~2008）》，载《管理世界》2010 年第 9 期；姚金伟：《权力运行的脱节与中国政治信任的现状分析》，载北大法律信息网：http://article.chinalawinfo.com/ArticleHtml/Article_64709.shtml，2016 年 7 月 27 日最后访问。

⑤ 杨军：《社会心理、行政信任与农民司法信任》，载《云南行政学院学报》2017 年第 5 期。

知，更不会把法官当成更普遍正义的符号与象征。因此，法院也承受了和对于政治机构类似的不信任。而在实践当中，民众很多情况下也正是以一种政治化的态度来对待法院，如在法院门口通过敲锣打鼓、高音喇叭喊叫、拉横幅、堵门堵路等示威方式对法院施加压力，或以自杀、爆炸、制造社会极端事件等方式向法院"漫天要价"。① 这些手段实际上将司法当成了一种可以讨价还价的政治机构。与此相应的就是，由于法院并没有被民众认为享有某种超越政治的权能，法院在中国很难成为个案纠纷的终局裁决者，中国众多的上访者就能够说明这一点。

因此，中国公众对于司法机构和政治机构的认知并没有任何不同，历史和传统并没有赋予司法机构特别的功能与价值，也没有施加特殊的照顾与塑造，因此司法在文化观念上从未形成一个独立于政治机构的存在，更未形成超越于其他政治结构的高级品质，这也使其不能免受那种政治机构在社会舆论当中遭受的质疑。司法在行政权力面前自然也树立不起来更高的权威。今天我们在各种公共法律案件中能够看到，司法首先被认为是容易犯错的政治化机构，公众认为其难以承担任何特殊的神圣价值与重大使命，进而也难以成为纠纷解决过程中的终局选择。

政治与司法之间的文化连襟可以说是中国司法在高度反思性的现代社会所遭遇的另外一种文化障碍。西方社会政治与司法之间的文化"割裂"在世界范围内来看是一个偶然性的现象，其背后是复杂而又不可测的历史传承与演化，而中国即便可以通过制度移植建立类似的制度外观，也很难获得相应的文化内涵。

## 第四节　不信任作为司法信任建构的先验预设

中国的法律文化传统是高度世俗化与政治化的，这种文化态度也体现于对司法制度的社会认知当中，这种认知至今仍然有一定的残留。这使得还在不断改进的中国司法制度难以获得公众充分的合法性认同。因此，司法有可能陷入专业化的程度越高但越不被信任的悖论性境地。但我国法治建设中的很多制度设计很大程度是以对这些制度的信任为潜在假定的。因此，为克服对于司法的先验性不信任，我们必须采取一种反向的信任建构策略：制度化不信任。

### 一、现行司法制度对于公众不信任的非反思性

对于学者来说，尽管有对于法制现代化的各种反思，② 但由于本土有效经验的

---

① 参见江西省高级人民法院课题组：《人民法院司法公信现状的实证研究》，载《中国法学》2014 年第 2 期。

② 参见朱苏力：《法治及其本土资源》，中国政法大学出版社 1996 年版，第 42~73 页；邓正来：《中国法学向何处去》，商务印书馆 2006 年版，第 82~114 页。

形成尚需时日，我们很多情况下只能以现代法律制度及其法律实践经验作为思考的出发点，探讨中国司法制度建设的可能路径。问题是，人们如何能够接受在文化认知中高度世俗化与政治化并因此有着先验性不信任的司法权威呢？总体上来看，中国的各种制度设计都是一种"顶层设计"，都先验地假定了公众对这些实质上有着特殊文化渊源的抽象制度与理念的信任，但缺少能够有效地对公众的不信任进行反馈的制度化机制。由于西方独特的宗教传统，西方形成了法律神圣以及法院独立于政治并高于政治的文化观念，这种文化观念是法律制度与民众之间长期的互动实践千锤百炼的结果。在这个过程中，西方民众的文化观念以及由此形成的何种制度应该被信任或不信任的态度在长期的历史实践当中都被有效地吸收进司法制度的建构当中。因此，西方的法治体系演化至今，民众形成了一种对于司法看似非理性的先验的信任态度。但中国自近代以来，即便我们建立了看似先进、合理的现代司法制度，但形式化的司法权威在人民群众既有的传统文化认知中可能会遭遇一定的抵触或不信任。不仅如此，现代法律制度的建构都以一种反现代性的方式被推销给公众的，在此过程，司法权威的外在制度保障以及内在的规范内涵与品质，都是在缺少对公众的自发性反思以及由此产生的不信任进行反馈的情况下被建构出来的。法学学者在自己殚精竭虑地研究了国外司法制度的经验，并形成了相应的坚固信念后，似乎忘了普通民众也同样需要这样一个反思与学习的过程。因此，现行司法制度很难吸收公众基于世俗化与政治化的特殊文化认知所产生的先验性不信任，也更难将司法塑造为一种能够超越政治机构以及其他社会组织的高级权威。在这里，我们不能简单地谴责民众就是愚昧的，不懂得现代法治的好处。民众对于司法的特殊文化认知即便不符合我们"高大上"的法学理论，但其在塑造司法权威中的角色仍然是不可忽视的。正如冯象曾经所指出的："法律下乡走样，其实是预料中事。惟有走样，才能批判；才能变批判为支配，让被批判者和批判者一样视法律为权威，视法律成为那些支配并充斥着生活现实的各种权力关系的象征。"①在这种经验考察与反思性批判中，因不信任引发的冲突是不可避免的，冲突并不一定都是负面意义，只有在冲突当中，我们才能发现制度为什么没有"让人民满意"，也才能获得排除不信任的契机。但现有司法制度却没有将这些冲突引导到制度化的轨道上来，公众对于司法的不信任表达更多还处于类似于"大鸣大放大辩论"的一片混沌当中。

　　尽管我国也有一些看似"接地气"的提升司法公信力的措施，如基于"人民司法"理念对法官审判模式与法官素质的塑造，以及与此相应的各种关于"人民好法官""优秀法官""我最喜爱的好法官""全国模范法官""心系百姓的好法官""人民满意好法官"的评比与宣传，但其衡量指标主要还是一些缺乏生动性的案件数字。普通百姓如何评价这些"人民好法官"，这些宣传是否得到了他们的关注，都是一团

---

① 参见冯象：《政法笔记》，江苏人民出版社 2004 年版，第 128 页。

不确定的疑云。更重要的在于，这些塑造、评比与宣传很大程度上仍然是将司法权威寄托于民主导向的政治标准当中，即便这些法官确实受个别当事人的信任，但其问题在于，在政治权力"原则上"不被信任的情况下，我们如何能够借助政治权力对与政治有着"文化连襟"的司法树立整体性信任？而且上述对于好法官的塑造、评比与宣传都是一种正面的信任假定，通过筛选出那些"全心全意为人民服务"的"好法官"，然后告诉人们司法是公正的，值得依靠的，并要求得到普通百姓的信任。但大多数人对这些制度与措施并没有多少可以学习、检验与批判的机会或可能性。普通百姓很多情况下，首先会带着一种怀疑的态度来看待任何现代性制度的。普通百姓也是"现代人"，如果他们在产生疑问时无法对司法权威的可能腐败与不公正进行预先排除，是很难让他们相信已经无法得到他们理解的制度就是公正的。当我们为树立司法权威而推行各种制度建设时，大量的不信任却无法从制度上得到有效地吸收、处理与排除。

## 二、司法信任建构的反向逻辑：不信任的先验预设与制度化

鉴于以上所述，我们无法从信任的先验预设出发建立对于司法权威的信任，是不信任而不是信任才具有一种先验性地位。由于现代性意识的偶然性与过渡性特征，不可信才是普遍体验。无论是现代的司法制度，还是传统的道德与文化，在当代中国都失去了理所当然的正当性。由于司法在中国文化认知中所特有的世俗化与政治化特征，其既无法通过宗教精神的培育来建立相对于政治机构的超越性地位，也无法通过抽象的正义理念在世俗化的现代社会树立合法性基础，而必须在"反思现代化"的审视之下，"置之死地而后生"，诚实地承认自己的可错性以及受到严格审查的必要性，从而将不可控制的不确定性转化为可控制的不确定性。为此，我们需要建立对于司法的全面而又严格的制度化不信任机制。司法系统的风险在各种公共法律案件当中已经是常识性的存在，公众的安全感主要不是来自如何完全消除风险，而在于风险发生后处理的制度化。用信任的语言翻译过来就是，要实现对于司法权威的信任，就不能总是强调正义这一类带有绝对性内涵的话语，而必须以一种明确的态度承认司法是容易发生错误的，是可能导致不公正的，并应允许自由化的不信任表达以及建立对不可信之处的制度化自我纠正机制。制度化不信任在这里能够传达一种积极、诚恳的态度：即使我们不能确定司法是否以及何时会发生错误，但我们至少能够确定一种积极纠正错误的态度。这能够赋予人们以极大的心理安全感，因为事态被假定是可控制与改变的。同时，制度化不信任也有利于吸收公众基于独特的文化认知所产生的不信任，为民众与法律的互动以及司法信任的培育提供一种制度化的渠道。因此，司法信任的建构只能以不信任为前提性预设，并通过对不信任的不断排除以实现能够保持动态稳定的制度化信任。制度化不信任对于有着独特文化特性的中国司法的意义在于：有利于规避中国司法的特殊文化属性以及从

正面建立司法信任的困难，"以退为进"，以谦虚来弥补能力的不足，以大度来淡化自身的缺陷，将源于世俗化与政治化的各种不信任变成司法系统内部的操作，从而将关于司法信任的正向建构模式转化成建立在对不信任的不断排除的基础上的反向建构模式。

其实，对于现代社会任何世俗化的制度体系，信任与不信任之间的这种悖论性关系都遵循从反向出发进行论证的合法化模式，也即前文提到的利奥塔所谓的"悖谬"（paralogy）逻辑。这很类似于科学系统中的"证伪"标准：只有当某个命题具有可检验性、可反驳性，并能够被排除为假时，其才能为真。① 这也类似于法律系统中作为合法性"反省值"的"非法性"：合法性能够成立的前提是存在排除非法的可能性。② 在缺乏超验宗教传统防护的情况下，社会对司法权威的信任同样也会遵循从反面出发的论证逻辑：只有能够先排除不可信的情况下，人们才会假定司法是可信的。信任本身也存在风险，特别是对于现代司法这种早已脱离了面对面互动与直觉认知而变得抽象、匿名的社会系统来说更是如此。这就要求信任的风险也必须以不信任的态度被审视。对于任何复杂的系统，都需要不信任的制度化来降低与控制信任的风险。对任何整体性系统的信任，都需要这样一种可能性：能够在关键时刻用不信任替代信任。对功能分化的现代社会系统来说，信任也必须被不信任，信任成立的前提是通过不信任来限制信任的风险。这种从反向出发进行论证的合法化模式也是在高度反思性的现代社会中人们对于抽象系统的风险性的一种生存性适应。同样道理，对于在中国语境当中作为风险性存在的现代司法系统，正面的制度建设与信任宣传是不足以建立司法信任的，司法信任更大程度上建立在其是否具有表达和排除不信任的制度能力上。这意味着，对于司法的信任就变成了对司法系统内制度化不信任功能的信任。

而且制度化不信任有利于建立系统性安全。在制度化的不信任当中，不信任的控制者仅仅是在履行制度赋予的职责，而不是在个人层面上不信任他人。③ 不信任的制度化能够避免人际关系中的尴尬，从而能够减少人格信任对处理不信任的障碍，这正如我们和熟人做生意往往因碍于面子而不方便提出批评，而和陌生人做生意反而没有这方面的顾忌。如果考虑到人们对于司法的世俗化与政治化认知以及法官由此所遭受的各种完全没有尊严的羞辱，制度化不信任的防护就尤其重要。不信任的制度化能够使公众对于司法的质疑与批评被纳入到司法系统预先安排好的制度化轨道当中，这不会被视为对法院职业尊严与法官个人的侮辱和攻击，而是被视

---

① 参见［英］卡尔·波普尔：《猜想与反驳——科学知识的增长》，傅季重等译，上海译文出版社 1986 年版，第 365 页。

② 参见［德］N. 卢曼：《社会的法律》，郑伊倩译，人民出版社 2009 年版，第 95~96 页。

③ 参见 Roy J. Lewicki, Daniel J. McAllister and Robert J. Bies, "Trust and Distrust: New Relationships and Realities", *The Academy of Management Review* 23, 1998, p. 454.

为司法系统自我激发的制度反应。① 这正如主动邀请的批评和突如其来的批评对于人格尊严的损伤是不一样的。对不信任的表达与处理被当成了一种客观、匿名的制度化运作，这不仅能够使法官在面对公众的质疑与批判时不会感到被羞辱，而且在社会舆论的观感中，法院即使被质疑也不会被认为毫无尊严。② 因此，不信任的制度化能够在一定程度上维护司法的尊严，司法对批评的坦然接受与处理反而可能会强化司法的权威与可接受性。

## 第五节　以公共性为导向建构制度化不信任

目前我国的很多法律制度可以说是对司法权威的制度化不信任，例如人大对于法官的监督、检察院与监察委对于法官的监督、人民陪审员制度、二审与再审制度，以及诉讼法对于司法审判所施加的各种约束与控制。上述制度设置都是非常重要的，其能够为来自司法系统外部的不信任的表达与处理提供一个基本的制度框架。但这些制度化的不信任在公共性维度上存在严重不足，难以有效吸收对那些未必和司法审判有直接关系的公众的不信任。这些制度装置能够吸收不信任的口径与内容都太有限，不足以排除今天公众借助网络传媒并根据自己的道德与文化直觉针对争议性案件所产生的各种质疑与不信任。这往往导致案件审判质量得到提升但公众的不信任并未得到有效缓解的悖论性现象。③ 因为司法的公正性与可靠性还不能以一种易于理解的方式展示给那些未必有机会参与司法的公众。尽管大多数公众都很少打官司，但由于司法判决是一种公共产品，公众是否信任司法会在一个信息传播高度发达的现代社会严重影响到那些潜在诉讼当事人的规范性期待，从而决定他们在未来是否愿意将纠纷提交给法院。当事人是否信任司法固然重要，但更重要的是大多数未必有机会参与司法的公众是否信任司法。因此，要实现对于司法权威的信任，还必须能够吸收和案件审判本身没有直接关系的公众的不信任。这一过程的关键是如何使得司法制度与实践能够回应公众的传统道德与文化直觉，使得传统道德文化能够在司法制度中得到创造性利用。但当前我国在建构司法权威的过程中，留给普通公众从自身经验角度出发去验证司法的可信性的渠道太少，不足以让公众

---

① 参见卢曼的类似表述，参见［德］尼克拉斯·卢曼：《信任》，瞿铁鹏、李强译，上海世纪出版集团 2005 年版，第 124 页。

② 如浙江高院院长被举报的事件就颇能说明这一点，司法系统历来强调对司法公信力的正面宣传，而一旦有人公开质疑司法的公正，法官就可能感到一种羞辱感，而公众也从中感受到司法毫无尊严可言。参见陈庆辉：《浙江高院院长回应实名举报：宋城集团诬陷诽谤应追责》，载《安徽商报》2015 年 8 月 19 日，第 A2 版。

③ 参见江西省高级人民法院课题组：《人民法院司法公信现状的实证研究》，载《中国法学》2014 年第 2 期。

有效排除司法的不可信之处。对此，我们应以司法信任的公共性为导向，从以下方面着手建构制度化不信任：

第一，建立专门性与全面性的法官监督机制。十八届四中全会提出要建立法官遴选委员会，如果赋予其惩戒法官的职能，就很接近这里所说的专门性法官监督机制。制度化不信任必须是专门性的，这不仅有利于建立集中高效的不信任处理机制，也有助于形成易于识别的普遍化制度标志，公众由此才能形成对于制度化不信任功能的信任。这种法官监督机制还必须是全面性的。法官遴选委员会不仅可以监督法官是否贪赃枉法这一类可以找到明确规范依据的违法行为，而且也应可以监督那些规范依据比较模糊而只做出酌情判断的不合适现象或行为，例如法官性格是否偏执，法官在法庭上的某一句话是否存在偏私，法官是否在法庭上辱骂律师或当事人，法官是否经常做出明显违背法律常识与日常生活常识的判决，法官是否出入高档娱乐场所的行为，法官在日常生活中的各种行为是否破坏法官的形象，等等。特别是法官在日常生活中的某些行为对于在那些可能直接接触过法官的普通公民中树立司法权威极为重要，因为大多数公众并不懂得抽象的法律条文，也不了解复杂的法律程序，他们能够判断一个法官是否可信往往就是这些可能入不了法学家法眼的非法律素质。另外，专门性的法官监督机构不应仅仅向涉案当事人开放，而应该向所有公众开放，即便争议案件和他们没有关系，但只要他们有疑问，就可以通过法定渠道向监督机构提出，并要求得到公开处理和答复。

第二，对于司法信息的全方位公开。只要不涉及国家秘密与当事人隐私，不影响待审案件的公正审判，应向社会公众公开一切可公开的司法信息，如过去的判决文书，司法过程的文字与图像记录，证据文件，法官的个人履历、学历、工作经验、年龄、财产状况，以及法官家属的财产状况，等等，并允许和案件本身没有直接关系的专业人士与非专业人士进行复制、传播与评论。例如，对于内蒙古的呼格案，这一类冤案对于中国刑事审判的公信力有着不可忽视的符号性意义与象征性价值，对于该案相关的案件材料以及参与该案所有公职人员姓名与现况应全部对外予以公开，并由任何关心此案的热心人士与法律人士自由复制相关材料，并允许其公开提出批评与意见。司法信息公开的意义并不完全在于大多数普通公众会关注、理解并能够理性批判数量浩大的判决书，[①] 其主要意义在于展示一种可信性的态度，

---

①　其实就有对于一线法官的调查发现，判决书公开其实并没有学界所想的巨大意义，基层当事人由于学历不高，根本听不懂法言法语，他们只关心矛盾的解决而不是长篇大论的说理。其实判决书作为一种影响公众规范性期待的公共产品，当事人与公众是否读得懂，是否愿意读，都不是十分重要，重要的是要有这样一种能够被阅读的可能性，这样一种可能性本身的存在就足以构成一个重要的信任标志，正如妻子信任丈夫的前提不在于妻子能够掌握丈夫的一切行踪，而在于妻子有着调查丈夫行踪而不受阻碍的可能性，一旦某一天丈夫拒绝妻子查阅其通信记录的要求，那么就足以构成不可信任的标志了。参见刘练军：《一线法官眼中的裁判文书网上公开》，载《南方都市报》2015 年 5 月 1 日，第 AA15 版。

表明司法判决是有可能出错的，因此是需要监督与审查的，也即通过展示不可信之处，来博取信任所需的诚实形象。在信任的建构中，容易认知的外在态度作为信任判断的基础信息往往比难以查清的案件事实更加重要。

第三，公开答疑机制。对于公众有疑问的案件，要建立类似于政府的新闻发言制度，进行公开的解释与答复。这里无疑会产生舆论干预司法的疑虑，但对于自古以来无论是从制度实践的角度还是从公众认知的角度来看就是一个高度世俗化与政治化的机构的中国司法，想要如同西方司法机关那样保持神秘性与孤傲性以及对于社会舆论的强势地位，是行不通的，特别是在"反思现代化"的今天就更是如此。中国的司法有必要以一种可理解的方式与公众进行沟通，沟通也并不必然损害法官依法独立公正行使审判权，而是在沟通过程中完全可以强调依法独立公正行使审判权的必要性，以此获得公众的谅解，而不是将完全缺乏生动性的法条与程序抛给不明就里的公众。在这里，司法所获得的是一种类似于吉登斯所说的"积极信任"："敢于用差异来作为发展积极情感沟通的手段"①，也即将坦诚地展示差异作为建立信任的手段。司法如想赢得信任，重要的是也要有能够展示不同意见的诚实，而不是谋求法官与公众之间也许根本无法达成的共识。而且更重要的是，现代司法理念也需要公众去学习，公开答疑机制的目的就在于让公众有机会去了解司法的运作特征及其在多元化社会中的内在合理性。

第四，对于澄清不信任的参与机制。对于任何有争议的案件，我们可以鼓励利害相关人、专业人士、民间组织或专业性组织参与到诉讼程序当中，在他们不妨碍司法公正以及能够遵守秘密以及隐私保护的情况，向法庭提出意见。类似于国外的"法庭之友"，② 我们也可以设立上述主体向法庭提交意见的程序，特别是对于一些争议非常激烈的刑事案件，法学专家或者律师组织完全可以参与到诉讼程序当中，向法庭陈述案件中的疑点，并在最后判决过程或其他过程中由法官予以答复。这一方面能够给法官施加谨慎审判的实质性压力，另外一方面也能要求法官必须对疑点进行公开回复。这有利于排除不信任，实现信任。这也能够向公众表明，司法并非不可接触的，而是坦诚与亲切的。

第五，将上述所有对不信任的处理机制都予以程序化，设置严格的时间限制与专门的处理人员，由此通过法定程序专门处理公众的不信任，防止出现现实当中很多质疑得不到解释、得不到处理的情况，如呼某案、聂某斌案、浙江叔侄强奸案。

第六，不信任的制度化必须伴有相应的制度改进。我们应在制度改革过程中吸

①　参见[英]安东尼·吉登斯：《超越左与右：激进政治的未来》，李惠斌、杨雪冬译，社会科学文献出版社 2004 年版，第 119～132 页。

②　参见陈桂明、吴巧如：《"法庭之友"制度的探究与启示》，载《河北法学》2009 年第 2 期。

收能够反映公众的文化认知特征的意愿与不满，从而对当前司法改革提供有效的信息输入，并能够产出更加易于理解的制度输出。如果没有制度改革，不信任就会被不断激活，但制度化不信任只能被保持潜在可激活的"阴影"状态下，① 因为信任是一种潜在性推断，信任当中的不信任考虑只能是潜在性的，不断被激活的不信任也意味着信任风险并没有得到有效降低，这会使得不信任成为常态，从而导致其失去起码的现实基础。信任有其基本的经验底线，只能保证偶然的风险能够被有限度的包容品质所吸收，但无法保证在根本不值得信任的情况下还会被信任。另外，通过制度化的不信任实现的制度改进并不是一蹴而就的，而是一个公众不断适应学习、不断反思、历史经验不断积累的长期过程。通过不信任的不断考验以及不断的制度改进，公众最终能够发现无论如何进行制度改进，不可测的司法风险多多少少还会存在，而不会将不满意的司法判决都归结为司法不公，而是当成司法的内在固有属性，正如开车总会产生交通事故的风险一样，不仅仅是因为汽车质量问题。现代社会任何抽象的制度运作都会伴随系统性风险，但经过制度化不信任的长期考验，最终能够达到一个"疲劳点"。公众在发现采取了一切可采取的措施后，发现现状仍然不过如此，那么就会形成稳定的信任态度。

　　通过制度化的不信任，我们看到的是一个双重的过程：一方面是司法制度通过公众基于其经验上的不断反馈进行自我调整的过程；另一方面，这也是一个公民通过实践学习现代司法理念的过程。普法宣传与学校法律教育在这里是不能算作真正意义上的学习的，大多数的学习都不仅仅是一个掌握理论化的知识体系的过程，更重要地也是一个通过实践掌握"无言之知"的过程。但由于中国司法的特殊文化"出身"，基于制度化不信任的司法信任仍然是有缺陷的，通过制度化不信任所累积形成的道德品质、职业操守以及制度规范仍然是世俗化的，因此，制度化不信任并非赋予了司法以超验的品质，而仅仅是诚实地承认了司法的世俗化与政治化特征，并通过对司法的不可信之处的排除，逐步形成对于司法系统不信任功能的信任。要想使得司法形成更高的权威，我们能够做的就是通过严格而又全面的制度化不信任培育出比其他权威更为优良的世俗化品质。

　　中国司法的公信力很难建立在任何绝对价值的基础上，我们很难使公众在内在理念上接受司法机构的独一无二性与超凡脱俗性。我们只能基于世俗化与政治化的文化认知，并通过不信任的制度化将司法机构打造成一个功能有所不同、世俗品质更出色的组织。这不仅要求法官在素质、廉洁性上应比行政公务员更加出色，也要求通过更加严格的制度化不信任来锤炼司法的可信性。

---

　　① 参见[波兰]彼得·什托姆普卡：《信任：一种社会学理论》，程胜利译，中华书局2005年版，第194页；上官酒瑞：《制度化不信任：内涵、理论原型和意义》，载《云南行政学院学报》2011年第4期。

# 第三编　制度选择

# 第四章　司法权威的社会效力范围变迁
# 与司法信任的当代建构

　　司法权威作为一种特殊的社会权威，在中国古今不同的社会形态之间呈现出极大的结构差异。任何权威如果要让人信服就必须在能力与品质上表现出一定的过人之处，而这又与社会的教育模式与知识结构以及与此相应的社会资本密切相关。中国古代社会是一个普遍文盲的社会，多数的文盲与少数的读书人在科举制下构成显著的等级差异，而由于礼法不分、法律儒家化，中国古代社会的基础教育与道德教育实际也包含了法律教育，不同社会领域的知识之间在社会意义上有着高度的连贯性，古代司法权威呈现为一种全社会性的等级制权威。而现代社会，由于社会整体上的功能分化，法律教育变得专门化与职业化，法律教育与基础教育和道德教育逐渐分化开来，专业化的法律制度对于很多未受过专业法律教育与固守传统道德文化的人形成了一定程度的隔阂。与这种功能分化相适应，现代中国的司法权威变成了一种仅局限于特殊社会领域的专业权威，也就不再具备传统社会司法信任的整体性维度。本章节将以古今社会教育与知识的分化为背景，探讨中国古代社会与现代社会在法律教育模式与知识结构上的差异，以及司法的等级地位与权威在古今的社会效力范围差异，进而探索为实现司法权威在全社会层面的信任，其在当代中国所可能采用的有效建构路径。

## 第一节　古代社会的法律教育与司法权威

　　中国古代社会的司法权威是一种全社会性的等级制权威，这种等级制权威的形成既有事实上的偶然因素，也有人为的建构成分。一方面，由于教育资源在事实上的匮乏以及普遍文盲的不可避免性，能否获得教育在某种程度上构成了一种等级差异的象征标志。另一方面，教育机会上的差异同时延伸为日常生活方式与道德水准的等级差异，这两种差异又被隋唐以来的科举制所强化，使得读书人出身的官僚(也包括司法官)，成了古代社会的一个有着内在优越感并能够得到整个社会认同的较高级阶层，由此也使古代社会的司法官获得了全社会性的权威与信任。

## 一、古代社会：基础教育、道德教育与法律教育的一体化

我们可以非常肯定地说，中国古代社会是一个基础教育非常不发达、知识传播非常低效的社会。基础教育与知识传播的不发达与古代社会的结构形态有着重要的关联。中国古代社会的经济并不发达，还不足以支撑适当的闲暇与普遍的义务教育。而且由于印刷术不发达，文献在古代社会是稀缺品，不是任何人都有机会占有与学习文献。反过来说，对于这些稀缺品的占有就构成了一种身份与地位的标志。古代社会即使有所谓的官学，其对于整个社会的覆盖面也是微不足道的，真正意义上的官学并没有得到政府足够的投资。如唐代地方官学的覆盖范围极为有限，以教育较为繁盛的唐代贞观年间为例，尽管李世民声称"天下英雄尽入吾彀中矣"，但中央官学国子监早期各类学生也只有三千二百六十人，后期最多也才达到"八千余人"，并且在史书上还被称为"济济洋洋焉，儒学之盛，古昔未之有也"。① 还有学者统计，唐代开元年间，地方官学学生总数不过才六万多人。② 在重文轻武的宋代，能够有机会入学者仍属少数，如太学实行"三舍法"："外舍生二千人，内舍生三百人，上舍生百人"，地方官学规模仍然极小，如北宋崇宁三年（1104 年）"始定诸路增养县学弟子员，大县五十人，中县四十人，小县三十人"。③ 因此，大部分基础教育还必须依赖于民间，但正如郭秉文关于古代教育所说："从无国家拟一普通学制，以教育多数人谋幸福。所谓公共教育，尽付诸私人或团体之善举"，④ 在贫乏的农业社会，民间力量也不足以支撑普遍性的基础教育。由于基础教育不发达，古代社会必然是个文盲占主流的社会。有学者推断，19 世纪 80 年代清代男子识字率为 30%～45%，女子为 2%～10%，平均为 20%。⑤ 虽然这个识字率不低于同期的西方国家，但在那个年代能够识文断字者仍属少数。即便到了开始推广普遍基础教育的民国时期，接受基础教育的仍是很小的一部分人。根据卜凯对民国 22 个省份的抽样统计，包括新学与旧学在内，大约有 45%的男性与 2%的女性曾上过几年学，总体识字率大约为 30%。⑥ 而且我们还能够推测，无论是古代社会还是民国时期，基础教育质量一定比较低，不同于现代社会对于基础教育有着法律上的强制

---

① 参见（后晋）刘昫等：《旧唐书》，中华书局 1975 年版，第 4941 页；（北宋）欧阳修、宋祁：《新唐书》，中华书局 1975 年版，第 5635～5636 页。

② 参见赵家骥、宋大川、张汝珍：《中国教育通史：隋唐卷》，北京师范大学出版社 2013 年版，第 131 页。

③ 参见（元）脱脱等：《宋史》，汉语大辞典出版社 2004 年版，第 3017～3022 页。

④ 参见郭秉文：《中国教育制度沿革史》，福建教育出版社 2007 年版，第 32 页。

⑤ 参见金观涛、刘青峰：《开放中的变迁：再论中国社会超稳定结构》，法律出版社 2011 年版，第 129 页。

⑥ 参见卜凯主编：《中国土地利用》，台湾学生书局 1986 年版，第 521 页。

性要求以及标准化的课本与职业化的教师，古代基础教育所培养出来的识字人口的含金量必然也不会太高。虽然我们无从知晓古代社会教育的具体水准，但根据对民国时期的统计，当时 96%以上的入学者仅达到小学水平。①

尽管中国古代社会基础教育不发达、识字率较低，但却是一个在社会意义上整体"通透"的世界，能否识文断字并不构成法律意义理解上的障碍。以识文断字为内容的基础教育也是道德教育，而道德教育也同样可以被视为法律教育。中国古代社会无论是针对读书人还是针对不认字乡民的教化，从某种意义上来说也是在传达国家法律的社会意义，法律教育与基础教育和道德教育是一体化的。自西汉武帝以来，政府在中央与地方层面都设有官学，并以儒家经典教义作为主要教学内容，如《诗经》《周礼》《礼仪》《礼记》《尚书》《春秋》《孝经》《论语》等是政府长期推行的稳定教学内容。除官学外，民间也普遍设立私学，私学当中用以教学生识字的一些蒙学读物如《三字经》《千字文》《弟子规》等，也基本内含儒家经典教义的基本精神。②由于中国古代法律自西汉武帝以后逐渐儒家化，出礼入刑，礼法合一，德主刑辅，因此我们可以认为，上述以学校教育为形式的教化同样也是一种法律教育。由于任何文字都是一种意义系统，而文字最早被用来承载来自日常生活中的道德常识，因此早期社会的大部分知识都是常识性与道德性的，所以基础教育就是常识教育与道德教育，再加上古代社会法律与道德尚未分化开来，基础教育就同时容纳了道德教育与法律教育。

而在中国古代的乡村，即便大多数人不识字，但士绅与乡约也构成了向文盲传授儒家伦理道德的机制。一方面，地方上的士绅作为有教养的读书人，实际上也是未读过书的乡民了解正统礼法的中介，士绅的整个生涯都表现出中国的文化传统，乡绅能够通过对纠纷的排解与借用日常语言的说教来对没有读过书的乡民进行教化。③另一方面，士绅所制定的乡规民约及其规范实践也是不认字的乡民接受儒家伦理教化的机制，如历史上著名的《吕氏乡约》第一部分规定："能治其身，能治其家，能事父兄，能教子弟，能御僮仆，能肃政教，能事长上，能睦亲故……"④，其内容和儒家的各种核心理念，如忠、孝、仁、义、礼、智、信等也是融贯相通

---

① 参见中国第二历史档案馆编：《中华民国史档案汇编第三辑：教育》，江苏古籍出版社 1991 年版，第 927 页。

② 关于历史上主要朝代教育内容的介绍，参见熊明安、熊焰：《中国古代教学活动简史》，重庆出版集团 2012 年版，第 86～110、126～138、170～176、181～192、209～224、227～282、303～316 页。

③ 参见张仲礼：《中国绅士》，李荣昌译，上海社会科学院出版社 1991 年版，第 66～69 页。

④ 参见(北宋)吕大钧：《吕氏乡约》，载《续修四库全书》，上海古籍出版社 2002 年版，第 249 页。

的。由于中国古代社会采取"家国同构"的治理模式，国家伦理是对宗族伦理的模拟，道德教育与法律教育即便对于不认字的文盲也能够融会贯通，因为不认字的乡民也许不懂得国家的大道理，但也懂得与乡间原理类似的家族小道理。不论是饱读诗书的文人墨客，还是目不识丁的荒野村夫，对于儒家教义的那些核心理念都并不陌生。与此相应，任何接受过基础教育能够识文断字的古人在看到国家的刑法条文时基本不会存在任何理解上的困难，因为这些条文背后的意义是和日常生活中的道德常识一以贯之的。即使人们不认字，但对于这些儒家理念的意义理解也无太大困难，也都知道中国古代刑法所禁止的谋反、对皇帝大不敬、对长辈不孝不敬、打伤杀伤长辈、杀人、盗窃、通奸等行为是违法的，也能够理解这些禁止性规范在社会秩序与人伦道德中的地位与意义。古代社会的规范大多是此类构成日常生活常识的道德性规范，很难找到严重脱离日常生活直觉、意义高度抽象、需要专业法律教育的法律制度。人们不需要专门学习法律，法律就是道德常识。

另外，通过中国古代社会判官的判词，我们也能够看到很多内容也是道德伦理说教，如法学界所熟悉的历史典籍《名公书判清明集》中的案例大多充满生活气息，户婚田土、贪赃枉法、人伦道德之类的案件占据多数，而且多使用道德修辞。① 无须经过专业系统的法律教育，略通文墨者就能理解其含义。即使不通文墨，对于这些判决背后所反映的礼法及其意义的理解也不会太困难。在这样一种社会意义在不同社会领域之间相互"通透"的世界，规范体系以及对这种规范体系的教育没有出现明显分化，常识、道德与法律相互贯通，人们对各种规范的理解因此是直觉性与常识性的。即使在今天，我们仍然能够看到一些乡下的老人对于现代社会的法律制度采取一种直觉性与道德化的理解，如笔者曾经在乡下看到过的这样一个案例：一对年轻夫妻，丈夫外出打工时出轨，妻子的父亲非常愤怒，打了女婿一巴掌，并扬言说要将其送去坐牢。这个案例颇能说明问题：在传统社会，通奸多为犯罪，这种对法律的理解如果放在古代社会并无太大问题，该父亲出于传统的文化与道德直觉想当然地认为这种行为在现代社会仍然要"坐牢"，他所不明白的是现代法律制度：为什么通奸不再是犯罪？

不仅如此，中国古代社会涉及规范与审判的各种说唱文学、戏剧、通俗小说，实际上和正式的国家法在意义上也是相互贯通的，这些规范的表达内容并没有脱离常识性的世界，都以一种多数人喜闻乐见的方式来传达法律，如包公系列戏剧、岳飞系列故事、杨家将系列故事等。② 这些引人入胜的故事的背后理念，仍然是多数

---

① 参见《名公书判清明集》，中国社会科学院历史研究所、宋辽金元史研究所点校，中华书局1987年版。

② 参见黄书光：《中国社会教化的传统与变革》，山东教育出版社2005年版，第217~274页。

人所熟悉的忠孝仁义之类，涉及的法律叙事和实际的司法审判内容与程序也相差无几。文学化的普法教育之所以可能，原因就在于法律并不是只有专家才能掌握的知识，而是一种通俗化的知识，因此能够以每一个人都津津乐道的方式表达出来。

因此，尽管中国古代社会基础教育不发达，但人们对于法律并无显著的认识障碍。基础教育、道德教育与法律教育之间并无明显的鸿沟，人们所需的道德知识与法律知识都主要来自日常生活中的常识与直觉，所以无需进行专业的法律教育。不论是读书人还是未受过教育的乡民在理解古代司法的"公道"上都不存在明显的困难，"公道自在人心"这句老话能够表明在中国的传统社会，官员并不享有解释正义的特权，官员对于法律的解释必须契合作为每个人道德直觉的"公道"，正如中国古代司法审判对情、理、法融会贯通的强调。但这就产生了一个问题，如果说中国古代社会各个阶层在理解法律上并无明显的知识水平差异，那么古代社会的司法官如何树立其权威呢？

## 二、古代社会司法权威的等级化特征与全社会指向

中国古代的司法要树立自己的权威与赢得民众的信任，就必须能够展示自己的过人能力与品质。这主要是通过"读书人"这一等级化的社会范畴以及相关的制度设置得以实现的。在基础教育不发达的古代社会，识文断字本身就是一种等级身份的象征标志与少数人才享有的文化资本。在教育资源匮乏的社会，任何教育模式都不仅仅是单纯的知识传授，而且还隐含了对于受教育者在社会结构中等级地位的界定，是否能够接受教育以其特有的"稀缺性"构成了一种特定阶层的文化资本与身份标志。[①] 教育资源的分配与知识结构的差异会也使得不同群体呈现为不同的社会权威。当然，古代社会的乡村作为熟人社会，人们的交流都是一种面对面的互动，彼此的熟悉使得直接的会意变得可能，作为象征体系的文字在乡村社会成了多余。尽管文字在乡下未必有用，但能够识文断字本身就是一种社会地位的体现，一个读书人可以不懂得种田的知识而不会被认为低人一等，但反过来如果一个农民大字不识几个，则变成了愚昧的表现。[②] 这使得认过字、读过书在古代社会本身就是一种荣耀，不同于今日遍地大学生的情况。因其稀有，所以其珍贵。由于有机会接受教育者在社会当中属于"稀缺品"，这在一定程度上就能够衬托出读书人作为"上等人"的社会属性。甚至在民国时期，我们还能看到这样一种残留，例如我们熟悉的鲁迅小说《孔乙己》当中，就提到孔乙己作为没落文人在一个转型社会中仍然试图保持读书人的尊严，而且是"站着喝酒而穿长衫的唯一的人"，当别人指责他偷书

---

① 参见布尔迪厄对于阶层划分与学历之间关系的社会学分析，[法]皮埃尔·布尔迪厄：《区分：判断力的社会批判》，刘晖译，商务印书馆 2015 年版，第 190~229 页。

② 参见费孝通：《乡土中国·生育制度》，北京大学出版社 1998 年版，第 12~17 页。

时，他辩解说"窃书不能算偷……窃书……读书人的事，能算偷么?"①这固然是小说，但这种在今天看来有点迂腐的优越感，也能够反映出古代社会的读书人无论在其自我认同还是在社会认同中都是等级比较高的社会阶层，只不过到了传统等级秩序观支离破碎的民国时期，才显得有点光怪陆离。毫无疑问，读书人在面对芸芸文盲时必然也会为其权威增色。由于中国古代的判官基本都是从读书人当中选拔，这样一种人做判官，在古代社会必然不乏威信。

基于读书人和其他社会阶层相区分的等级制司法权威还受到科举制度的强化。由于中国古代社会阶层上升渠道的单一性，相对公平的科举几乎是寒门子弟进入上流社会的唯一通道，这在生存机会贫乏的古代社会具有了特殊的价值，使得古代科举出身的司法官能够集学问、道德、地位、财富、权力等社会优势于一身。由于古代社会政府规模往往很小，即便开科取士能够被录取者也是凤毛麟角，再辅之以各种对于读书人与及第者的优待，读书人出身的司法官在古代社会也被赋予了极为优越的等级地位与权威。如明代的科考录取率非常之低，乡试的录取率一般才 10% 左右，而会试的录取率也才 8% 多一点。② 在清代，各省乡试中举名额每年大概在 40~70，每年会试录取的人数，大概在 200~300 名，分派到各省，少则只有几名，多则三十几名，③ 历史上科举及第人数比较多时期也就是重文轻武的宋朝，如宋太宗在位 20 年间，录取进士及其他诸科达万人。④ 但每年分摊下来也不过 500 人左右。如果再考虑到中国古代社会的识字率，以及并非任何识字者都有机会参加科考，那么相比于巨量的人口，科举及第者显然是微不足道的。据何柄棣的粗略统计，在明代的不同省份，每百万人口的进士总数，多者如福建有 428 人，少者如广西只有 59 人，而在清代的不同省份，这一数目更少，多者如浙江有 130 人，而少者如安徽只有 41 人。⑤ 尽管古代社会中科举基本向所有读书人开放，但科举花费巨大，没有较强的经济能力，是不足以支持"十年寒窗"的，只有如地主、商贾、将领与官宦等富裕阶层才有可能承担得起科举的花费。而科举及第后的待遇也非常优厚，及第之后可以免除赋役，如唐代姚合有诗云："阙下科名出，乡中赋籍除。"而在明代，根据《明会典》的规定，从一品官员到九品官员，以及教官、监生、举

① 参见鲁迅：《呐喊》，江苏人民出版社 2014 年版，第 16~19 页。

② 参见郭培贵：《明代科举各级考试的规模及录取率》，载《史学月刊》2006 年第 12 期。

③ 参见马镛：《中国教育通史：清代卷(中)》，北京师范大学出版社 2013 年版，第 369~374 页。

④ 参见季卫平：《中国教育通史：宋辽金元卷(下)》，北京师范大学出版社 2013 年版，第 7 页。

⑤ 参见[美]何炳棣：《科举与社会流动的地域差异》，王振忠译，载《历史地理》(第 11 辑)，上海人民出版社 1993 年版，第 302 页。

人、生员都有减赋的优惠，① 在清代，乾隆元年(1736 年)上谕就要求"至于一切杂色差徭，则绅衿例应优免"。② 当然，最重要的是授予官职，"大者登台阁、小者任郡县"，官职提供了获得高官厚禄、升官发财的丰富机会。孟子所谓的"劳心者治人，劳力者治于人"，也可以视为从事脑力劳动的读书人与从事耕作的文盲在政治权力上的等级差异。在这样一个文盲的时代，科考及第者会被视为人中龙凤、世之翘楚，能够享有无上的荣光与声名，不仅能够闻达于士林，而且能够光耀门楣、显宗耀祖。如唐代谚语有云："进士初擢第，头上七尺焰光"，③ 唐代诗人王建曾有诗云："一士登甲科，九族光彩新"，元代也有诗云："十年寒窗无人问，一举成名天下知"，后世科举的这种荣耀一以贯之。④ 这种荣耀也是那些普通百姓梦寐以求的，即使父辈未受过基本的教育，也深知读书的好处与中举的巨大荣耀，"万般皆下品，惟有读书高"之类的社会信条可以说妇孺皆知。相信很多人都记得，即便在改革开放之后的八九十年代，由于高考录取率之低与大学毕业之后的包分配待遇，大学生在当时简直就是"天之骄子"。在文盲占主流的古代社会，读书机会之有限、阶层上升渠道的唯一性、官员从读书人当中选拔、科举竞争之激烈以及科举成功所带来的巨大荣耀与财富，赋予了古代读书人在学问、道德、财富、权力与地位上的所有优势，并形成了整体性的巨大社会权威与信任。读书人和中举者在社会认知中毫无疑问会被认为是道德、地位与学问上最为出类拔萃、备受尊敬的阶层，那么我们有理由相信如果将这种权威放在公堂之上，这些万里挑一的读书人所作出的判决基本上是能够得到大多数民众的信服的。

虽然我们今天无从调查古代的民众对读书人以及读书人出身的司法官持有一种什么样的态度，更无法去亲身体验这种权威，但通过某些古代一些关于儒生的小说，我们仍然能略窥一二。如在《儒林外史》第三回中，胡屠户虽然是一个粗鄙的屠夫，但对读书人极为崇敬，范进考取秀才后，要范进"立规矩"，不应再和"做田的""扒粪的"平头百姓"拱手作揖"或"平起平坐"，并且认为"做老爷的"都是"天上文曲星""方面大耳"，而范进中举后神志癫狂、胡屠户前倨后恭、街坊邻居众星捧月的小说情节更能够说明读书人，特别是中举的读书人，在当时的社会地位。胡屠户对读书人虽极为崇敬，却也畏惧，张乡绅到范进家道喜时，胡屠户却"忙躲进女

---

① 参见(明)申时行等：《大明会典》，载《续修四库全书》(第 789 册)，上海古籍出版社 1995 年版，第 345 页。

② 参见(清)索尔纳等：《钦定学政全书》，霍有明、郭海文校注，武汉大学出版社 2009 年版，第 92 页。

③ 参见赵家骥、宋大川、张汝珍：《中国教育通史：隋唐卷》，北京师范大学出版社 2013 年版，第 252 页。

④ 参见廖鸿裕：《明代科举制度研究》，中国文化大学中国文学研究所 2009 年博士论文，第 253~256 页。

儿房里，不敢出来"。① 对此，我们有理由推断在威严的衙门大堂上，这种敬畏感也是存在的。这部小说也许是虚构的，但其反映出的社会背景却是相当真实的，如《儒林外史》卧闲草堂刻本中说："慎勿读《儒林外史》，读竟乃觉日用酬酢之间，无往而非《儒林外史》"，而在文学界，这也被视为一本现实主义小说。② 实际上，读书人的这种荣耀在民国时期仍然犹存，如历史学家李敖就回忆道，其父亲从当时京师大学堂毕业后回东北任教，当时军阀张作霖逢孔子诞辰日脱下军装、穿上大马褂，跑到各个学校向老师们打躬作揖，并对老师们说："我们都是大老粗，什么都不懂，教育下一代全亏诸位老师偏劳，特地跑来感谢。"③又如，费孝通提到的一个很有意思的经历，乡里发生纠纷要调解，而当时正住在乡下的费孝通也被邀请了，费孝通就此段亲身经历写道，这"在乡民看来是极为自然的，因为我是在学校教书的，读书知礼，是权威"。④ 很显然，民国时期的乡民还没有意识到现代社会的知识体系已经实现了巨大的分化，没有意识到一个接受西式教育的人类学家并不当然就具备解决乡土熟人社会纠纷的能力了，但读书人作为较高社会阶层的余威犹存。

　　而且这种权威还是一种针对全社会的整体性权威。中国古代社会也是一种类似于卢曼所说的由不同的阶层构成的"分层式社会"（stratified society），这种社会分层具有多元化的功能效果，⑤ 也即阶层划分对于整个社会的不同领域都是有效的，但这也阻止了其他社会领域的功能分化。在现代社会，在科学领域备受尊敬的科学家未必在经济、政治、法律等功能领域就会受到同等的尊敬，科学家与农民打起官司来不会受到法律的特殊优待，政治家成为权力的掌控者但不再是道德权威。而在古代社会，读书人出身的司法官的地位与权威能够凌驾于其他功能权威之上，如农民阶层、手工业者阶层与商人阶层，正所谓"士农工商"中士居其首。士大夫的权威并非仅仅存在于士大夫群体内部，士大夫实际是整个社会的中心、权威和表率，士大夫的功能是"集合性"的，其作为科举及第者是政治权力的掌控者，作为地方士绅是调解宗族纠纷的道德权威，作为家族族长其还是家庭经济的组织者。借鉴社会学的术语，士大夫与其他社会阶层的之间分层关系具有"一般性意义"（general implication），这在中国主要是因为教育或科举，甚至即使部分士大夫财富不如其他

---

　　① 参见（清）吴敬梓：《儒林外史》，光明日报出版社 2007 年版，第 19～25 页。

　　② 参见李灵年、韩石：《论〈儒林外史〉所体现的近代理性主义精神》，载《明清小说研究》1997 年第 1 期。

　　③ 参见李敖：《李敖回忆录》，中国友谊出版公司 1998 年版，第 8 页。

　　④ 参见费孝通：《乡土中国·生育制度》，北京大学出版社 1998 年版，第 56 页。

　　⑤ 参见 Niklas Luhmann, *Theory of Society* (*Volume* 2), trans. by Rbodes Barrett, Stanford University Press, 2013, p. 51；另请参见 Georg Kneer、Armin Nassehi：《卢曼社会系统理论导引》，鲁贵显译，巨流图书公司 1998 年版，第 162～164 页。

阶层，但只要拥有核心指标，其地位就会高于其他阶层。① 因此在中国读书人享有一种普遍性的地位，一个商人不会因为财富超过读书人，其地位就高于读书人。当然一般情况下，高阶层与低阶层之间在各种优势资源的分配上是不对称的，这不仅体现在着装、行为、住所等方面的日常生活要求上，也体现在法律的区分以及财富的掌控上。在"分层式社会"，大部分评价标准中的较好一面都集中于较高的社会阶层，② 如读书人或士大夫在受教育程度、道德素质、受尊敬程度、政治地位与财富上都优于其他社会阶层。而且不同于现代社会的多元化特征，在价值观比较单一的古代社会，对于人与权威的评价标准也是单一的，在这种单一的评价体系内，只要能够晋升至较高的阶层，就能在全社会获得较高的地位与权威。由于中国古代法律与道德在意义上的连贯性与通透性，人们凭借日常生活中的道德直觉就能够理解其意义，无论是公学、私学、科考还是其他各种非正式的教化的内容都主要是以能够体现这种单一评价体系的儒家经典作为学习内容，由此形成的风尚与素养以及相应的社会阶层划分，也是妇孺老少都能够理解与认同的。在法律与其他社会领域尚未分化、阶层界限鲜明的古代社会，我们有理由推测，读书人所具有的这种等级制权威必然也会延伸至法律领域，无论是在正式的公堂上，还是在乡间的调解中，读书人都会享有一种凌驾于所有其他权威之上的权威与较高的社会信任。

## 第二节　现代社会的法律教育与司法权威

随着现代社会变得日趋复杂化与多元化，司法权威也变成了局限于特定领域的专业权威，也不再具有类似古代司法权威那样的整体性效力。我们今天虽然解决了基础教育的问题，但法律教育却很难完全普及。今天的大部分人虽然都会读书写字，但由于现代法律制度的高度专业化，并不是所有人都有机会系统、深入地学习法律，法律与道德或其他领域出现了相当程度的功能分化，在意义上也不再具有完全的通透性人们因此对法律制度产生了严重的认知局限性。而各行各业的等级制权威也失去了对全社会的效力，传统意义上以道德立身的知识分子不再拥有凌驾于全社会之上的权威了，任何其他领域的专家包括法律专家当然也不会自动获得这种权威。在一个知识分子失去其独一无二的地位与权威的时代，司法还如何维护其权威？时代的这种变迁也在中国产生了特殊的司法信任危机。

---

　　① 在西方主要是因为出身而赋予阶层划分一般性意义，而在中国古代，这主要是因为教育或科举，两者等级划分的标准是不一样的。卢曼主要探讨了西方社会作为贵族标志的出身问题。参见 Niklas Luhmann, *Theory of Society* (*Volume* 2), transl. by Rbodes Barrett, Stanford University Press, 2013, pp. 56-57.

　　② 参见 Niklas Luhmann, "the Code of the Moral, translated by Jonathan Feldstein", *Cardozo Law Review* 14, 1995, p. 999.

## 一、现代社会法律教育与基础教育和道德教育的分化

如果中国古代教育是基础教育、道德教育与法律教育的综合体，那么现代社会的法律教育则和基础教育与道德教育实现了彻底的分化。现代大部分国家的教育制度都很难将基础教育、道德教育和法律教育完全融合在一起，这是因为现代法律知识的复杂性远远超过了基础教育的承受能力。现代法律知识体系包罗万象，其所涉及的社会纠纷远不仅限于刑事犯罪与"户婚田土"了，而是还涉及大部分人很少接触的证券、金融、保险、反垄断、知识产权等。即便在西方国家，理解与认知庞大的法律体系，对大多数人来说也已经变得不可能，[①] 在法律系统内部，专家之间也变得"术业有专攻"，一位专家也只能做到对某一领域的法律知识熟练掌握。而且更重要的是，法律制度背后的理念与日常生活常识和道德常识也存在一定程度的分化，很难完全恢复古代社会法律与道德，在不同社会领域中意义的通透性。[②] 现代法律制度的运作过程与结果，都远不是传统的道德文化直觉与面对面互动模式所能把握的了。为了应付日益增长的社会复杂性，现代法律制度日益强化以形式化、理性化与抽象化为特征的功能逻辑，但这一定程度导致了对日常生活语境与传统道德文化直觉的疏离。法律制度在一定程度上已经脱离了日常道德常识与日常语言代码，形成了所谓的"法言法语"。法律语言的理解往往需要经过系统、专业的训练。如中国证监会曾对前海人寿公司所做的行政处罚，大多数人已经无法像理解古已有之的杀人罪、盗窃罪、强奸罪那样通过道德直觉去理解证监会的行政处罚的社会意义了：为什么前海人寿公司不能用保险资金去控股实体企业？为什么保险公司应该"姓保"？为什么保险公司应该主要做财务投资？这些问题远远超出日常生活中的常识与直觉。不仅如此，法律不仅仅是一套规范系统，还是一套行动系统，即便对于民法和刑法当中那些并没有脱离人们的道德常识的规范，如买卖、侵权、杀人、盗窃、欺诈等相关法律规范，这些法律规范一旦进入法律过程，和法律程序、法律解释、法律论证、法律实施、法律后果等行动层面的因素结合起来，就有可能立刻让当事人陷入迷雾。例如，江苏昆山反杀案，大多数人对于何为"正当防卫"可能没有多大疑问，但一旦在执法过程中和法律解释、程序、执法者、证据关联起来，人们就可能难以确定该案到底哪个环节出了问题。当我们强调要让群众"懂法"与"知法"时，我们似乎都忘记了这样一些显而易见的基本事实。按照吉登斯的说法，

---

① 参见［德］尼克拉斯·卢曼：《法社会学》，宾凯译，上海世纪出版集团 2013 年版，第303 页。

② 这一点在民国时代的乡村就能够显示出来，如毛泽东在湖南考察农民运动时发现，乡下的农民看不惯"洋学堂"，因为"洋学堂"教的是城市的东西，不符合农民的需要。参见毛泽东：《毛泽东选集》（第 1 卷），人民出版社 1991 年版，第 39~40 页。

现代法律制度变成了一种"脱域机制"与"抽象体系"，①　其在一定程度上脱离了以时空上的"在场"为特征的地域关联与时间关联，成为一种主要服务于陌生人之间社会交往的制度体系，哪怕是家人、邻居等熟人之间矛盾冲突的协调者很大程度都变成了作为陌生人的职业化民警与法官，而在古代社会乡民之间冲突的协调者则是乡村社会兼具熟人角色与权威角色的乡绅或宗族领袖。这一问题其实也体现于我国司法界 21 世纪初关于司法制度的专业化与大众化的讨论中。改革开放以来以专业化与职业化为导向的司法改革在 2008 年之后受到了司法界的一些批评，认为这些改革导致了形式主义、封闭性与神秘性等问题，得不到群众的认同与理解。因此，鉴于对既有专业化司法改革问题的反思，大概从 2008 年后，司法话语与司法实践急速地从专业化与职业化转向了大众化。学界据此认为，司法系统内部的话语与实践发生了从"职业主义"向"平民主义"的转变。②　代法律系统无论是作为规范系统，还是作为行动系统，都有着高度的复杂性与专业性，在一定程度上就不可避免地脱离了日常生活互动与常识。从一般性意义上来说，现代法律系统作为一个特殊的功能系统，并非全知全能，其功能与资源都是有限的，只能按照自己独有的功能选择性地吸收人们生活中的部分信息，解决部分问题，这就有可能与人们的期望存在落差，也就可能导致人们的误解与不理解。与此相应，与现代法律这种抽象系统打交道与具体的个人打交道是极为不同的，就个人交往而言，我们能够基于日常生活中的道德常识期待获得短期或长期，相对来说也比较具体的物质或精神回报，但与法律系统打交道，我们能够得到的可能只是一些抽象的统计数字或者整体性的意识形态承诺。③　因为现代法律系统所赖以建立的专家知识与象征符号体系是一种直觉经验难以验证的"非当面承诺"，④　不再属于我们所熟悉的充满道德温情的日常生活。现代法治体系有两大制度承诺：法条主义与程序正义。对于由此形成的以逻辑上高度严谨的法律条文与形式上严格对称的程序标准为代表的抽象制度符号体系，人们既有的来自日常生活常识与传统道德文化的知识资源就可能不足以应付对于这些抽象制度符号体系的理解了。法条主义认为公正就是依法办事，法律的稳定性价值应高于其他价值，法律在修改之前都应当被遵守，而个人利益应当为此作出一定牺牲，而程序正义认为即便实体性结果难以令人满意，只要程序是正当的，我们都应

---

①　参见［英］安东尼·吉登斯：《现代性的后果》，田禾译，译林出版社 2000 年版，第 18、73 页。

②　参见孙笑侠：《司法职业性与平民性的双重标准——兼论司法改革与司法评估的逻辑起点》，载《浙江社会科学》2019 年第 2 期。

③　参见［英］安东尼·吉登斯：《现代性的后果》，田禾译，译林出版社 2000 年版，第 99～100 页。

④　参见［英］安东尼·吉登斯：《现代性的后果》，田禾译，译林出版社 2000 年版，第 30、72～75 页。

去接受。很显然，这些都是一种高度抽象的制度承诺，如果放在强调情理法融合贯通的传统社会语境中，就可能变得不通情理。特别是程序正义向来被当成多元化社会中不确定的法律决定的正当化依据，但有学者的经验表明，程序正义并不是影响对法律的信任水平的重要指标。[①] 对于很多上访者来说，即便法律程序本身并没有瑕疵，但如果没得到满意的结果他们就仍然会去上访。而在中国的公共法律案件中，如浙江钱某案、杭州胡某案、湖北邓某娇案、山东于某案、汉中张某扣案等，我们也会发现，即便法条与程序都没有问题，但仍然会遭到公众的盲目质疑。

上面的论述意味着大多数人与现代法律系统之间产生了不可避免的信息与知识不对称，我们也很难去透彻理解某些法律过程与结果的合理性了。充满道德与人性关怀的"马锡五审判方式"，可以继续被用于认知成本比较低的道德纠纷，而对于法律领域中的大量非道德性纠纷，甚至较为复杂的道德性纠纷则应通过更形式化、更技术化的方式进行解决。因此，现代法律制度要想主张自己的合理性，并不能以日常生活中通用的口头或书面语言作为自己的意义载体，而必须使用专业的语言。

因此，法律教育必须和基础教育与道德教育进行分化，进行系统的训练，而普法教育在现代社会基本不会有太大功效。虽然我们在大学都会开设法律基础课，但其中能够传授的知识相比于高度专业与复杂的现代法律制度只能算是"皮毛"。根据 2021 年颁布的"八五"普法规划，政法机关都会以各种形式开展的法律咨询活动，这类活动也许对民众了解法律有一定意义，但要让民众能够对现代法治的基本原理有更深入的理解，可能还不够。尽管中国自改革开放以来都有五年一度的普法规划，但这些普法规划存在资源短缺与形式主义的问题。[②] 即便没有形式主义的问题，普法也很难根本改变法律教育的分化问题，因为法律专业知识的欠缺不仅仅存在于知识层面，也存在于意义层面，意义层面的认知局限性是一个历史文化传统问题，远不是短期内通过普法对法律知识的灌输可以解决，而是需要生活与法律经验的长期积累与演变。新闻媒体也有关于法律的种种宣传与报道，如我们在中央电视台上看到的各种普法节目，这些节目大多以引人入胜并带有侦探小说特征的故事来间接地普及法律知识，其能够传达的法律知识范围是极为有限的，因为这些案件大多数是杀人、抢劫、强奸、欺诈、婚姻、财产等不脱离日常道德常识与认知成本比

---

[①] 参见张善根、李峰：《关于社会公众对法律人信任的探析——以对上海市社会公众的法律人信任调查为基础》，载《法商研究》2012 年第 4 期。

[②] 参见马迅：《法治国家进程中的普法模式研究》，载《安徽大学学报(哲学社会科学版)》2023 年第 4 期。

较低的案件或纠纷，不可能去触及那些极为专业的法律问题。① 即便开展普法活动，高度复杂的法律系统和日常生活中的道德常识也有可能会产生冲突，全民知法还不足以导致全民的认同。另外，现代社会也有涉及法律的戏剧与文学，如各种警匪剧、反腐剧、悬疑剧，由于这些内容大多也限于刑事犯罪与道德过错，偏向于认知成本较低的道德主题，失去了和现代法律制度之间的意义通透性，这些戏剧与文学已经无法有效展现现代法律制度的复杂性了。

这种分化产生的一个重要后果就是大多数人不再有机会接受系统的专业法律教育。由于现代社会的复杂性，法律知识也同样有着高度的复杂性，而每个人都无法再仅仅依赖于法律就可以应付现实生活中的所有问题，只能选择多元化的知识体系之一进行学习，那么最终的结果就是大多数人很难充分理解现代法律制度的专业可靠性。人们对法律的认知局限性不仅体现在对法律规范知识的匮乏上，也体现在对法律意义的隔膜上。与这种情形相对应的就是，在现代法律制度中有一个根本性的原则就是"不知法不免其责"，这体现为西方法律制度中一个著名的格言："对法律的无知不是借口"（Ignorance of the law is no excuse）。② 甚至对于执法者来说，对于法律的无知很多时候都是不可避免的。③ 尽管如此，除了警察执法、纳税、严重违背常识的违法等少数可以豁免责任的例外情况，④ 对法律的无知不能构成免责的理由。而在中国的法律实践中，很少见不知法可以免责的案例。之所以如此，不仅仅

---

① 现代新闻传媒能够报道的关于法律的信息范围是非常有限的，大部分涉及法律的新闻报道都是认知成本比较低、比较吸引眼球的暴力与性犯罪案件，参见 C. Danielle Vinson and John S. Ertter, "Entertainment or Education: How Do Media Cover the Courts?" *Press/Politics* 74, 2002, pp. 84-85; Kennth Dowler, "Sex Lies and videotape: The Presentation of Sex Crime in Local Television News", *Journal of Criminal Justice* 34, 2006, pp. 383-392.

② 相关的争议，参见 Paul Matthews, "Ignorance of Law is no Excuse?" *Legal Studies* 3, 1983, pp. 174-192; Rollin M. Perkins, "Ignorance or Mistake of Law Revisited", *Utah Law Review* 1980, 1980, pp. 473-492.

③ 关于警察对于法律的无知及其法律责任承当的案例与分析，参见 John W. Witehead, "Is Ignorance of the Law an Excuse for the Police to Violate the fourth Amendment?" *New York University Journal of Law & Liberty* 9, 2015, pp. 108-118.

④ 除了前面的注释提到警察执法作为例外情况外，其他一些例外情况，如关于公民刑事犯罪的例外情况，参见 Bruce R. Grace, "When Ignorance of Law Become an Excuse: Lambert & Its Progeny", *American Journal of Criminal Law* 19, 1991-1992, pp. 279-293; Bruce R. Grace, "Ignorance of Law as an Excuse", *Columbia Law Review* 86, 1986, pp. 1392-1416; 关于公民纳税的例外，参见 Jon Strauss, "Nonpayment of Taxes: When Ignorance of the Law is an Excuse", *Akron Law Review* 25, 1992, pp. 611-633; Mark D. Yochum, "Ignorance of the Law is an Excuse for Tax Crimes—A Fashion that Does not Wear Well", *Duquesne Law Review* 31, 1993, pp. 249-276; 来自澳大利亚的一种例外情况，参见 Kenneth J. Arenson, "Ignorance of the Law as a Defense to Rape: The Destruction of a Maxim", *The journal of Criminal Law* 76, 2012, pp. 336-447.

是要避免违法者以此为借口逃避法律责任，更主要是因为法律系统的复杂性已经不可能获得大多数公民的认知与理解了。但为了保障安全，即使违法者不知法，也要承担法律责任。很明显，从理性与正义的角度来看，当我们参照某种规则惩罚一个人时，至少应事先使其知道该规则，否则惩罚就是专断的。正如富勒在其程序自然法学说当中所归纳出的作为法律内在属性之一的公布性要求，公布的目的无非是让公民知法，但现代法律系统的复杂性使得法律即使被公布，很多人因为未曾受过法律教育，也可能很难理解某些法律制度与法律条文，政府也不可能开设培训班来教导每一个与该法律相关的人。因此，现代法律制度只能不考虑公民是否知法，不知法也不免其责。

大多数法理学理论认为，公民可以建立对于法律的理性认知。但这种看法并没有深入考虑到现代社会的专业化法律知识体系与法律运作的复杂性。法律论证可以被视为获得公民理性认知的一种努力，这实际上假定了这些法律运作能够获得外行公众的理解与认同。而由于现代法律制度在知识与意义上的高度复杂性与专业性，这些机制是否能够得到外行的充分理解与认同是非常存疑的。在法律论证中，无论是基于规则与逻辑的内部论证，还是基于日常生活中的道德修辞或整体性的公共利益与政治共识的外部论证，实际上都只是法律系统内部的操作，有时并不能说服那些未受过法律教育的当事人。内部论证自不待言，而就外部论证而言，基于外在实践标准的法律论证与真正意义上的外在实践论证在说服力上则存在着类似于布迪厄所谓的理论逻辑与实践逻辑之间的不同。[①] 作为法律实践依据的实践标准实际上只是对实践标准的再建构，这种建构一旦发生，实践标准就会变质，就不再是日常生活实践中的实践依据了。例如，日常生活中的道德修辞说服的功效取决于熟人社会的语境，周围人围观的可能性，说服者的社会地位、年龄、阅历、表情与情绪，等等，但这些在法律论证中都被抽离，因此，经过法官援引的道德已经不是真正意义上的道德了，正如在法律调解中，作为陌生人的法官的道德说教效果肯定会打折扣，肯定远不及中国古代乡村社会作为熟人而又知书达理的乡绅。同样道理，即便这种道德变成了所谓亿万国民都应遵守的"公共利益"，一旦进入法律论证，都会"变味"，在由大众媒体支撑起来的公共领域中，公共利益的说服力并不仅仅来自公共利益本身，而且还是因为公共讨论所产生的"群体极化"效果与从众压力。[②] 但在法庭上，这些都不存在，因此，法庭上的"公共利益"不同于公众舆论的构造。

---

① 参见[法]皮埃尔·布迪厄：《实践感》，蒋梓骅译，译林出版社 2012 年版，第 114~140 页。

② 参见 Myers, D. G & H. Lamm, "The Polarizing Effect of Group Discussion", *American Scientist* 63, 1975, pp. 297-303；[美]卡斯·R. 孙斯坦：《信息乌托邦：众人如何生产信息》，毕竞悦译，法律出版社 2008 年版，第 99~104 页。

因此，法律论证不仅会使用高度专业化的法律语言，而法律论证对各种外在实践标准的引用，都只是一种变质的重构。当然，这并不是说法律论证对于树立司法权威并不重要，按照卢曼的观点，法律论证是法律系统是使自己确信、使自己说服自己的方式，① 因为对法律的批判和反思不仅仅来自外行，而且还可能来自内行，正如科学家不会因为外行的信任就会胡说八道，而必须接受内行标准的检验。法律系统通过说服法律共同体，使得法律共同体能够以内在的自我确信来抵抗外在的质疑。② 有了这种自信，法律人在法律工作中才能让民众也形成法律是正义的、确定的、不容置疑的认识。总之，法律论证是一种其意义难以为外行所理解的内部操作，其早已失去了中国古代社会法律论证与道德论证之间的意义连贯性。

## 二、现代社会权威的平面化

如前文所述，由于教育资源的稀缺以及晋升至较高社会阶层的竞争非常激烈，基于"物以稀为贵"的社会心理，读书人与其他社会阶层的区分成为彰显中国古代社会等级高低的一种根本性的象征符号，少数的读书人就是受大多数人尊敬的有教养的"上等人"。在权威评价标准比较单一、社会各个领域中的意义相互贯通的古代社会，我们能通过"士农工商"的阶层结构为读书人树立针对全社会的权威，读书人掌握着财富、真理与权力，能够成为其他社会阶层学习与服从的标杆，因此能够获得巨大的社会信任。但由于现代中国社会的价值体系与规范体系开始变得多元化，与此相应，对于权威的评价标准也开始变得多元化。过去以道德学问立身的儒家知识分子变成了一种专业的特殊群体，传统的伦理道德也退缩成全社会的一部分，不再作为全社会的规范整合机制。与此相应，传统意义上的知识分子也失去了对于全社会的权威。李敖敏锐地观察到，胡适和殷海光赶上了知识分子被尊敬的最后一个时代。③ 过了这个时代，知识分子基本失去了古人所说的"为天地立心，为生民立命，为往圣继绝学，为万世开太平"这种大而全的社会抱负与社会权威了。人们对于人与权威的评价体系开始变得多元化，法律领域的成功者如通过司法考试者、被任命为法官者，对于全社会失去了整体性的权威，人们对于他们不再有民国时代的知识分子还能感受到的尊敬。

当代中国的法律人群体已经不可能以受过法律教育/未受过法律教育这种区分来树立自己的全社会权威。受过法律教育与未受过法律教育之间的区分失去了等级

---

① 参见 Niklas Luhmann, "Legal Argumentation: An Analysis of its Form", *The Modern Law Review* 58, 1995, p. 286.

② 参见[德]尼克拉斯·卢曼：《信任》，瞿铁鹏、李强译，上海世纪出版集团 2005 年版，第 104~107 页。

③ 参见李敖：《李敖大全集 3：李敖快意恩仇录》，中国友谊出版公司 2011 年版，第 137 页。

上的内涵。当然，受过法律教育的人数相比于整个社会的人口仍然属于极少数，但这"物以稀为贵"的极少数却树立不起对于整个社会的权威。原因不难理解，现代社会变成卢曼所谓的"功能分化式社会"（functionally differentiated society），不同功能系统有着各自的界限、无法相互替代的社会功能、运作规则与沟通代码以及自我参照的意义指向。① 在道德之外，法律系统、货币经济系统、政治系统的运作规范开始独立于道德，特别是法律的规范意义在多数人的道德直觉中开始变得陌生化，货币经济系统开始漠视基本的道德需求，而政治权力的生产在某种意义上也实现了对于道德与宗教的自主性。不同功能系统的社会意义之间失去了通透性与连贯性，相互之间变成了一种"去中心化"的并列关系，不再有某一特殊阶层能够主宰全社会。法律权威不再是全社会的权威，而变成了某个功能领域的权威，这种权威和其他功能领域的权威具有同等的地位。古代社会司法官作为较高社会阶层的指标，如受教育程度、社会地位、财富、道德素质等，不再为现代法官所专享，而各行各业的精英分子与高等阶层都可能具备这些指标。各行各业都有自己的等级权威，但这种等级权威不再对社会其他领域有效，法官也就失去了中国古代社会读书人以"士农工商"为等级安排的全社会性权威。即便法官是经过高难度的司法考试以及千里挑一的选拔，也不足以树立全社会的权威，因为其他很多领域也都是如此，如注册会计师、注册建筑师、主任医师、大学教授、高级工程师等。我们可以将这种现状界定为社会权威的"平面化"，与之前的"分层式社会"的等级制权威相映成趣。在国外，我们也能够看到这种等级制权威的平面化趋势，如英国的出庭律师必须经过带有贵族制色彩并采取师徒制的四大律师学院学习，法律职业相比于其他职业有着特殊的优越感，直到 20 世纪五六十年代，英国学生都不愿意到大学法学院去学习法律，因为据说将法律与其他专业在大学里并列会使学生产生"自卑感"。② 当然，法律系统内部的不同级别法官的权威性还是存在等级化差异的，但这种差异失去了普遍性的意义与说服力。因为大多数公民和法官一样都受过大学教育，有自己独特的高深学问，也有着不逊色于法官的收入与财富。因此，法官作出的判决并不必然得到其他领域专家的认同，我们也很难保证法官在那些受过高等教育的公民中还有绝对的权威。

在当代中国，司法权威也不再具有全社会层面的整体有效性。我们在中国社会舆论中就能够看到，那些在法律界极有威望的法学家只要和社会舆论的意见不一致，就很容易遭到民众的口诛笔伐与粗口谩骂。当然，不仅法律领域，其他领域的高级知识分子也就是专家，在社会舆论中都常常被戏称为"砖家"。尽管今天很多

---

① 参见 Niklas Luhmann, *Theory of Society* (*Volume* 2), trans. by Rbodes Barrett, Stanford University Press, 2013, pp. 87-108.

② 参见 M. P. Furmston, "Ignorance of law", *Legal Studies* 1, 1981, pp. 50-51.

法律人对中国民众的无知痛心疾首，但各种谴责已经无法产生过去才有的权威压力，社会功能的分化以及社会权威的"平面化"使得法律专家不再具备教化全社会的权威。今天法学界仍然有一些知识分子在追求这种全社会性的权威，① 很显然，这种传统儒生"家国天下"的宏大抱负在高度功能分化的当代中国社会已经不切实际了。各种专家在社会舆论中遭到的奚落与嘲笑，让我们很容易看到，即便法律专家视法治为国家长治久安的根本大计，视司法与程序为人民权利与安全的根本保障，但其背后的知识逻辑并不必然就会被普通民众所接受。尽管当代中国社会大多数人都未曾受过专业法律训练，对法律了解不多，但这种环境并没有衬托出司法的权威来，恰恰相反，如今司法反而失去了其整体性权威。

## 第三节　现代社会司法权威的信任建构

通过以上对比与分析，我们很容易看到，与文盲社会相比，现代社会的司法权威存在两个方面的困境：第一，大多数人对于现代法律制度存在严重的认知局限性，特别体现在对于现代法律制度的意义的隔膜上与古代社会法律与道德在意义上的通透性不同，现代法律系统的功能分化与专业化使得对司法权威的信任建构遭遇了认知上的严重阻碍，民众据以判断现代司法制度专业可靠性的知识资源出现了欠缺。第二，由于法律的功能分化，现代司法权威失去了对全社会的有效性。本质上，这也是因为古今司法制度的信任模式发生了重大转变，法官群体不再享有古代读书人作为高等级阶层所享有的政治、地位、道德、文化、教育等多层面的整体优点，这些优点不再构成现代法官独享的社会特征，那么民众在判断司法是否具有纠纷解决的最高权威上就失去了认知上的依托。那么在今天的中国我们还能不能解决这两方面的问题呢？对此，可以从信任的角度加以阐述。

### 一、司法信任的意义建构：以道德来弥补法律制度前台与后台的认知鸿沟

要能够使得民众建立对司法权威的信任，必须使得民众形成对司法权威某种程度的认知与判断。但由于现代法律系统的功能分化，法律规范与法律运作对传统的道德文化直觉存在一定的意义隔阂，虽然也有各种普法教育以及法律人对于当事人的解释与说明，但无论如何，那些未曾受过专业法律教育的人都很难达到法律专家对于法律的认知水平。因此，我们只能通过间接的认知渠道来建立对司法权威的信任，而信任是基于有限信息对系统内在可靠性的潜在性推断，那么我们也就可以引入某些认知成本较低的信息来为人们认知与判断司法权威的专业可靠性提供依据。

---

① 参见许章润：《汉语法学论纲》，广西师范大学出版社 2014 年版，第 15~17 页。

但我们不能因为法律系统对于道德直觉与社会常识的疏离与隔膜，而试图阻止法律系统和社会其他领域的功能分化。因为功能分化是法律系统应付社会复杂性增长的结果，是来自社会整体的功能压力。即使外行不喜欢法律专家的"高深莫测"与"装腔作势"，但对于法律专家来说，他也无法以令人亲切的"马锡五审判方式"来满足公众对于法律的直觉期待，因为马锡五审判方式的高成本会给司法系统带来无法承受的负担。因此，即使外行对法律的专业化很难完全理解，法律系统也不得不如此。正如医生不会因为病人听不懂他们在说什么，就可以放弃那些高度专业的医学词汇。法律系统的专业化以及由此带来的封闭性既然不可避免，那么人们与法律之间在专业上的意义沟通有时就变得很困难，我们就得通过一种易于理解的方式来传达法律系统的专业可靠性。其实现代社会很多专业系统为了谋取与外行的合作，都会以一种认知成本较低的方式来展现自己的专业可靠性。如飞机的安全性不可能通过专业的统计数字让乘客信服，空中小姐淡定的微笑往往更能让乘客放心。对于医生来说道理也非常类似，医生不被患者误解，大多数情况也不是因为医生的专业判断能够被患者认为是正确的，而是因为医生有一种耐心、礼貌、关心、符合道德直觉的服务态度。① 同样道理，要想让专业化的法律系统能够被外行所接受，认知成本比较低的表达与形象塑造是必不可少的，由此才能实现法律与外行之间的意义沟通。

正由于很多人对法律的认知非常有限，现代法律制度就很自然地形成了戈夫曼所谓的"前台"与"后台"的区分，② 由于空间与信息的限制，任何互动都存在前台与后台的区分，前台是一些认知成本较低因此易于理解的信息，而后台是不可见或虽可见但不可理解因此认知成本比较高的信息。现代法律制度如果放在传统道德文化语境中，同样会有前、后台之分，前台是带有一定道德内涵并能够通过常识与直觉去理解的信息，而后台是那些难以理解或难以观察的内部操作。不过不同于人际互动的是，法律系统前台与后台的区分基本上不需要任何对后台的有意掩饰与封闭，因为外行民众与法律系统之间高度的信息与知识不对称会自然地形成这种前后台的阻隔，这也为法律系统提供了一种以可认知的方式来掩饰或美化法律系统不可认知的内部运作的可能性。而司法权威的树立主要不是取决于法律制度的内部操作是否合理，而是那些前台的信息是否能够被认同与接受。前台与后台之间构成了吉登斯所谓的"抽象体系的入口"，在入口处是专业系统连接非专业人士的"当面的承诺"，如法官庄重的审慎、医生严肃的职业道德以及空中小姐固有的笑容，由此来

---

① 参见伍德志：《论医患纠纷中的法律与信任》，载《法学家》2013 年第 5 期。

② 参见[美]欧文·戈夫曼：《日常生活中的自我呈现》，冯钢译，北京大学出版社 2008 年版，第 19~25、97~118 页；另请参见吉登斯对戈夫曼相关理论的引用，参见[英]安东尼·吉登斯：《现代性的后果》，田禾译，译林出版社 2000 年版，第 75 页。

传达后台高度专业化、难以理解的"非当面承诺"。① "当面的承诺"以面对面互动为基本形式，通过常识与直觉就能够理解，如法官庄重与严肃的表情，能够直观地表明其异于日常生活互动、带有戏剧化色彩的审判是非常认真的，是能够代表公道的。专业系统除了要提升自己的专业可靠性外，也应当通过"当面的承诺"对"不当面的承诺"进行转化，使得不可理解的专业问题变得可以理解，尽管这种转化可能是肤浅的。法律系统再复杂、抽象，都必须落实为前台这些可见或可理解的人、物、行为或其他符号，这些符号能够将原本艰深的后台运作在直觉上生动地表达出来。按照戈夫曼的说法，对前台信息的有选择展示就是所谓的"印象管理艺术"。② 印象管理大量存在于人际关系当中，例如求职者在面试前会穿上西装、打上领带、梳好头发，这些印象管理的目的在于传达某些不可传达的信息，如求职者的实际工作能力、道德素质与工作经验，着装上的第一印象往往就成为面试官推断求职者不可观察的能力与素质的潜在依据。由于第一印象具有高度象征意义，甚至求职者外在表现上一个微不足道的失误都有可能导致致命的否定，因为对于面试官来说，信息匮乏也同样存在，他们也无法直观地观察到某个求职者的实际能力与素质，只能根据这些粗浅的外在信息去观察此人的内在可靠性。法律系统同样也有其印象管理，其必须合理组织前台中能够被多数民众的常识与直觉所能够认知与体验的人、物、行为或其他带有象征意义的符号，否则外在符号上的微小瑕疵都可能导致整体性的法律信任危机。法学学者似乎常常忘了这一点，因为他们常常以自己引以为傲的专业权威替代常识与直觉上的判断，而忽视了现实世界中大多数人能够共享的知识仍是某种来自悠久传统与生活经验的常识与直觉，这非常类似于胡塞尔所批判的：现代科学概念替代了对"通过知觉实际被给予的、被经验到且实际能被经验到的"且"直接直观的"日常生活世界的"活生生体验"。③ 法律系统的印象管理有一个与人际互动非常类似的问题：这些人、物、行为或其他符号往往并不能准确地传达法律系统后台的信息，正如面试官根据面试者面试时的粗浅印象而决定是否录用而完全可能"看走眼"一样。

在法律制度的前台信息与当面承诺中，道德信息可以说是最为重要的一种。道德来源于直觉，与悠久传统与日常生活密切相关，在认知上能够达到不假思索的地步，按照休谟的观点，道德是感觉出来的，而不是判断出来的。④ 而且道德可以和

① 参见[英]安东尼·吉登斯：《现代性的后果》，田禾译，译林出版社2000年版，第73~77页。

② 参见[美]欧文·戈夫曼：《日常生活中的自我呈现》，冯钢译，北京大学出版社2008年版，第179~194页。

③ 参见[德]埃德蒙德·胡塞尔：《欧洲科学危机与超验现象学》，张庆熊译，上海译文出版社1988年版，第58~59页。

④ 参见[英]休谟：《人性论》(下)，关文运译，商务印书馆1996年版，第498、510页。

现代国家中已经普及的基础教育融合在一起。我们可能没有学习过法律，但我们不可能没有学习过道德，因为这是父母与老师从小就不断教导的东西，也是我们日常生活中与人相处最早使用的知识。道德构成了胡塞尔所谓的"生活世界"的主要背景知识，而"生活世界"有着绝对的明确性、总体化的力量以及背景知识的整体性。① 道德知识因此在现代社会有一种整体性的力量。尽管现代社会已经高度的分化，道德也退缩为一个特殊的社会领域，但由于道德作为多数人共有的自明和整体的背景知识产生了一种其他知识所没有的整体化效果，道德作为得到预先认可的潜在的先验前提，以及作为显而易见的直觉与常识，具有解释一切专业问题的趋向。因此，道德在现代社会提供了这样一种可能：对无知进行沟通。② 道德是一种克服无知的方式，是无知的替代品。道德以规范代替事实，往往就成为无法说清楚的专业问题的替代品。当人们缺乏充分信息与知识时，就会进行道德判断。这一点在公共领域中往往非常明显，公共领域的参与者很可能是信息与知识的匮乏者，不论是专业人士，还是非专业人士，他们所谈论的主题大多超出他们的信息与知识范围之外。道德话语成为公共领域参与者克服无知的主要替代品。道德的跨界评价会延伸至其他社会领域，如在科学领域，人们常常根据道德标准来评价一个科学家，一旦有科学家被发现存在道德瑕疵，就很容易遭到外行全盘的否定。如著名华人科学家杨振宁的婚姻问题、晚年更改国籍的问题往往成为公共舆论激烈争议的焦点，相反，没有几个人能够说得清楚他的物理学成就。而在政治领域，如在西方国家的选举当中，政客性格的展示，如勇敢、怯懦、诚实与狡诈，往往比政策的优劣更重要，因为这些道德符号特征相比于根本性的政治问题能够以人们更为感兴趣的方式被传达。③ 最具争议性的议题往往不是政策的内在优劣，而是个人的道德瑕疵。即使候选人有着很好的政策，但是由于其个人道德上的瑕疵而难以获得选民青睐。④ 道德话语以其自以为是的显而易见与较低的认知成本规避了判断专业合理性的困难。

---

① 参见哈贝马斯对胡塞尔的"生活世界"概念进一步阐发，参见[德]尤尔根·哈贝马斯：《后形而上学思想》，曹卫东、付德根译，译林出版社2012年版，第79~80页。

② 参见[德]尼克拉斯·鲁曼：《对现代的观察》，鲁贵显译，左岸文化2005年版，第180页。

③ 参见[英]泽格蒙特·鲍曼：《自由》，杨光、蒋焕新译，吉林人民出版社2005年版，第103~104页；也请参见[美]理查德·A.波斯纳：《超越法律》，苏力译，中国政法大学出版社2001年版，第576页。

④ 参见 Geoffrey Brennan, "Democratic Trust: a Relational Choice Theory View", in Valerie Braithewaite and Margaret Levi, eds., *Trust and Governance*, Russell Sage Foundation, 1998, pp.212-214.

在法律领域，当普通公众面对法律这样一种专业、复杂的系统的时候，也可能存在着种种信息匮乏与无知，高度复杂的法律规范体系大大超出了非专业人士的掌握能力，某些法律运作过程对于公众来说可能是不可理解的，程序正义也无法覆盖到法律运作过程的每一个角落，未来才能实现的实质正义超出了形式正义在当下的保证能力。尽管如此，人们在现实生活当中又不可避免地要和法律打交道，为了处理这种信息匮乏与无知，人们就会诉诸道德。因此，法律系统需要"再道德化"，使其变得为大多数人所熟悉。但"再道德化"不是要恢复传统社会法律与道德之间在实质性意义上的一体化，而是在不改变法律的专业内核的情况，进行道德化的外在包装，道德外表与专业内核就构成了"前台"与"后台"或"当面承诺"与"非当面承诺"之间的区别。尽管古今道德的规范要求与作用范围存在不同，但道德的直觉性与常识性特征并未发生变化，仍然可以作为人们判断法律系统的专业可靠性的媒介知识。这之所以可能，我们也许要归因于社会心理学中的"基于图式的自动化思维"，① 我们会不自觉地根据我们既有的认知模式来判断我们也许不是很了解的新现象，但这种认知模式也可能显得比较肤浅。关于法律的外在道德包装，我们可以归纳如下。

首先，对司法公正进行道德化的形象塑造。人们更容易从道德角度而不是法律角度来评价一个法官。人们能更容易判断法官是否接受贿赂、是否接受吃喝宴请、是否出入高档娱乐场所、是否具有婚外情、是否喜欢赌博，而不是法官是否具备基本法律知识素养、判决过程是否深思熟虑、判决结果是否符合法律条文或实质正义。法官无论是在公务活动还是在私人生活中都应当具有正直、认真、专心、诚信、廉洁、和睦、友善、敬老、爱幼、同情弱者等为日常生活或传统道德文化所熟悉的道德性品质。正如前文所提到的"理性的非理性"或"理性的无知"，由于很多人缺乏法律专业知识，人们会退而求其次，用道德判断代替专业判断，基于私生活中可以理解的道德，问题来判断司法决定的专业可靠性。对于外行来说，道德是司法权威的一个根本性判断标准，而且道德对于个人来说是人格性问题，人格关涉到人的整体性，对于个人的道德判断也是整体性的，一个人如果道德上值得尊重或被藐视，那么他的所有行为都会被尊重或藐视。② 一名法官如果道德上不受尊重，那么他的所有行为都不值得尊重，包括他作出的判决。为了提高司法权威，法官不仅要具备法律性的职业素养，也要具备非法律性的道德品质。世界各国的法官行为规

---

① 参见［美］Elliot Aronson, Timothy D. Wilson, Robin M. Akert：《社会心理学》，侯玉波等译，中国轻工业出版社 2007 年版，第 49 页。

② 参见 Georg Kneer、Armin Nassehi：《卢曼社会系统理论导引》，鲁贵显译，巨流图书公司 1998 年版，第 240~241 页。

范中，大多包含了司法工作之外的行为规范，① 这些规范实质就是要限制法官在职业工作范围之外的行为，其原因就在于普通公众往往能从道德角度以更低的信息成本去评价法官。司法权威与司法公信力的缺失，更大的原因往往不在于法官法律素质的不足，而是道德素质的不足。腐败是一个坏的道德品质，会使人们整体性地否认司法的公正性。我国所发生的一些涉及法官私生活作风的公信力丧失事件，之所以引起社会的愤怒，很大程度上就是因为这些事件进入了大多数人喜闻乐见的道德领域，哪怕法官的私生活污点和判决的公正没有必然联系，但道德判断的整体性，也足以导致公众对其专业可靠性的全盘否定。公众更容易根据各种充满生活情趣的丑闻与八卦，来断定一个人是否值得尊敬与信任。大多数人正是根据通俗易懂的道德符号来潜在地推断司法的内在可靠性，法官在认知成本较低的道德领域的完美无缺与一丝不苟，也使得多数人假定其在法律领域会具有同样的品质，正如医院护士干净的白大褂也能够成为我们判断不可直观的卫生的重要指标一样。

其次，在与法律外行的面对面互动中善于利用道德沟通技巧。尽管现代法律制度非常专业、抽象，其所提供的制度承诺早已经超越了面对面互动的层次，成为一种跨时空的制度保障。但法律制度也是由一个个活生生的人在操作的。法官也是活生生的人，他们在法律程序的间隙之内或间隙之外，也会有和当事人的各种面对面互动和交流。尽管法官不应当在互动和交流过程中放弃自己的专业操守，但在专业操守之外，仍然有机会展示一种道德性的态度。前台的道德信息不仅仅限于法官的道德形象，还可能包括法官在法庭上与私底下的其他一切行为与态度，如与人相处是否礼貌、是否易怒、做事是否果断、着装是否得体、与律师和当事人是否保持距离等。在这方面，泰勒等学者所倡导带有心理学色彩的主观程序正义则有着重要的参照意义。主观程序正义是相对于客观程序正义而言的。客观程序正义主要见于诉讼法和程序法当中，并体现为法律实践中一系列非人格化的客观操作。客观程序正义太过于抽象与冷漠，虽然客观程序主义也非常重视保障当事人的表达权与参与权，但这些权利相比于日常生活中的道德常识还是太过于粗糙，还不足以回应人们在实际生活中那些极为细腻敏感的喜怒哀乐。与客观程序正义不同，主观程序正义偏重于当事人对于法律决定者与法律决定过程的主观直觉，这种直觉很大程度上是一种道德判断。如执法者是否对我和他人一视同仁，是否觉得执法者努力实现公正，是否诚实，是否礼貌，是否关心我的权利，是否尊敬我，是否让我有表达自己

---

① 例如，中国与美国的法官行为规范都规定了法官在司法外的活动应不影响其廉洁的形象。相关职业道德规范既可参见中国的规定，如最高人民法院发布的《中华人民共和国法官职业道德基本准则》中规定，法官不得参与可能导致公众对其廉洁形象产生不信任感的商业活动或者其他经济活动；也可参见美国的规定，美国的《合众国法官行为法典》规定，法官在工作之外从事的活动不得招致对法官作为法官公正行事能力的合理怀疑。参见 Code of Conduct for United States Judges, *Guide to Judiciary Policy* 2A, pp. 1-19.

观点的机会，等等。这种主观性的程序正义比社会层面上的分配正义和个体层面上的结果有利性，对于人们信任与接受政府的决定都有着大得多的影响力。它甚至能够使得人们即使在结果是不利的情况下，也愿意接受法官与执法者的决定。① 而客观程序正义作为一种高度抽象从而严重脱离传统道德文化直觉的法律操作，实际上很多情况下也无法使当事人都能获得所期待的满意结果，那么主观程序正义中认知成本较低的道德态度就尤其重要。主观程序正义实际上就是一种基于道德的沟通，这种沟通不需要掌握专业的知识，因为其来自人们的道德直觉和生活常识。虽然大多数人无法从专业角度判断法官的决定是否一定符合某种客观的实体正义，也不能确定法官的决定是否一定有利于自己，但他们却能够根据自己的道德直觉判断这个法官是否关心我的悲伤、是否耐心回答了我的问题、是否彬彬有礼、是否允许我说出我的不满等。这些日常生活中的人际沟通技巧同样也会被缺乏法律专业知识的我们用于和法官的沟通当中，因为外行人能够凭借的知识只能是日常生活中的道德常识。主观程序正义提供了一种法官既能做到而且也能够为当事人和公众理解的意义沟通方式，有利于克服现代社会的人们对法律的意义隔膜。这要求司法工作者，不论是法官，还是法官之外的可能和当事人或公众有着面对面接触的书记员、窗口办事人员，除了学习专业的法律知识外，还必须通过系统培训掌握必要的人际沟通技巧，从而为冷冰冰的客观程序正义赋予更多温情脉脉的道德色彩。

最后，对道德主题案件进行重点关注与处理。带有道德色彩的案件如何处理对于判断司法权威的可靠性具有指标性意义。大多数人也更关注道德性的案件，如涉及暴力、死刑、性侵害、诈骗、婚姻、家庭、财产等案件，这些案件是传统司法审判中就有的道德主题，因此能够成为法律制度的前台信息，认知成本较低，也更容易引起公众的关注。各种刑事冤案，如呼某案、聂某斌案、赵某海案、佘某林案等，如果得不到及时纠正，枉法裁判者得不到严厉处罚，其对于司法权威与司法公信力的伤害往往是整体性的，公众虽然难以判断司法在知识产权、垄断、不正当竞争等专业性案件中的判决是否合理，但却非常容易以贪赃枉法、草菅人命等传统法律文化中既有的道德修辞来谴责这些刑事案件中的冤屈，也能够以"屈打成招"这个自古以来司法审判中的顽疾来诊断这些冤案的问题所在。因此，涉及道德主题的案件对于判断司法权威的整体合理性具有根本性的指标性价值。要让人们建立对司

---

① 参见 Tom R. Tyler and Yuen J. Huo, *Trust in the Law*, Russell Sage Foundation, 2002, pp. 76-96；[美]汤姆·R. 泰勒：《人们为什么遵守法律》，黄永译，中国法制出版社 2015 年版，第 201~276 页；Tom R. Tyler, "Public Trust and Confidence in Legal Authorities: What Do Majority and Minority Group Members Want From the Law and Legal Institutions?", *Behavioral Sciences and the Law* 19, 2001, pp. 215-235. 也可参见国内学者的一些研究，如苏新建：《主观程序正义对司法的意义》，载《政法论坛》2014 年第 4 期；苏新建：《程序正义对司法信任的影响——基于主观程序正义的实证研究》，载《环球法律评论》2014 年第 5 期。

法权威的信心，涉及道德主题的案件是否符合人们的道德直觉具有决定性的意义。这要求我们在处理刑事案件时，必须建立符合道德直觉的公正制度，如对于当事人程序权利与辩护权的严格保护，严禁刑讯逼供，公开案件所有信息，建立及时、有效的冤案纠错机制，以及对于冤案制造者的严厉惩罚，等等。如果没有刑事案件中的公正，那么也就很难让人们相信司法权威的整体公正性与可靠性。

## 二、司法信任的全社会有效性：多元优点的一体化

由于法律系统的功能运作指向全社会，也即法律能够令人信服地解决政治、经济、道德等各类纠纷，这要求现代法律制度前台的印象管理还必须具有全社会的指向，也即前台印象的意义必须能够为大多数人所理解。在西方的文化语境中，宗教长期以来具有一种超越不同社会阶层的整体性的意义，① 这同样也赋予了司法。在基督教语境中，世俗审判被认为是"对上帝审判的复制"，因此法官是一种普世的"上帝-法官"的形象，独立于以及高于政治权力和人民，而且还可以审判世俗的君主。② 西方的司法权威因此对于全社会有一种整体性的效力。西方社会世俗审判与上帝审判之间的这种文化关联，从全球的视野来看，至今仍然是独一无二的。尽管宗教已经分化为一个独立的子系统，但由此延伸出来的法律制度、概念与价值仍然得以保存，西方法律科学也因此变成了一种世俗的神学。③ 由于西方强大宗教传统赋予了其司法一种普世意义，我们可以认为西方司法权威是"分层式社会"的一种残余。直到在今天的西方社会，中国人仍然能够感受到各行各业对司法有一种在我们看来不可思议的崇敬。与这种崇敬相应，西方社会形成了对于法官极为严格的选拔制度、非常高的薪资待遇、独享的司法审查权以及处罚藐视法庭的制度化权力，这些制度从世俗的角度强化了司法对于全社会的权威。

在中国的社会语境之下，尽管我们也有尊重士大夫的传统，但进入现代社会后，这种传统却无法在现代法官身上保存下来。前文也提到，古代司法官的权威是一种全社会性的权威，作为士大夫的司法官集道德品质、地位、财富、权力、学问等优点于一体，但这些优点并不是超验的，而是世俗化的品质，其和司法之间的文化关联也不是唯一的。因此，进入"功能分化"的现代社会后，过去的司法官在道德品质、地位、财富、权力与学问上的集合性优点也不再为法官所专享。尽管如

① Georg Kneer、Armin Nassehi：《卢曼社会系统理论导引》，鲁贵显译，台北，巨流图书公司 1998 年版，第 164~166 页；另请参见[德]尼克拉斯·卢曼：《宗教教义与社会演化》，李锋、李秋零译，中国人民大学出版社 2003 年版，第 66~67 页。

② 参见[法]罗伯特·雅各布：《上天·审判：中国与欧洲司法观念历史的初步比较》，李滨译，上海交通大学出版社 2013 年版，第 13、49、65、77 页。

③ 参见[美]哈罗德·J. 伯尔曼：《法律与革命：西方法律传统的形成》，高鸿钧等译，法律出版社 2008 年版，第 161~162 页。

此，这并不意味着古代社会对全社会性司法权威的建构方式已经过时了。由于我们并没有类似于西方的普世宗教传统赋予司法唯一的超验内涵，我们只能依赖于来自悠久传统或日常生活语境中的世俗化常识，来建立有着全社会效力的司法权威。虽然其他社会领域知识都局限于专业圈子，并和常识性评价标准分化开来，但由于常识来自直觉性、自明的"生活世界"，权威的上述常识性评价标准对于多数人来说仍然是最为通俗、最容易认知与理解的。因此，司法系统要树立对于全社会的权威，必须依据我们既有的常识为司法权威确立最高的社会"等级"，这需要我们强化法官相对于其他群体在上述世俗化优点上的优势，这些优点基本能够照顾到社会不同领域对于权威的评价标准。在这方面，与中国有着类似法文化传统的日本可以说是一种典型情况，日本和中国都有类似的考试信仰。日本通过率极低的司法考试，极为严格的司法研修与法官选拔、较高的报酬、极为优秀的学识与教养，打造了一个相对独立、廉洁、有能力的职业法律家阶层，使得法官在日本职业威信评价中名列前茅。[①] 由于缺乏宗教所赋予的整体性意义，中国很大程度上必须依赖于来自传统文化同时也是比较世俗化的权威评价标准，这些世俗化的评价标准更容易成为人们认知与判断司法制度可靠性的依据。如果我们想建立法官对全社会的权威，在整个社会树立公信力，我们也不得不将这些优点集合在法官身上，由此将法官打造成一种能够得到社会认同的精英化群体。这种权威相比于置身于单一评价体系的古代司法权威肯定会有所弱化，因为现今的法官已经不可能完全垄断所有的权力、知识、财富与品质了。

对于今天中国的法官而言，关于上述优点的集合，我们可以总结如下：第一，应确保法官判决执行的有效性。在制度上应赋予法官较为优势的权力，特别是能够保证行政机关能够遵守司法判决的优势权力。在中国这样一个深受官本位传统影响的国家，如果判决能够得到政府的遵守与履行，那么必然有利于公众的信服。因此，在涉及政府行为的案件，要能够确保判决得到严格执行。尽管司法的功能绝不仅仅限于审判涉及行政机关的案件，但这一信号就足以使很多人相信法官在其他案件中的权力也足够有效。第二，通过象征化的方式来树立法官的尊崇地位。如果政府官员都能够尊敬法官，必然能够带动全社会尊敬法官。第三，通过制度保障法官的道德品质优于其他社会群体。过去读书人的道德品质体现在"知书达礼"上，但今天由于社会的复杂化，如果司法想要获得凌驾于其他领域的权威，其道德品质必须全面地超越政府公务人员或其他群体，这需要对法官公私生活制定极为严格而又全面的监督机制与制裁机制以确立法官良好的社会形象。第四，法官应拥有相比于其他阶层较高的薪资，特别是相对于同级政府公务人员而言的较高薪资。在世俗人的眼光中，低薪者一般情况下是很难被赋予足够尊敬的，法官要想获得应有的尊

---

① 参见季卫东：《法治构图》，法律出版社 2012 年版，第 208~218 页。

重，必须是高薪。正如过去的科举及第总是和荣华富贵相关一样的。当然，当代的法官不可能恢复过去科举及第者那种优厚待遇了，但也必须让大多数人能够感受到法官是高收入群体。第五，建立难度远远超出其他职业的法官选拔标准。在无法通过普世宗教来赋予较高社会地位的情况下，我们只能通过世俗化的方式来弥补。因此，要适当提高司法职业准入资格考试的难度，建立严格的法官培训方式，以及高标准的法官准入机制。过去较高级别的法院如最高院与省高院，都直接向应届学生招考，这是不合适的，因为从常识的角度来看，物以稀为贵，什么人都能够干的职业是不足以博取足够的尊敬的。第六，对法官年龄应有较高的要求。在普通人的眼光中，年龄就意味着经验，就意味着权威，刚毕业的年轻人坐在审判席上对年纪比他大的当事人与律师是不会有太大权威的。年龄还可以给权力和学问增色，为权威增辉。敬老尊长是中国人所熟知的传统道德，中国古代社会有些年纪大的绅士会有时被尊称为"耆老"，以表明他们"年高德劭"，如那些威望、财富、能力突出并在地方事务中有着领袖地位的人，甚至有些非绅士的"耆老"，会被朝廷授予官品。① 这放到今天也是如此，年龄也可以增强法官的威望和地位。第七，法官应当保持一定的神秘性。中国古代社会士大夫是有很大神秘性的，这是因为其稀有与罕见。戈夫曼认为，社会地位越高，接触的社会禁忌就越多，"恭敬的疏远"就越发重要。② 今天的法官同样也需如此，法官要成为全社会的权威，必须被认为是尊贵的，其唯一的形象就是严肃、高高在上的神圣不可侵犯性，其他一些私人化信息会使其变得平庸，从而破坏其理想化的高大形象。③ 正所谓的"仆人眼里无伟人"，人无完人，而一个人在沟通过程中所透露出来的信息总是多于其愿意表达出来的信息。④ 法官在私生活与性格上也许存在着各种瑕疵与缺陷，这些瑕疵与缺陷虽然和正式的审判行为未必有直接关联，但也足以导致公众对法官的专业可靠性的质疑与否定。因此，法官应当尽量少抛头露面，尽量少参与政治活动或商业活动。神秘性也有掩饰法律制度内部不可避免的风险的意义，如波斯纳认为，"一个职业的知识主张天生不可靠，这个职业就有特别急迫的利益来保持其神秘性"。⑤ 这是非常有道理的。

---

① 参见张仲礼：《中国绅士》，李荣昌译，上海社会科学院出版社 1991 年版，第 15～17 页；也请参见费孝通、吴晗等著：《皇权与绅权》，三联书店 2013 年版，第 197 页。

② 参见 Erving Goffman, "The Nature of Deference and Demeanor", *American Anthropologist* 58, 1956, p.481.

③ 参见[美]欧文·戈夫曼：《日常生活中的自我呈现》，冯钢译，北京大学出版社 2008 年版，第 40、54～56、103、116 页。

④ 参见[德]尼克拉斯·卢曼：《信任》，瞿铁鹏、李强译，上海世纪出版集团 2005 年版，第 52 页。

⑤ [美]理查德·A. 波斯纳：《道德与法律理论的疑问》，苏力译，中国政法大学出版社 2001 年版，第 218 页。

任何法律制度都可能存在一定的漏洞与风险，而且这种漏洞与风险可能甚至是合理的，但如果人们看透这一切的话，就不会那么信任法律了。因此，通过与一般性社会交往保持距离，法官就能够维护自己的一致性形象，防止个别的漏洞与风险对司法整体严肃公正形象的破坏。第八，制定藐视法庭法。中国的很多上访者或当事人在没有获得满意的判决时喜欢到法庭胡搅蛮缠，这需要制定藐视法庭法，对其进行刑事制裁。当然，这是以对法官自身也有严格的监督与制裁机制为前提的，否则对当事人的制裁就没有说服力。

　　总之，上述措施的目的在于将法官打造为整个社会的"高等级"阶层与权威，但这种和古代社会士大夫的选拔标准类似的权威评价机制，在今天的功能分化社会已经不可能产生过去科举及第者那种显赫的地位和荣耀了，但别无它法，因为中国从古至今基本都是一个世俗化的社会。

# 第五章 传媒与司法关系的中国特质 与司法在传媒中的信任建构

在现代社会，由于社会沟通的跨时空性，人们认知世界的方式并不一定都是来自面对面的互动，大众传媒便成为人们生活中重要的信息来源之一，其能够超越认知在时空上的局限性，帮助人们了解那些很难触手可及的事情。因此，现代社会法律与司法的可信信息来源并不一定来自个人经验，而也有可能来自大众传媒。因此，法律与司法在大众传媒中是何种形象，就在相当大程度上决定了法律与司法是否值得信任。尽管如此，法学界在分析传媒与司法关系的过程中，却将"司法独立"与新闻自由这种西方法律实践当中才有的二元对立结构套用到中国的传媒与司法关系当中，从而忽视了传媒与司法关系在中国所特有的制度与社会背景以及政治内涵，而由此提出的各种缓解传媒与司法紧张关系的解决方案也都是不得要领的。为了厘清传媒与司法关系在中国语境中的含义，本书将首先对传媒与司法之间的一般性关系进行深入分析，并在此基础上探讨传媒与司法之间冲突的形成原因与焦点问题，并深入分析其中所牵涉到的社会背景与政治内涵，最后，本书认为，只有司法确立相对于其他公权力的自主性与强大形象，才能实现传媒对司法的理解与信任。

## 第一节 传媒与司法之间的重叠与冲突

今天的中国司法所面对的传媒是大众化的传媒。在大众传媒的运作中，信息传输与物质传输、文字沟通与口语沟通、非在场互动与在场互动之间实现了彻底分离，信息如同脱缰的野马更加无所顾忌地在自身运作逻辑的支配下进行自我生产与高速传播。中国大众传媒系统的形成也正得益于信息生产与传播更难被控制的网络传媒的发展。大众传媒在信息筛选标准上主要体现为对脱离常规新闻的偏好。正是由于这种偏好，传媒与司法在运作上产生了重叠与冲突，而法学界由此也看到了传媒对司法的监督与干预。

### 一、大众传媒的信息筛选标准与司法运作信息的重叠之处

由于现代传播技术的发展，文字沟通得以从口头沟通中分立出来，形成了能够

进行自我生产并承担信息生产功能的社会自治系统——大众媒体系统，大众媒体系统以信息生产为己任，并以"讯息/非讯息"这个区分模式来观察与组织世界。① 大众传媒必须将讯息从非讯息，或将高讯息值从低讯息值中筛选出来，从而激发读者的阅读兴趣。为了尽可能提高讯息值、吸引更多人的眼球，大众传媒所要传达的信息有两个基本特征：新颖性与通俗性。首先，只有新颖的信息才具有讯息值。卢曼认为，讯息在某种意义上就是一种让人惊讶的东西。② 为了制造惊讶，大众传媒系统形成了一系列的信息选择标准，其中最主要的就是期待的不连续性，③ 这也意味着新颖性。如果未来的发展与过去的经验不同，就会使人们产生新奇感。与此相应，为追求新颖性，新奇事件、突发事件、意外事件、暴力犯罪、严重背德行为、政治冲突等信息就常常成为媒体追逐的头条新闻。但新颖的信息并非只是世界上只发生过一次的信息，新颖之所以成为新颖，那是相对于非新颖的信息而言的，因此信息如果成为新颖的信息，那么就必须发生于一个熟悉的社会脉络当中，只有在一个熟悉的脉络当中，我们才能辨识出不熟悉和新颖的东西。④ 这意味着信息还必须具有通俗性，新颖与不新颖的区分也是一种知识，只有在通俗性的语境当中我们才能具备这种区分知识。因此，不熟悉的新闻还必须由熟悉的社会语境来衬托，新闻在新的同时还必须契合于既定的社会语境，⑤ 只有如此才能达到易于理解、迅速被接受的目的。这也使得传媒有可能去迎合读者既有的成见或偏见。

　　新颖性与通俗性综合起来就是大众传媒对脱离常规的偏爱，脱离常规的信息最具有新闻价值，因为脱离常规的信息筛选标准实质就是以常规性的社会脉络突出非常规性的例外。大众传媒可以说是一个"离轨的放大器"，不论是真新闻，还是假新闻，传媒都更喜欢那些"怪诞、异域情调和残暴的材料"。⑥ 西方新闻界有一句非

---

　　① 参见［德］尼克拉斯·卢曼：《大众媒体的实在》，胡育祥、陈逸淳译，左岸文化出版社2006年版，第48~51页。

　　② 参见［德］尼克拉斯·卢曼：《大众媒体的实在》，胡育祥、陈逸淳译，左岸文化出版社2006年版，第75页。

　　③ 参见［德］尼克拉斯·卢曼：《大众媒体的实在》，胡育祥、陈逸淳译，左岸文化出版社2006年版，第75~82页；类似地，麦克卢汉也认为，报纸趋向于表现平凡生活中的不连续的多样性与非协调性。参见［加］马歇尔·麦克卢汉：《理解媒介——论人的延伸》，何道宽译，商务印书馆2000年版，第260页。

　　④ 参见 Niklas Luhmann, "Familiarity, Confidence, Trust: Problems and Alternatives", in Gambetta, Diego, eds., *Trust: Making and Breaking Cooperative Relations*, electronic edition, Department of Sociology, University of Oxford, 2000, pp. 94-107.

　　⑤ 参见［荷］托伊恩·A. 梵·迪克：《作为话语的新闻》，曾庆香译，华夏出版社2003年版，第125~129页。

　　⑥ ［英］戴维·巴勒特：《媒介社会学》，赵伯英、孟春译，社会科学文献出版社1989年版，第34页。

常熟悉的口号："流血的事件放头条"，① 就非常鲜明地体现了传媒的这样一种偏好。各类暴力性信息，如骚乱、杀人、抢劫、强奸，往往就成为新闻的重点报道对象，因为这些现象都属于对法律与道德规范的严重违反，而且这一类信息的认知成本也比较低，能够以耸人听闻的图片与文字来吸引大众的眼球。由于很多进入司法程序的案件所体现出来的脱离常规性，司法运作过程也是大众传媒一个非常重要的信息来源。

尽管如此，传媒与司法之间的交叉与重叠也是非常有限的。由于大众传媒独特的区分逻辑与信息筛选标准，不是进入司法程序的任何信息都会成为传媒的关注对象。大众传媒对司法运作信息的新闻报道主要包括以下主题。

第一，暴力与死刑犯罪案件。暴力是既为人们所熟悉但又是社会冲突与违反常规的一种激烈形式，因此对于大众传媒来说具有非常高的讯息值。曾有学者研究指出，传媒在报道暴力新闻方面有着极高的频次，在大部分西方国家电视新闻的主要时段，每一小时就有 5 到 6 起暴力事件被报道。② 相应于此，谋杀与暴力犯罪案件在媒体对涉及司法的报道中也占据了大部分的比重，③ 中国的情况也同样如此，近年来在网络世界中受到广泛关注的案件大多属于杀人、致人死亡、黑社会等暴力性犯罪案件，如"躲猫猫"案、佘某林案件、赵某海案件、药某鑫案件、李某奎案件、钱某会案件、杭州胡某飙车案等。相比于暴力与死刑犯罪案件，冲突并不激烈的民事纠纷案件就很少成为媒体的焦点关注。

第二，性犯罪案件。性作为人类最为熟悉但又极为隐秘的事务，在大众传媒中有着极高的讯息值，在性暴力犯罪案件中，性被关注的程度往往会远远超过暴力。④ 这对于中国来说也是如此，如邓某娇案、李某一强奸案、胡某萱案，以及形形色色的地下室囚禁强奸案。

第三，名人案件。名人在拥有较高知名度的同时也意味着公众对其较高的熟悉

---

① ［美］凯斯·R. 孙斯坦：《风险与理性》，师帅译，中国政法大学出版社 2005 年版，第98 页。

② 参见 Guy Cumberbatch, Ian Jones, Matthew Lee, "Measuring violence on television", *Current Psychology* 7, 1988, p. 10; George Gerbner, "Television Violence: At a Time of Turmoil and Terror", in Gail Dines and Jean M. Humez, eds., *Gender, Race, and Class in Media: A Text-Reader*, Sage Publications, inc., 2003, pp. 339-340.

③ 美国有学者对洛杉矶、亚特兰大、费城等城市的传媒对司法的报道范围的研究发现，超过三分之二的新闻报道都涉及暴力犯罪。See, C. Danielle Vinson and John S. Ertter, "Entertainment or Education: How Do media Cover the Courts?" *Press/Politics* 7, 2002, pp. 84-85.

④ 如有加拿大学者研究指出，在电视新闻中，大约 10% 的犯罪案件和性有关，而且在强奸犯罪中，"性"才是新闻报道的中心，而暴力常常被忽略。See, Kennth Dowler, "Sex Lies and videotape: The presentation of sex ceime in local television news", *Journal of Criminal Justice* 34, 2006, pp. 383-392.

程度，这会使发生在名人身上的违规信息显得突出与显眼。传媒对这一类案件的报道也必然会增加新闻的阅读量。如李某一案、高某松酒驾案，以及舆论当中热闹非凡的明星吸毒案。

第四，官员犯罪案件。如果政府一方面拥有影响人们生活方方面面的强大职能，另一方面各级官僚存在大量腐败问题，那么人们在对政府腐败极度不满的同时，实际也潜含着极高的规范性期待。而在这种极高的规范性期待之下，政府官僚的贪污腐败、生活腐化、为非作歹就成了极具讯息值的脱离常规之事件，媒体对官僚腐败丑闻的报道能够激发强烈的共鸣与愤慨，从而引起公众的广泛关注与讨论。这种关注必然也会延伸到对官僚腐败案件的司法审判当中，涉及官员犯罪的案件在中国必然有着很高的讯息值。除此以外，中国的网络传媒在涉及官员腐败案件时，对性丑闻往往会情有独钟，如包二奶、婚外情、艳照门、通奸等。性贿赂往往会超越金钱贿赂成为媒体的关注焦点，正如雷某富案，大多数人能够记得的不是他受贿了多少钱，而是他的艳照门事件。

第五，政治性案件。在西方国家，政界人士总是出现在报纸的显要位置上，而且中央政府比地方政府更有可能成为媒体的新闻来源，[1] 与此相应，涉及政治人物或政府的官司也更容易成为媒体的关注焦点。这一点是可以理解的：政治性案件一般是含有类似于施密特所说的"决断"成分的案件，[2] 这特别适合于级别较高的政府官员或政治决策。由于处于更高层次的决策层面，其对未来的影响相比于低级官员及其决策有着较少的科层化与程序化特征。对于大众来说，高层政治人物知名度较高，但其行为也更加不遵循常规，这就意味着政治性案件有着更高的讯息值与更大的新颖性，他们违反法律或道德规范的丑闻往往因此具有更大的社会轰动性，因此政治案件也是传媒的重点报道对象之一。

通过上文的分析我们可以看到，传媒筛选掉了大部分关于司法运作的信息，而只是吸收了某些讯息值比较高也因此比较轰动的案件。这种案件范围极为狭窄，大多属于暴力犯罪、死刑、性犯罪、名人犯罪、官员犯罪、政治性案件。法律界所熟悉的能够激起媒体广泛关注与大规模讨论的大多数案件基本都是这一类案件。而对于很多民事纠纷案件，媒体就鲜有关注，但并不意味着这些案件就没有冤屈、司法不公以及其他值得关注的信息。因此，传媒与司法之间的交叉与重叠是极为有限的。虽然国内很多学者强调大众传媒可以对司法的公正性与廉洁性进行有效的监

---

① 参见［美］塞伦·麦克莱：《传媒社会学》，曾静平译，中国传媒大学出版社2005年版，第44页；Phyllis Kaniss, *Making Local News*, University of Chicago Press, 1991, p.160.

② 参见［德］卡尔·施密特：《政治的概念》，刘宗坤、朱雁冰等译，上海人民出版社2004年版，第23页。

督,① 但这更多可能是由于大众传媒作为"社会实在"的建构者,而制造出来的一种"幻觉"。② 大众传媒在对违法犯罪的广泛报道中,不断制造并"消费"自己制造出来的让社会感到冷酷与绝望的不安全问题。③ 通过对复杂现实的过滤,现实当中偶然性的个案被大众传媒放大为普遍性的情况,在追求轰动性的同时,也激起了普遍的恐惧感,从而能够进一步激发公众对报道的普遍关注。

## 二、传媒与司法之间的可能冲突及其生成条件

即便传媒与司法之间存在一系列的重叠,但这也不意味着两者就必然会产生冲突。通过以上论述,我们也可以看到:传媒和司法本身的运作逻辑很少发生直接碰撞,媒体虽然热衷于报道轰动性的诉讼案件,但极少关注法律分析或司法过程本身。司法本身的程序性对抗在大多情况下并不是关注的对象,尽管司法中两造的抗辩也具有冲突性特征,但这种冲突已经被高度规范化与程序化。法庭中各方的行为井然有序,问答与质证也采取了高度专业化的法律语言,已经大大脱离了通俗化的道德语言与紧张而又血腥的暴力冲突。司法程序本身就是按部就班的冲突化解过程,而非制造冲突的过程,因此很难成为传媒深度报道的对象。即便有报道,传媒对司法过程的报道也一般仅限于司法程序的开始与结尾,因为开始不仅是一个新的事件,也是一个悬念,是一个能够激发人们想象的时间节点,而结尾往往是一个高潮,并伴随着各方戏剧化的情绪反应。④ 因此,媒体更感兴趣的是案件本身所内含的暴力冲突、政治与社会张力,而不是司法运作的合法律性与和合程序性。在这里,司法运作对于传媒来说显得无趣的前提是司法能够普遍被认为是中立客观的,能够严格遵守法律条文与法定程序,能够排除一切政治压力与社会压力。只有这样,司法才能够将自己的讯息值降到最低,从而使传媒失去兴趣。

大众传媒之所以对法律分析与司法过程不感兴趣,还有一个原因就是传媒从业者大多是缺乏法律知识的。在高度功能专业化的现代社会,传媒是无法从专业的角

---

① 参见顾培东:《论对司法的传媒监督》,载《法学研究》1999 年第 6 期;谭世贵:《论司法独立与媒体监督》,载《中国法学》1999 年第 4 期。

② 参见[德]尼克拉斯·卢曼:《大众媒体的实在》,胡育祥、陈逸淳译,左岸文化出版社 2006 年版,第 178~185 页。

③ 参见 George Gerbner, "Television Violence: At a Time of Turmoil and Terror", in Gail Dines, Jean M. Humez, eds., *Gender, Race, and Class in Media: A Text-Reader*, Sage Publication, Inc, 2003, pp. 341-345.

④ 参见 C. Danielle Vinson and John S. Ertter, "Entertainment or Education: How Do media Cover the Courts?" *Press/Politics* 7, 2002, p. 88. 这方面的一个案例就是长春的盗车杀婴案,媒体对司法程序本身的报道基本仅限于起诉、上诉、判刑等程序节点环节,《长春盗车杀婴凶手被判死刑》,载腾讯网: http://news.qq.com/zt2013/changchun/, 2015 年 8 月 29 日最后访问。

度对司法进行批判的，传媒使用的更多是道德话语。比如，人们虽然无法判断那些被妻子在抖音上公开举报出轨的政府官员在日常本职工作上是否兢兢业业，但对于"出轨"这一为日常生活常识所涵盖的道德信息，人们是有着充分的是非判断能力的。之所以如此，是因为道德在现代社会提供了这样一种可能：对无知进行沟通。① 在大众传媒所传达的信息中，科学、法律以及其他理性知识解决不了的问题都可能被转化为道德问题，无知在道德沟通中获得了正当化。道德是一种克服无知的方式，是无知的替代品。当人们缺乏充分信息与知识时，就会进行道德判断。道德深嵌于日常生活语境，因此能够以一种易于理解的方式被争论与传播。媒体很难判断司法过程中的法律分析是否正确，但却很容易判断涉案人员的道德品质是否存在问题。因此，传媒虽然可以对司法进行批判，但更多是以娱乐性的八卦传闻或个人故事片的形式来突出案件本身的道德张力，法律性与程序性往往退居次要地位。因此，传媒对诉讼案件中的事件的道德批判很少指向法律分析或司法过程本身，即便道德判断和法律判断存在差异，但一般情况下这仅仅是差异而已，也即司法与传媒各说各话，而并不构成问题性的冲突。

因此，法学界所普遍意识到的冲突更多地体现为两者在运作逻辑上的差异，而不是实际上的冲突。两者运作的交叉范围与冲突范围其实是非常有限的。只有在那些讯息值比较高并极具争议性的热点案件中，我们也许能够明显地看到两者之间的冲突。尽管如此，如果传媒与司法之间发生能够引起让法律人担忧的"舆论审判"的冲突，那么在多数情况下也不是因为这两者的固有运作逻辑的直接碰撞，而是因为关涉到某种紧张的政治与社会关系，而且这种紧张关系危及了司法的社会正当性。如法国著名的德雷福斯案所引起的媒体的激烈争论，就深植于当时的反犹主义思潮。② 美国著名的辛普森案之所以能够在传媒当中引起激烈的争议，很大程度上也是因为该案被关联到根深蒂固的种族歧视问题上。③ 而美国 2014 年发生的弗格森案在媒体当中引起的激烈争议也是如此，该案也触动了众多非裔美国人的敏感神经，其中的种族冲突内涵不言而喻。法律分析与司法程序本身的讯息值是非常低的，在新闻媒体中并无任何令人激动之处，但这些著名的案件之所以能够在新闻媒体中引起巨大争议，都可以说是因为传媒将某些既有的政治或社会紧张关系纳入案件进展过程中，从而挑动了公众的心弦，导致了传媒所表达的社会舆论与司法判断之间的严重冲突。司法在这里构成各种社会观念、意见与势力的角逐场。在司法被

---

① 参见[德]尼克拉斯·卢曼：《对现代的观察》，鲁贵显译，左岸文化出版社 2005 年版，第 180 页。

② 在德雷福斯案件中，可以说媒体对于这个案件的发酵有着不可忽视的作用，参见[美]伯恩斯：《法国与德雷福斯事件》，郑约宜译，江苏教育出版社 2006 年版，第 119~139 页。

③ 参见[美]亚伦·德肖维茨：《合理的怀疑：从辛普森案批判美国司法体系》，高忠义、侯荷婷译，法律出版社 2010 年版，第 86~115 页。

认为有可能被一种外在的社会力量与观念所左右时，我们才能看到问题真正的冲突，因为这种冲突危及了司法的社会正当性，使得法律人与公众怀疑司法作为有着特定社会功能的一项制度能否秉持应有的中立本性并公正处理纠纷。正是在这样一种情况下，学界在看到传媒对司法的监督作用外，也明显地担忧传媒对司法审判与司法公正的不当干预。① 中国司法在面对传媒批判时所感受到的巨大压力与明显冲突，主要也不是因为法律分析或司法过程本身在传媒当中存在巨大的争议，而是因为内在于案件当中的某种政治或社会紧张关系，这也构成了中国大众传媒与司法冲突的根本性原因与特征。下面就来阐明这一点。

## 第二节　中国传媒与司法之间冲突的实质

在国内法学界对传媒与司法关系的这些广泛探讨之中，我们会发现学界明显是在套用西方法律实践才有的"司法独立"与新闻自由这种二元对立结构，因为这些学者都把"司法独立"当成了想当然的潜在假设，而忽视了传媒与司法关系所处的独特中国背景以及相关的政治内涵。本书这一部分将表明，中国传媒与司法之间的冲突一般都会被公众关涉到某种不平等的政治与社会关系，这构成了中国传媒与司法之间冲突的特殊背景。在中国语境当中，和传媒发生冲突的并非有着自主性的司法，两者冲突的实质是传媒与政治之间的冲突。

### 一、国内学界关于传媒与司法关系理论的"去结构化"特征

由于对传统理论资源的依赖以及西方学术话语的强大影响力，学界很容易将中国传媒与司法之间的关系处理成新闻自由与司法自主性之间的关系，而很少去深入思考这种表面关系背后的结构性背景。关于国内学界这方面的研究，我们可以大致归纳为以下几个方面：

第一，将西方法律实践中新闻自由与司法审判之间的规范关系直接作为中国实践的批判性标准。如景汉朝将美、英、日法律实践中传媒监督与司法审判之间的规范关系直接作为中国的参照。② 侯建尽管提到法官在舆论争议中的压力主要是政治压力而不是舆论压力，但对司法、政治与传媒之间的结构关系并没有深入论述，其

---

① 参见王人博：《"媒体审判"负面效应批判——兼论构建传媒与司法间的和谐关系》，载《政法论丛》2006 年第 6 期，第 30~33 页；唐炳洪、王艳：《论传媒对司法的监督》，载《当代传播》2006 年第 3 期；葛红：《论新闻监督司法权的制约》，载《人民司法》2011 年第 3 期，第 102~103 页。

② 参见景汉朝：《传媒监督与司法独立之间的冲突与契合》，载《现代法学》2002 年第 1 期。

目的主要还是试图参照美国的司法与传媒关系来提出中国问题的解决方案。① 高一飞认为可以根据国际社会关于司法审判与新闻自由之间关系所形成的共识与规则建立中国特色的传媒与司法关系规则。②

第二，将传媒与司法之间的关系简化为新闻自由与依法独立公正行使审判权之间的冲突。如乾宏、郭卫华等学者将宪法架构中的表达自由与依法独立公正行使审判权作为想当然的前提假设，直接用于对传媒与司法的现实关系的分析当中。③ 张树剑认为传媒与司法的冲突恰恰表明了依法独立公正行使审判权与新闻自由的增长。④ 刘斌认为，传媒与司法之间的冲突实际上就是新闻自由与依法独立公正行使审判权之间的冲突。⑤

第三，基于对司法运作逻辑的理想假定分析传媒与司法之间的冲突。如王世心、张志华基于对现代司法的理想化，将传媒与司法之间的冲突归于两者在运作逻辑上的鲜明反差。⑥ 赵利认为司法在面对传媒时是有着独立选择能力的主体，两者之间的冲突是"冲突的私域化"与"冲突的社会化"之间的力量博弈。⑦

第四，有些学者虽然认识到传媒与司法关系的政治结构背景，但没有进行深入分析。如顾培东认为传媒与司法应在共同维系社会统治的政治前提下保持各自的独立立场，但对于这是什么样的社会统治却语焉不详。⑧ 孙笑侠虽然将传媒与司法的关系置于民众、传媒、司法、为政者之间进行"政治角力"的博弈框架中，但对现有体制对于传媒与司法关系的影响的探讨却不够深入，其所提出的解决方案更多地还是对美国的相关理论与规范的沿用。⑨

上述大部分研究都基于对司法与传媒各自独立运作逻辑的理想假定，将两者放在孤立的"话语竞技场"中，对其差异、互动与冲突进行"去结构化"的描述，而很

---

① 参见侯建：《传媒与司法的冲突与调整》，载《比较法研究》2001 年第 1 期。

② 参见高一飞：《国际准则视野下的媒体与司法关系基本范畴》，载《东方法学》2010 年第 2 期。

③ 参见乾宏、程光松、陶志刚：《论表达自由与审判独立》，载《中国法学》2002 年第 3 期；郭卫华、刘园园：《论媒体与法院的良性互动》，载《法学评论》2008 年第 1 期。

④ 参见张树剑：《传媒与司法的冲突与平衡》，载《国际新闻界》2008 年第 10 期。

⑤ 参见刘斌：《让权力在阳光下运行——再论传媒与司法的关系》，载《政法论坛》2008 年第 2 期；

⑥ 参见王世心、张志华：《媒体监督与司法公正的冲突与协调》，载《人民司法》2008 年第 15 期。

⑦ 参见赵利：《媒体监督与司法公正的博弈》，载《中山大学学报（社会科学版）》2010 年第 5 期。

⑧ 参见顾培东：《论对司法的传媒监督》，载《法学研究》1999 年第 6 期。

⑨ 参见孙笑侠：《司法的政治力学》，载《中国法学》2011 年第 2 期。

少对司法背后的"体制性捆绑"进行深入分析。① 在中国的体制背景下，这导致中国司法与传媒之间互动表现出来的特殊意义内涵，并不同于基于司法自主性与新闻自由的理想假定对司法与传媒关系所进行的各种理论描述。中国的司法实际并没有和传媒进行博弈、互动与对抗的能力与资格。由于对司法自主性的错误假设，这不仅使得中国学者根据中国的问题语境夸大了西方国家传媒与司法之间冲突的严重性，也使得他们以西方理论与实践为参照错误地理解了中国传媒与司法之间冲突的实际性质。

## 二、传媒对司法的不信任及其社会与政治背景

在传媒对司法的报道中，并不是任何案件都会造成传媒与司法之间的冲突。只有那些引起了传媒对司法能否进行公正审判的不信任与怀疑的案件中，我们才能看到传媒与司法之间的紧张关系。就此而言，我们会发现那些可能牵涉不平等的社会与政治关系的案件最可能引起传媒对司法的不信任。如药某鑫案件被人们当成了狷狂的富二代欺负弱势的农民妇女的故事，在此故事框架中，网民容不得任何支持药某鑫的言论，并对此案能否得到公正量刑严重缺乏信心。在杭州胡某飙车案中，网络传媒为这起普通的交通肇事案添加了很多佐料，如"七十码说""领导儿子说""替身说"，这些谣言在"富家子弟"与"平民青年"的二元对立之下对司法是否能够一视同仁提出了怀疑与不信任。在张某扣案中，关于王家是土豪恶霸、实施贿赂、家里有人是乡长等种种谣言，也能够表明公众对于司法是否能够超越权势进行公平审判提出了怀疑。透过这些近年来发生的引起传媒干预司法的疑虑的舆论焦点案件，我们会看到一个共同特征：这些案件都牵涉到某种潜在的不平等的社会与政治关系或关于这种不平等关系的符号意象，如官僚与平民、城市与农村、富人与穷人。从中国传媒对司法运作的报道及其所反映的舆论取向来看，在这些案件中，传媒对司法能否公正处理这些不平等的社会关系有着深刻的不信任，对司法能否超越外部不当干预有着很大的疑虑。只有在这一点上，传媒与司法才发生了严重冲突，法律人才能感受到司法所面临的信任危机。相反，我们也会发现，涉及政府官员的犯罪就极少引发传媒与舆论对司法的不信任，因为这一类案件并不涉及公众极为敏感的不平等关系。这一类案件大多以贪污贿赂入罪，基本被公众认为是罪有应得。

在中国的特殊社会背景之下，大众传媒对社会不平等的强调对于提高新闻的讯息值也是有意义的，其通过关联到公众所普遍愤慨的社会紧张关系，就能够强化新闻事件对社会常规的脱离，大大提高新闻事件的讯息值，从而能够激起更多读者的关注与愤慨。交通肇事不算重要新闻，但如果是富家子弟交通肇事，那就会是重要

---

① 关于"体制性捆绑"，请参见马长山：《新一轮司法改革的可能与限度》，载《政法论坛》2015 年第 4 期。

新闻。为了追求轰动性，传媒除了在既有的熟悉社会脉络中挖掘超越常规的事件外，也会构造超越常规的事件以迎合既有的熟悉社会脉络。即便案件本身没有受到这些不平等的社会因素的干扰，但传媒与舆论也会用自己对现实的先验构想来臆测案件中的不公正，如钱某会案中网民对"谋杀论"的添油加醋与胡某案的各种网络谣言都是试图进一步佐证公众对不平等与不公正的既定成见或偏见。当然，传媒与舆论对司法的不信任当然也不是完全没有根据，我国的司法公信力确实存在一定欠缺：司法审判与司法管理高度行政化，法官在选拔与职务保障上与普通公务员并无二致，在大多数人眼中，法官和普通公务员并没有本质性的区别，① 法官并不被当成一个在素质与威信上能够超越其他公务员的特殊群体，这就不可能使传媒与舆论对司法能够超越不平等的社会关系与腐败的权力建立信心。同时，法官在此制度之下也必然会对自己能否进行独立公正的审判缺乏信心。

通过以上论述我们看到，在中国的社会与政治背景下谈论依法独立行使审判权与新闻自由的对立基本上文不对题。与其说传媒与舆论干预了法院的依法独立公正审判，不如说因为传媒对法院是否能做到依法独立公正审判缺乏信心，从而引起了传媒与舆论对司法的强硬干预。传媒与舆论不相信法官能够依法独立公正审判，不相信法官不会偏袒那些有钱有势者。由于传媒与舆论对司法的公正性信任度较低，为防止法院与政府之间官官相护、无视社会正义、偏袒强者、枉法裁判，他们才会对争议性案件穷追不舍，而传媒为了使案件的进展与公众对司法的既有成见相一致，也会有选择地加工、改造案件信息，以符合公众对审判缺乏独立性与公正性的先验期待。传媒与舆论的极端表现其实是一种对法院不能依法独立公正审判的深层忧虑，其恰恰是要维护审判权的依法独立公正行使。

## 三、司法与传媒的冲突焦点及其政治内涵

在不受传媒关注的一般性案件中，我们也许可以推测法院会严格依法行事。而在传媒普遍报道的争议性案件中，在传媒与舆论对带有特定身份标记的当事人的普遍同情或憎恨以及对案件真实情况的种种猜想与理性化的司法判断之间必然会发生严重冲突，从而使法官感到巨大压力，进而难以心无旁骛地对案件作出独立判断。这也构成了学界所普遍认为的传媒与司法之间冲突的焦点。为什么在中国，大众传媒的评论会对司法审判产生如此之大的压力呢？我们不妨先来比较一下国外的情况，通过这种比较，我们就会发现中国大众传媒与司法之间的冲突原因仍然必须追溯到最基本的制度问题：如何确保法院能够依法独立公正行使审判权。

在西方国家，由于对法官职务与待遇上的严格保障，以及法官优良的职业素

---

① 参见四川省高级人民法院课题组：《人民法院司法公信力调查报告》，载《法律适用》2007 年第 4 期。

养，传媒如何评论司法一般是无关紧要的。如西方有学者指出，英国根据《欧洲人权公约》所制定的《藐视法庭法》一般也只是防止对陪审员与证人作证的误导性影响，而职业性法官则被认为不会受传媒评论的影响，① 即便有影响，这也应该是微不足道的。② 由于英美两国实行陪审团制度，而陪审团由非法律人士组成，他们的判断很容易受媒体影响，英美两国为了保证陪审团只受法庭上认定的事实的影响，就对媒体报道作出一定的限制，但这一限制在没有陪审团制度的大陆法系国家则不存在。③

当然，这并不意味着在西方国家传媒与司法之间就不存在冲突。从西方国家的法律实践来看，传媒与司法之间的冲突焦点主要集中于保护当事人合法权利与杜绝信息干扰这两个方面。如在欧盟的各主要国家，新闻自由与法庭程序之间的冲突一般会涉及以下四个方面的问题：隐私保护、无罪推定、维护法庭权威以及保证司法公正。隐私保护与无罪推定涉及的是当事人的合法权利问题，目的在于避免传媒对司法过程的报道破坏当事人的隐私，以及在判决结果宣布之前造成当事人有罪的偏见与印象，而维护司法公正与法庭权威所要做的是杜绝传媒的信息干扰，也就是防止传媒干扰证人作证，影响陪审团的定罪判断，使公众对司法产生有偏见的印象，或禁止传媒获取未公开的文件与对法庭进行摄录，防止法官在媒体的曝光之下产生"表演"的倾向等。④ 而在美国，联邦最高法院关于传媒针对司法的言论的一系列判决，大致也是两个方面的考虑：要么是为了保护当事人合法权利，如保护受害人与青少年犯罪嫌疑人的隐私与名誉，当事人的正常私生活等；要么是为了维护法庭权威与司法公正，防止传媒的信息干扰，如防止新闻报道干扰当事人参与审判的稳定情绪以及舆论偏见对陪审员判断的不当影响，为维护法庭权威惩罚传媒对于法院或法官的攻击性报道等。因此美国法律关于传媒与司法关系的基本出发点与欧洲国家是类似的。⑤ 为了保障言论自由，美国联邦法院通过系列判例，禁止司法机关以

① 参见 Tatiana-Eleni Synodinou, "The media Coverage of court proceedings in Europe: Striking a balance between freedom of ecxpression and fair process", *Computer Law & Security Review* 28, 2012, pp. 213.

② 可参见波斯纳对欧美法官外界制约因素的论述，[美]理查德·波斯纳：《法官如何思考》，苏力译，北京大学出版社 2009 年版，第 117~132 页。

③ 参见宋素红、罗斌：《两大法系媒体与司法关系比较》，载《国际新闻界》2005 年第 5 期。

④ 参见 Tatiana-Eleni Synodinou, "The media Coverage of court proceedings in Europe: Striking a balance between freedom of ecxpression and fair process", *Computer Law & Security Review* 28, 2012, pp. 208-219.

⑤ 参见 Amy Gaida, "The justices and News Judgement: The Supreme Court as News Editor", *Brigham Young University Law Review* 6, 2012, pp. 1759-1790; C. Danielle Vinson and John S. Ertter, "Entertainment or Education: How Do media Cover the Courts?" *Press/Politics* 7, 2002, p. 81.

"藐视法庭罪"惩治媒体，或对媒体发布"缄口令"，严格限制法院封闭法庭，最大程度地保护媒体采访报道案件审判的权利。[①]　言论自由也是属于美国宪法规定的基本权利，除了少数类型的案件，联邦法院一般严厉限制司法机关随意限制媒体的报道权利。

在中国，隐私保护、无罪推定以及维护法庭权威目前还不是传媒与司法冲突的焦点。在中国大众传媒与司法之间可能存在的冲突中，隐私保护与无罪推定很少成为有争议的话题，如为了保护未成年人与被害人的隐私、名誉或民事诉讼中的商业秘密，法院会对未成年人案件、强奸案件或涉及商业秘密的案件进行不公开审判，而无罪推定在中国目前只适用于正式的司法程序，还尚未扩展至传媒报道当中。在这两个方面，传媒与司法极少发生冲突。而就法庭权威的维护而言，西方国家关于藐视法庭罪的理论与实践，如为保护法官与其他参与者一些可能不受欢迎的隐私禁止电视摄录法庭审判，为维护公众对法庭的信心禁止传媒对法官进行人身攻击，[②]其目的主要在于防止传媒的不良信息破坏公众对司法的信心，这些限制针对的是传媒对公众判断的干扰，而不是对司法判断的干扰。而中国还尚未形成维护法庭权威并有着明确规范依据的法律实践，[③]　如在唐慧案中，尽管当事人在法院胡搅蛮缠，但法院对其藐视法庭的行为并无特别惩罚。[④]　由于司法对法庭之外的传媒报道并没有实施强硬的规制，因此传媒与司法在这一点上并无明显冲突。只有在司法公正这一问题上，中西之间才存在共同的争议点，但两者的问题性质存在重大不同：如果说西方国家传媒对司法所施加的主要是事实性干扰，而中国传媒对司法所施加的则主要是规范性干扰。在西方国家，传媒对司法公正的主要影响是基于信息灌输对陪审员与证人自主判断的事实性干扰，即便传媒可能使法官产生表演的倾向，法官也基本不失其独立的职业操守。西方传媒的这些干扰与中国的情况相比显然存在重要不同。在中国学界，传媒的报道被认为可能会损害司法公正，可能会使法院不注重判决的连续性，任意改判，甚至罔顾事实，枉法裁判。[⑤]　传媒的报道往往对司法判

---

①　参见陈建云：《兼顾新闻自由与审判公正——美国法律处理传媒与司法关系的理念与规则》，载《新闻大学》2016 年第 6 期。

②　可参见关于部分欧洲国家关于藐视法庭罪的规定与解释，参见 Tatiana-Eleni Synodinou, "The media Coverage of court proceedings in Europe：Striking a balance between freedom of ecxpression and fair process", *Computer Law & Security Review* 28，2012，pp. 214-219.

③　这方面只有一个司法解释：《最高人民法院关于严格执行公开审判制度的若干规定》第十一条的一个规定："依法公开审理案件，经人民法院许可，新闻记者可以记录、录音、录像、摄影、转播庭审实况"。除此以外，我们就没有看到任何涉及限制新闻报道的法律规定了。

④　参见柴会群、邵克：《"永州幼女被迫卖淫案"再调查：唐慧赢了，法治赢了没?》，载南方周末：http://www.infzm.com/content/93029，2014 年 8 月 13 日最后访问。

⑤　参见李雨锋对一个案例的分析，李雨锋：《权利是如何实现的》，载《中国法学》2007 年第 5 期。

决施加了巨大的压力。如在辽宁刘某案中，在终审判决因死刑改判为死缓而遭遇舆论的一片谴责之后，再审时由死缓再改判死刑。[①] 在广东许某案中，由于舆论的强烈不满，二审相对于一审在量刑上进行了大幅度的减轻。[②] 李某奎案由于舆论的强大压力在没有特别理由的情况下由死缓重判为死刑。[③] 山东于某案也是如此，在强大的舆论压力下，二审后进行了大幅度的改判。[④] 而我国不少学者则简单地将西方的传媒与司法关系作为中国问题的参照和比较，[⑤] 这种同等视之的类比不仅使得西方国家的传媒与司法之间冲突的严重性在中国学者视之为理所当然的中国语境中被放大化，也使得中国相关问题的独特原因与性质在对西方理论与实践的参照中被过滤掉。中国传媒与司法之间的冲突则表现为对司法公正性的怀疑，这可能导致人们在纠纷进入司法程序之前就已经拒绝了司法。

从表象上来看，传媒与舆论经常对司法进行不理性、粗暴的干涉，但在中国语境中，这很大程度上是个伪命题。在拥有新闻自由的国家，传媒的质疑与批判也并不少见，但这为什么就没有对司法公正产生根本性的破坏呢？传媒对司法公正的质疑本身不会产生干预的力量，因为传媒本身并没有惩戒法官的权力，否则中国司法面对传媒所表现出来的巨大压力，原因就不在于传媒，只能是外部干预。基于合法性考虑，党政机关作为政治机构则对传媒及其所表达出来的舆论会有着特有的敏感性，如果政治机构同时又领导着司法，司法上的不公就可能被迁怒于政治机构，那么传媒中出现的关于司法不公的争议就可能对政治机构造成损害。很明显，由于中国司法机关是政法体制的一部分，法官不可能不考虑可能会引起党政机关与党政领导关注的一些重大舆论争议案件，如邓某娇案、佘某林案、赵某海案、呼某案等。[⑥] 政

---

① 参见林楚方：《沈阳刘涌案改判调查》，载《理论参考》2003 年第 10 期。

② 参见马远琼：《许霆案重审：为何由无期改判五年》，载《检察日报》2008 年 4 月 1 日，第 4 版。

③ 参见王研：《李昌奎案：舆论与司法的冲突让人困惑》，载《经济参考报》2011 年 7 月 26 日，第 8 版。

④ 参见本报评论员：《透过于欢案中案，中国司法给民众以希望》，载《法制日报》2018 年 11 月 15 日，第 001 版。

⑤ 这方面的文献也非常多，如闫继勇：《司法与传媒的爱恨情仇——美国司法关系掠影》，载《山东审判》2010 年第 5 期；景汉朝：《传媒监督与司法独立的冲突与契合》，载《现代法学》2002 年第 1 期；林爱、韦中铭：《确保审判不受传媒干扰的法律思考》，载《政法论坛》2002 年第 6 期。

⑥ 参见李树明：《当代中国司法公信力建构的政治蕴含》，载《当代法学》2013 年第 6 期；李清伟：《司法权威的中国语境与路径选择》，载《华东政法大学学报》2013 年第 6 期。关于佘祥林案，请参见《佘祥林蒙冤，市委书记登门道歉》，载珠江时报网：http://dadao.net/php/dadao/temp_news.php? ArticleID=34902，2016 年 1 月 29 日最后访问。关于赵作海案，参见秦培林：《我市采取果断措施积极处理赵作海案》，载《商丘日报》2010 年 5 月 12 日，第 A01 版。关于呼格案，请参见《"呼格案"内参记者：一场冤案的非典型平反》，载《中国新闻周刊》2014 年第 069 期。

法委作为党委领导的政治机构，对于社会舆论争议极大的案件中涉及社会稳定的汹涌民意也必须作出回应。

可以这样说，权力缺乏有效制约既是传媒能够干预司法的原因，也是传媒不信任司法的原因。传媒对司法能否超越不平等的社会关系的不信任，使得具有合法性关联的政治机构必须对传媒与舆论的压力有所回应，但这种回应也带来了一些负面的后果。司法机关如果无视不理性的民意，会面临政治机构施加的政治压力，这才是中国的传媒与舆论能够干预司法并造成冲突的根本原因所在。法院在传媒与政治化的司法的冲突中其实只是一个"配角"。

从以上论述看来，西方国家关于司法自主性与新闻自由的二元对立结构并不适合于中国，传媒与司法的对立在中国很大程度上是一个伪命题，真正能够干预司法的不是传媒，而是对传媒所表达的舆论非常敏感的政治权力，国内学者所看到的司法与传媒之间的冲突其实质内涵是传媒与政治之间的冲突。传媒对司法机关的深刻不信任，以及由此引发的政治干预，也只是信任危机在政治化的司法中的体现而已。

## 第三节　司法在大众传媒中的信任建构：由迎合走向"默契"

对于中国语境中极为特殊的传媒与司法关系，通过法律手段或职业规范对传媒进行规制或引导都是不得要领的，因为这种规制和引导都是错误袭用在西方国家法律实践中新闻自由与"司法独立"的二元对立框架基础上所提出来的解决方法，而没有洞察到中国传媒与司法关系的实际性质，中国的司法在实践当中有时候难以对抗传媒的压力。但对喜怒无常的民意的迎合只会造成规范的不确定性，从而导致法律在整体上失去公信力。要建立司法在传媒与舆论当中的社会正当性与社会信任，司法与传媒只能在保持各自独立的运作逻辑的前提下达成"非有意识"的默契。

### 一、司法对传媒的规制与迎合

为了减少传媒对司法可能的不当影响，学者们给出了各种解决方案，如对传媒的报道范围与方式进行法律限制，[①] 增加传媒与司法之间的互动以加强相

---

① 例如，薛剑祥、陈亚鸣：《接纳与规制：面对新闻传媒的司法审判》，载《法律适用》2009年第2期，第62页；王世心、张志华：《媒体监督与司法公正的冲突与协调》，载《人民司法》2008年第15期，第101~102页；林爱珺、韦中铭：《确保审判不受传媒干扰的法律思考》，载《政法论坛》2002年第6期，第142~146页；罗建荣、雍易平：《传媒与司法的应有关系》，载《中国检察官》2009年第10期，第30页。

互理解,① 还有一些学者强调传媒应以新闻职业道德规范与法律运作逻辑为导向进行自我约束。② 但这些见解到底具有多大可操作性是很可疑的。

首先,就对传媒的法律限制而言,如何准确把握媒体言论在内容、形式与时间上的适当尺度,以及如何应对大众传媒特别是互联网世界快速的信息生产与传播模式,当下也没有很好的应对方法。很多案件远在进入司法程序之前就已经被铺天盖地报道,如在李某一案、于某案、张某扣案、江苏昆山反杀案中,各路媒体在案件进入司法程序之前都称李天一等,进入司法程序之后统统改为李某某、张某某等,大众媒体的信息传播速度远超出司法程序的处理速度。而且通过规制传媒来引导舆论是有限度的,因为传媒对舆论与民意的操弄也是有限度的,传媒在某种程度上能够加强、引导民意,但无法改变民意背后既有的社会成见或偏见。实际上,由于限制媒体对陪审团施加影响在实践上的操作困难,20世纪70年代以来美国法院限制媒体报道的命令已经不起作用。③ 特别是随着互联网的兴起,由于信息生产者由专业新闻机构扩展到匿名的大众,通过法律来限制传媒与舆论就更加困难了。如在英国,对于如何限制推特(Twitter)这一类网络化传媒的言论,法院的"超级禁制令"也显得相当的无能为力,④ 因此,西方国家总的趋势是逐渐放开传媒对司法过程的报道、摄像与现场直播。⑤ 而

---

① 例如,季金华:《沟通与回应:网络民意在和谐司法中的实现机理》,载《法律适用》2010年第12期,第14~15页;都玉霞:《论司法公正与新闻自由的良性互动》,载《政法论丛》2005年第3期,第40页;郭卫华、刘园园:《论媒体与法院的良性互动》,载《法学评论》2008年第1期,第43~45页;王海英:《网络舆论与公正司法的实现》,载《法学论坛》2013年第2期,第149~152页。

② 例如,景汉朝:《传媒监督与司法独立的冲突与契合》,载《现代法学》2002年第1期,第97~98页;汪振军:《论传媒与司法的契合与平衡》,载《郑州大学学报(哲学社会科学版)》2006年第9期,第168页;葛红:《论新闻监督司法权的制约》,载《人民司法》2011年第3期,第105页;石聚航:《传媒报道渲染刑事案件的策略及其反思》,载《法商研究》2015年第4期,第45~53页。

③ 参见宋素红、罗斌:《美国传媒与司法关系走向》,载《国际新闻界》2004年第4期,第35页。

④ 参见 Tatiana-Eleni Synodinou, "The media Coverage of court proceedings in Europe: Striking a balance between freedom of ecxpression and fair process", *Computer Law & Security Review* 28, 2012, p. 217.

⑤ 在大多数西方国家的最高法院逐渐放开传媒对司法过程的报道时,只有美国联邦最高法院仍然顽固地拒绝传媒对司法审判的直播与摄像,有美国学者指出,在关于新闻自由的立场上,联邦最高法院的态度在政府其他机构与法院自身之间出现了分野,当针对政府其他机构时,最高法院热烈赞颂新闻自由的价值,而针对自身时,最高法院则持一种抵制的态度,而对于其中的原因,甚至有大法官承认这是一种"自私"的做法:如果更少的美国人了解他们,他们会更有安全感。参见 RonNell Andersen Jones, "U. S. Supreme court Justices and Press Access", *Brigham Young University Law Review* 6, 2012, pp. 1814-1816.

中国法律在面对中国式"推特"——微博这一有着"一呼百万应"的巨大造势能力的新兴传媒时所显现出来的无奈与困扰，① 也表明法律对网络传媒的限制是有限度的。即使我们为了消除传媒对司法公正的严厉批评以及由此所产生的政治压力，通过立法或授权法院的方式对传媒报道司法的方式与内容进行规制，那么这也是不可欲的。这种限制也会进一步加深信任危机，因为这种限制并不会被当成法律决定的结果，而是被当成政治决定的结果，对传媒的政治限制被认为是心虚的表现，是一种试图掩饰背后的各种权力操纵与腐败的行为。公众虽然看不见掩饰背后的秘密，但却能看见掩饰这一事实本身，掩饰这个事实本身是不可掩饰的。通过这一掩饰的事实，公众就有理由推断掩饰背后腐败黑洞的深不可测。因此，政治主导之下的对传媒舆论的法律限制，只会进一步加深司法信任危机，引起公众对司法的更多不满。同时，即便法律限制能够排除传媒在个案中的非理性干扰，那么其对于期待层面的恶劣影响也显而易见：② 在司法已经极不被信任的情况下，如果还再对司法公开进行限制，那么人们只会更加不信任司法。

其次，对于传媒与司法之间的互动而言，传媒与司法之间如何互动，如何建立信息交流机制，司法如何谋取传媒的认同，是否也要建立类似于新闻办公室之类的行政机构，学者们在对传媒可能破坏依法独立公正行使审判权的潜在疑虑下一般也不敢妄下断言，因此始终只能流于泛泛而谈。审判公开作为一项基本的诉讼法原则，决定了司法审判不可避免地会遭到传媒的批评。除非我们完全废除新闻自由，否则传媒基于自身独特的运作逻辑就必然和稳健有序的司法审判存在重大差异。而在中国这样一个网络已经得到很大程度普及的国家，我们不可能要求网民能够掌握健全的法律知识且对案件事实有着第一手的认识，既然网民与法官在知识与信息上的不对称是不可避免的，我们也就不可能要求网络传媒与司法理性能够完全保持一致。

最后，关于传媒如何为适应法律系统讲事实讲证据的运作逻辑而进行的自我约束与自我调整这一问题，学者也少有可操作性的见解。新闻职业道德规范并不能解决这一问题。新闻职业道德规范也只能有限度地遏制虚假事实报道，但无法遏制关于虚假事实的真实报道。我们可以杜绝媒体制造谣言，但无法杜绝媒体将谣言本身如实地当成既定事实来报道，媒体完全可以通过引证新闻来源的方式来规避虚假报道。而且即便传媒能够自我约束，但也无法改变虚假事实背后的社会成见与偏见。

---

① 参见代群、郭奔胜、季明、黄豁：《"网上群体性事件"成新题，普通人可"一呼百万应"》，载《瞭望新闻周刊》2009 年第 22 期。

② 卢曼认为，法律的功能主要不在于解决纠纷，而在于保障预期。在本书的语境当中，如果传媒对司法公开进行限制，也许当下的个案更加公正了，但在期待层面上，人们却认为司法总体上更加不公正了，很多纠纷在未进入司法程序之前就会被人们通过其他方式解决。参见[德]N. 卢曼：《社会的法律》，郑伊倩译，人民出版社 2009 年版，第 63~78 页。

媒体是讯息的发现者，但并非事实的发现者，不论是真事实还是假事实，都可能具有新闻价值，新闻职业道德规范并不能根本改变大众媒体的运作逻辑。

国内学者虽然认识到了传媒与司法之间的冲突，但对于这种冲突的实际性质，以及给出的解决方案，都是不得要领的。这些措施由于仅限于与法律有关的操作措施，因此无法解决司法在面对传媒及其所表达的舆论时所产生的政治压力问题。尽管很多学者强调通过法律手段对传媒报道进行限制，但由于法院是政法体制的一部分，很多情况下必须要回应、重视民意，让人民群众在每一个案件中都能感受到公平正义，因此，法院很难对传媒进行单向规制，最高人民法院多位大法官也都强调要建立司法与传媒之间的良性互动关系。① 而在具体实践中也是如此，如在极富争议性的药某鑫案件中，西安法院当堂向听众发放问卷，而且这种做法并非第一次。② 这是法院在面对传媒与舆论的批判时对自己能否依法独立公正审判缺乏自信从而试图迎合舆论的典型表现。而且对于很多极具争议性的案件，最终都大致以传媒与舆论所期待的方式被解决，如刘某案中的死刑判决，邓某娇案中的定罪免罚、李某奎案的死刑判决、吴某案中的死缓判决、许某案与于某案中的大幅度减刑等。司法作为政治机构实质上的一部分，实际上既无力也无心对抗汹涌的民意。司法迎合传媒实际上是将新闻自由与民主政府这种关系套用到传媒与司法关系当中，这是一种民主化的思维，但这种民主化的思维可能是学者们的一厢情愿，因为公众可能要求的并不是一种民主化的司法。司法如果处处迎合传媒及其所传达的舆论，实际上也未必就能够树立自身的威信。司法如果被传媒及其所表达的变动不居的舆论所任意左右，没有自己的一贯立场，最终也可能导致无法获得持久性的信任，传媒与舆论的喜怒无常也决定了他们对司法决定的态度的喜怒无常。

## 二、传媒与司法之间的"默契"：通过权力制约与监督确证社会正当性

为了谋取传媒及其所表达的社会舆论的信任与支持，司法难道一定就要处处迎合传媒与舆论吗？本书认为并非一定要如此：两者的相合并不必然在于一方对另一方的迎合，而是两者在保持各自运作逻辑的情况下形成的"默契"。习近平总书记指出，"把权力关进制度的笼子里，就是要依法设定权力、规范权力、制约权力、监督权力"。③ 党的十八大政治报告也提出，"要建立健全权力运行制约和监督体

---

① 参见景汉朝：《从大局出发，正确把握传媒与司法之间的关系》，载《人民法院报》2009年10月13日，第5版；另外，请参见相关的媒体报道，张先明：《构建良性互动的科学发展的传媒与司法关系》，载《人民法院报》2012年4月26日，第1版。

② 参见李元方：《药家鑫案法院问卷听民意是否妥当》，载《中国商报》2011年4月26日，第6版。

③ 参见习近平：《习近平谈治国理政》（第二卷），外文出版社2017年版，第129页。

系"，"加强党内监督、民主监督、法律监督、舆论监督，让人民监督权力，让权力在阳光下运行"。无论是传媒，还是司法，在中国的法律监督体系中，都是权力制约与监督体系的重要一环，两者应就制约、监督权力相互协作，达成"默契"。这也是传媒与司法谋取人民群众信任的根本性机制，也是确立自身社会正当性的重要方式。

在国外很多国家，尽管司法与传媒保持着各自的独立，但这并没有使得两者发生严重的冲突，恰恰相反，传媒反而对司法有着高度的"赞赏"。法院在传媒的报道中一般都有着良好的印象与广泛的支持，但传媒对那些选举产生的政治机构的态度就与此判然有别。有经验研究表明，有些国家的大众传媒趋向于将高等级的法院描述成一个严格遵循法律、去政治化、超越日常政治中的意识形态冲突与妥协的机构，这构成了司法的"合法性神话"（myth of legality），而这种描述大大不同于传媒对议会中的政治协商与妥协、腐败与无能的严厉批评。[①] 哪怕对于较低层级的法院，也会被一种"合法性神话"所笼罩，低等级法院也被公众当成法条主义的严格执行者。[②] 在政治理论与宪法理论传统中，司法监督是权力制约体系中的重要一环。因此，大众传媒在对司法的赞赏与支持中所体现出来的社会价值基础就是公众对司法能够制约公权力的强烈期待。如果法院在面对政治权力时能够表现出铁面无私、刚正不阿的品质，那么对法院公正品质的正面报道其实既符合传媒的利益与期待，也符合法院的利益与期待，因为传媒与司法在监督公权力上有着潜在的一致立场：一方面，对司法的正面报道契合于传媒监督政治权力的新闻报道风格，能够强化自己作为民主的积极监督者角色；另一方面，这种报道也能够强化法院作为公正中立机构的形象，从而使法院相对于政府其他部门的权力扩张能够获得合法性。[③] 这意味着，传媒与司法的社会正当性都主要来自其作为权力制约机制的一环，司法对于权

---

① 参见 Vanessa A. Baird and Amy Gangl, Shattering the Myth of Legality: The Impact of the Media's Framing of Supreme Court Procedures on Perceptions of Fairness, *Political Psychology*, 27(4), August, 2006, pp. 597-614; J. M. Scheb & W. Lyons, The myth of legality and popular support for the Supreme Court, *Social Science Quarterly*, 81(2000), pp. 928-940. 另外，以色列有学者通过对其本国最高法院与传媒关系的研究也认为，媒体对最高法院的报道也强化了其作为一个去政治化与独立的强有力机构的形象，而传媒对民选政府部门的描述则是腐败、自私以及缺乏能力。参见 Bryna Bogoch and Yifat Holzman-Gazit, Mutual Bonds: Media Frames and the Israeli High Court of Justice, *Law & Social Inquiry*, 33(1), 2008, p. 53.

② 参见［美］杰罗姆·弗兰克：《初审法院》，赵承寿译，中国政法大学出版社 2007 年版，第 1~5 页。

③ 参见 Bryna Bogoch and Yifat Holzman-Gazit, Mutual Bonds: Media Frames and the Israeli High Court of Justice, *Law & Social Inquiry*, 33(1), 2008, p. 55.

力的制约也提供了传媒判断司法公信力的最重要符号。①

首先，就传媒而言，众所周知，新闻自由是民主政治的重要基础之一，新闻传媒常常被称为"第四种权力"，这种权力的制度与社会正当性也正是取决于其相对于政治权力的自主性与监督地位。② 很多国家也赋予新闻自由相对于一般性言论自由的特殊宪法保障，如采访权、不泄露新闻来源的权利、不受搜索与扣押的权利等，③ 这些特殊保障的目的就在于保障传媒的自主性不受政府的控制，使传媒能够有效向公众传达信息并监督政府。传媒不仅在信息筛选上热衷于报道权力腐败案件与政治性案件，而且也对政府多持一种严格监督的态度。只有当传媒能够监督权力的滥用，传媒才能找到自己的社会正当性。只有限制权力，传媒才能彰显自己的价值。国外新闻界有一项调查研究显示，公众对新闻机构的信任相当稳定，不同时期的调查都能够达到80%左右，而这种信任正来自新闻媒介对政府的监督，人们对新闻媒介监督政府的欣赏使人们能够忽视新闻报道的一些不足与瑕疵。④

其次，司法系统的社会认同也主要来自其作为权力制约机制的一环。在历史上，司法威信的树立很大程度主要是通过政治斗争实现的，⑤ 司法正是在面对外部干预时所表现出来的对法治精神的坚持中获得社会支持的，公众愿意支持的正是一个能够制约与监督公权力的司法。中国在这方面就能找到实际例子，如陕西省国土资源厅在省高院的行政判决生效后，不仅拒不执行，而且还开讨论会否决生效判决，⑥ 这种霸道的做法不仅对法律人来说是匪夷所思的，而且对于公众来说显然也是不可接受的。因此，不论法院判决是否实际正确，陕西省国土厅受到了法律界与媒体一致谴责。面对法院与政治权力之间的对抗，媒体会压倒性地支持法院，当然，支持的是法院能够对抗公权力的强大形象。

不论是从政治实践的角度来看，还是政治理论的角度来分析，公权力不受制约

---

① 当然，司法对权力的制约与监督并不是传媒唯一的判断司法公信力的符号，司法对任何强势力量的限制都具有这样的符号意义，如司法在大企业和消费者之间、富人与穷人之间对大企业与富人一视同仁，同样也有助于树立司法公正无私的形象，而司法对于任何强势力量的偏袒都会导致其丧失公信力。但毫无疑问，司法是否能够独立与超越于政治权力，对于判断司法公信力最为重要，因为法治国家历来最大的难题是如何限制政治权力，而不是社会权力或经济权力。

② 参见林子仪：《言论自由与新闻自由》，台北月旦出版公司1993年版，第66页。

③ 参见林子仪：《言论自由与新闻自由》，台北月旦出版公司1993年版，第84页。

④ 参见[美]迈克尔·埃默里：《美国新闻史：大众传播媒介解释史》，展江等译，新华出版社2001年版，第564~566页。

⑤ 参见[英]马丁·洛克林：《剑与天平》，高秦伟译，北京大学出版社2011年版，第79~80页。

⑥ 参见段博：《陕西省国土厅何以敢"权大于法"》，载《经济参考报》2010年7月22日，第8版。

就存在被滥用的风险，传媒与司法都从制约与监督公权力中获得自己在制度与社会上的正当性，以此确证自己的存在价值。不论是传媒，还是司法，其对公权力的监督制约都具有非常强烈的符号意义与象征意义，能够以一种非常简明的方式向社会展示自己的无畏勇气与存在价值。因此，传媒与司法在谋求社会正当性上都有着监督公权力的同一立场与内在默契。传媒在塑造司法的公正中立形象的过程中，司法也能够为传媒对政府的监督与制约提供一个权威、中立的支持，① 而这同时也符合法院对自己中立形象的自我塑造，从而加强其合法性，并提升其监督政治权力的合法性地位。司法对权力的制约与监督是司法向社会舆论与大众传媒展示超越品质的最重要符号。如果司法想获得传媒的理解和信任，就必须在各种涉及权力的诉讼当中表现公正、超然的地位与品质。

但在中国，司法的社会正当性并不能通过对权力的监督与制约彰显出来，这不仅引起了也以监督与制约权力为己任的传媒对司法的批评，而且司法也必然会缺乏对抗传媒及其所表达的舆论的自信与勇气。在两者的冲突中，司法完全处于弱势地位。要改观这种局面，首先必须确保司法机关能够依法独立公正行使审判权。这在党的十八届四中全会当中也已经提出相应的改革措施，要求将省级以下法院的人、财、物上实行省级统一管理。同时，还必须赋予司法在限制权力上的特殊职权。这些特殊职权有着显著的符号意义与象征意义，能够向传媒与公众展示司法的强大形象。尽管我国已经对《行政诉讼法》作出了修改，要求行政机关负责人也必须出庭应诉，以及党的十八届四中全会也要求建立领导干部干预司法的惩戒、通报与记录制度，但这些措施的力度还存在一定不足。为了彰显司法相较于公权力的优势地位，应赋予司法机关在起诉、审判、执行上的一系列优势权力，例如，对于领导干部干预司法的现象，我们应在诉讼法中将其责任明确地规定下来，一经发现此类问题，一律严肃处理，情节严重者则以刑法治罪。又如，不论是在民事诉讼还是行政诉讼当中，只要是行政机关作为被告，都应赋予法院在行政机关无正当理由拒不执行判决情况下直接向行政机关负责人采取强制措施的权力。这一措施将会大大强化司法的权威性，这不仅有利于促进行政机关的自觉履行，也有利于向社会展示司法权威的强大与有效。这样一种司法权威的确立不仅会使公众形成对司法严明执法的公平性认知，从而更易于接受行政诉讼中的不利判决，减少暴力抗法与群体性事件，也会使公众更易于在其他不涉及行政机关的案件中认同司法的公平性，从而使得其他类型的司法判决也更容易被接受与自觉履行。上述建议当然还有探讨的余地，但我们需要清醒地认识到，我国司法公信力建设仍然任重而道远。在社会已经对司法与传媒形成既定的功能期待的情况下，强化司法权与司法权威在当下对于树

---

① 参见 Richard V. Ericson, Why Law is Like News, In *Law as communication*, edied by David Nelken, Dartmouth, 1996, pp. 195-230.

立司法在传媒中的公信力、缓和司法与传媒之间的关系无疑是非常必要的。

在现有的体制框架之下，司法必须对民意有所回应，但司法也缺乏和传媒进行互动与博弈的制度条件。司法缺乏社会信任不仅是司法系统的自我认知，也是社会对于司法系统的认知，这不仅使得司法在试图规制大众传媒时缺乏底气，也使得大众传媒在批判司法时显得理直气壮。解决这种困境的方法既不在于通过法律对传媒进行规制与约束，也不在于大众传媒的行业自律，而在于司法在监督与制约权力上能够发挥出其应有的作用。能够依法独立公正行使审判权的司法机构无须去刻意谋求大众传媒的认可，其"高大"形象的树立也无法通过任何规范性的方式去有意识地强加给公众与传媒。只要司法能够一以贯之地坚持自己的内在秉性与立场，其在法律过程中能够坚持公平与正义，最终也能够达到一种"不怒自威"的社会效果。正如习近平总书记所说："如果不努力让人民群众在每一个司法案件中都感受到公平正义，人民群众就不会相信政法机关，从而也不会相信党和政府。"①大众传媒在此过程中最终对司法所形成的支持、认同与信任，也并不是刻意为之的结果，而只能是传媒与司法在保持各自运作逻辑的前提下"无意"中所达成的"默契"。

---

① 参见习近平：《论坚持全面依法治国》，中央文献出版社 2020 年版，第 46 页。

# 第四编　实证调查

# 第六章　关系文化对法律的塑造与制度信任的建构：基于对法律实务工作者的实证调查

## 第一节　引　言

关系文化可以说是中国人心理与行为的第一文化特征，在相当大程度上构成了中国人的社会交往逻辑。在中国各种法律制度的结构与过程中，我们几乎都能够看到关系、人情、面子的身影与痕迹，关系对任何制度都有一种无孔不入的穿透性。正如习近平总书记所指出的："我国是个人情社会，人们的社会联系广泛，上下级、亲戚朋友、老战友、老同事、老同学关系比较融洽，逢事喜欢讲个熟门熟道，但如果人情介入了法律和权力领域，就会带来问题，甚至带来严重问题。现在，一个案件在审理过程中，当事人到处找门路、托关系、请客送礼，不托人情、不找关系的是少数。"[1]因此，关系文化文化对于法治建设有着较大的破坏力，使得人民群众难以形成对法律的信任，遇到矛盾冲突，人们可能首先想到的是"找关系""找人"，而不是"找法"。

但对于关系文化在其中发挥作用的内在原理与机制，仍然缺少系统充分的研究。也许关系运作在日常生活中太司空见惯了，以至于我们反而忽视了其对于法律制度的深刻塑造与影响。在已经高度功能分化的当代中国社会，关系文化仍然作为一种顽强的文化心理与交往模式普遍地渗透进社会的各个功能领域，并试图改写各个功能系统的功能与规则，将其纳入连续性的关系系谱。对法律来说也是如此。中国法治建设以普遍主义为导向，日益强化以形式化、理性化与专业化为特征的功能逻辑，尽管我国已经建立了表面上看起来自治、抽象、匿名的法律系统，但关系文化作为强大的文化力量，对法律仍然有着无处不在的渗透，客观的法律结构无时无地不受"关系"的变通、软化、消解、重构，而且法律上的规则与程序反而可能对关系运作形成"庇护"，在表面的规则与程序外衣下，可能是关系运作的汹涌起伏。在此过程中，法律规则的普遍性被具体性的关系情境所取代，法律运作的铁面无私

---

[1]　参见习近平：《论坚持全面依法治国》，中央文献出版社 2020 年版，第 50 页。

被关系中的"人情"与"面子"所软化，法律设定的权力结构被关系运作所逆转。在如"汪洋大海"般的关系文化中，法律如同"独行的孤舟"，必须时时经受关系运作的渗透与穿刺。

即便当代中国社会的制度与观念相比于传统社会已经发生了重要变化，但关系文化对于中国法律制度与实践的影响仍是深远的，法律在关系的塑造下呈现出与其关于法治的制度承诺非常不一致的社会面目，严重破坏了法律制度的固有结构与功能。尽管如此，对于关系文化这种在中国社会根深蒂固的社会文化，如何影响与塑造当代中国的法律制度与实践，法学界却鲜少有学者进行过系统研究。目前国内学界研究比较多的是古代中国司法实践中人情与法律之间的关系，如霍存福、龙大轩、凌斌、刘道纪、徐忠明等学者的大部分相关研究，这类研究一般将人情当成一种和法律并列的静态规范，缺少人情如何影响法律的动态分析。① 一方面，人情对法律的影响不仅仅限于古代司法实践，在当代中国法律实践中也非常显著；另一方面，从纯粹规范的角度研究人情是远远不够的，只有从法社会学的角度来观察人情，并将人情当成动态的行动系统，我们才能深入探查人情特殊的实践特征。而强世功、陈柏峰等学者，对人情与面子在当代中国法律实践中如何运作做了一些颇有深度的实证分析与研究，但比较零散、不够系统化，缺少一般性的理论提炼，而且这类研究的理论视野局限于"落后"的乡土社会，未能将关系扩展为中国人心理与行为的普遍取向，进而研究这种取向对于法律制度的普遍塑造作用。② 还有一些学者或实务工作者，如王洁、周安平、汪明亮、李辉品等，注意到面子和冤案之间有着重要的关联，但这只是关系文化对法律影响的一个片段，还不足以完全展示关系与法律之间关系的全貌；③ 对于关系在今天中国的法律实践中如何影响法律做过一

① 参见霍存福：《中国传统法文化的文化性状与文化追寻——情理法的发生、发展及其命运》，载《法制与社会发展》2001 年第 3 期；梁治平：《法意与人情》，中国法制出版社 2004 年版；龙大轩：《和谐思想与中国传统法律的价值选择》，载《法制与社会发展》2005 年第 6 期；刘道纪：《法律内的天理与人情》，载《政法论坛》2011 年第 5 期；凌斌：《法律与情理：法治进程的情法矛盾与伦理选择》，载《中外法学》2012 年第 1 期；徐忠明：《案例、故事与明清时期的司法文化》，法律出版社 2006 年版，第 301～323 页；徐忠明：《众声喧哗：明清法律文化的复调叙事》，清华大学出版社 2007 年版，第 331～412 页。另外，梁治平、徐忠明也有一些实证研究对人情或情感在古代司法实践中的作用进行了动态分析与文化分析，如梁治平：《清代习惯法：社会与国家》，中国政法大学出版社 1996 年版，第 141～166 页；徐忠明：《情感、循吏与明清时期司法实践》，译林出版社 2019 年版，第 8～40 页。

② 参见强世功：《法制与治理》，中国政法大学出版社 2003 年版，第 199～211 页；陈柏峰：《秋菊的"气"与村长的"面子"》，载《山东大学学报(哲学社会科学版)》2010 年第 3 期。

③ 参见王洁：《司法亚文化的犯罪学思考——兼析佘祥林案件》，载《中国犯罪学研究会第十四届学术研讨会论文集(下册)》，2005 年，第 396～407 页；周安平：《面子与法律》，载《法制与社会发展》2008 年第 4 期；汪明亮：《面子维护与刑事错案纠正》，载《刑法论丛》2011 年第 2 卷，第 130～148 页；李辉品、安宁：《超越面子：刑事错案纠正的面子维护与规制》，载《全国法院第 27 届学术讨论会获奖论文集》，2016 年，第 1141～1146 页。

般性研究的学者则是高其才，其通过实证调查或个案分析研究了关系运作在法律实践中的作用，但主要还停留在经验描述的层面，没有深入到关系的深层次结构及其运作原理，对关系主义影响、塑造法律制度的一般性机制与后果也缺乏具有理论深度的阐释。①　总体上来看，对关系文化如何影响法律的一般性研究非常之少。因此，目前学界对关系文化与法律之间关系的研究是不能令人满意的。有鉴于此，本书将借鉴社会学、人类学、管理学研究中关于关系的一般性理论，并结合对当代中国法律实践中关系运作的实证调查，来系统阐明关系文化影响、塑造法律的一般性原理、机制与后果。

为了深化本书的研究，笔者对某地多名律师、法官与检察官进行了深入地访谈，调查"关系"是否有用，如果有用、体现于何处，并要求他们给出具体的案例。这些调查的相关材料体现于正文各处。这种调查相当有难度，因为"关系"在法律运作当中相当隐蔽，被调查者对于访谈多少有所保留，但笔者在调查中也尽力收集有用的信息。

## 第二节　关系的概念与原理

任何社会都会存在着各种各样的人际关系，但并不是任何关系都会构成中国文化意义上的"关系"。我们到商店购物，会和销售人员形成关系；我们到法院打官司，也会和法官形成关系，但这都不是中国人所理解的"关系"。中国文化观念中的"关系"是一种独特的文化产物，是一种以家族伦理道德为本位，有着特定情感特质，以"人情"和"面子"为机制，以交往的长期维护为导向，规则和义务具有情境性并很大程度上对个体来说具有不可选择性的心理与行为模式。为了区别于西方意义上的关系，在外文文献中，一般直接称中国文化意义上的"关系"为"guanxi"，而西方意义或一般意义上的关系则称为"relation"或"connection"。②

### 一、中国文化中的"关系"

在中国文化中，关系不仅仅是一种个别化的人际沟通模式，而且还是中国人在心理、行为与组织上的一种普遍取向。③　关系不仅仅作为一种获取利益的工具，而

①　参见高其才：《当代中国法律适用中的关系因素（上）》，载《云南大学学报（法学版）》2009 年第 2 期；高其才：《当代中国法律适用中的关系因素（上）》，载《云南大学学报（法学版）》2009 年第 3 期。

②　在本书的语境当中，凡是在中国文化意义上的关系与其他意义上的关系需要区分的场合，笔者均使用双引号标出中国意义上的关系。

③　可参见黄光国的相关分析。参见黄光国：《儒家关系主义：文化反思与典范重建》，北京大学出版社 2006 年版，第 82~108 页。

是作为一种普遍的文化心理，也构成了中国人的普遍行为逻辑。因此，我们将关系涉及的行为模式与行为取向称为"关系文化"。在这个意义上，关系文化在很大程度上构成了中国人观察周遭世界的一种普遍的视角，一种如何和周遭世界打交道的普遍交往模式，一种组织、协调人际关系的根本性机制。正如梁簌溟所认为，中国社会既不是个人本位的也不是社会本位的，而是关系本位的：关系网络从根本上构成了人生意义与社会地位的来源。① "关系"构成了大多数人自我认同与社会认同的重要基础，一个中国人的荣辱地位在相当大一部分上来自关系网络的赋予。在中国，人们不仅可能并不羞于违反规则与法律，而且还可能向亲戚朋友炫耀非法关系实践。② "关系"对政治、经济、法律等社会领域都有着广泛的渗透，中国人几乎在任何社会领域都有可能进行"关系运作"，政治、经济、法律等几乎任何功能性的交往模式都可能被"关系"所影响与支配，从而使得人们在不同社会领域的行为逻辑表现出"家族相似性"。

关系在实践上有两个方面的体现：其一，关系的泛化性。"关系"在中国社会几乎可以被用来组织任何人之间的关系。关系建构的对象可以是任何人，既可能包括家人、朋友，还包括与家人、朋友有个人关联的其他人，还包括通过其他关联机制如同学、老师、领导等关联起来的其他人。③ 众所周知，中国社会长期以来是"家族本位"的，"家"的伦理被扩展到"国"的层面，此即学界常说的"家国同构"。在"家"中的关系逻辑也被扩展到整个社会，从而形成了所谓的"泛家族主义"，④其实质也是"泛关系主义"。在家里有"大哥""大姐""大妈""大爷"；在家外，为了套近乎、走关系，我们也会以此称呼陌生人。通过拟制家的关系，我们将关系延伸到整个社会，正所谓的"四海之内皆兄弟"。孟子曾将人际关系归纳为"五伦"：君臣、父子、兄弟、夫妇、朋友，⑤ 人伦关系在实际当中远不限于"五伦"。费孝通的"差序格局"正是关系逻辑从熟人社会向陌生人社会逐步扩张所形成的秩序结构。家族内部关系的特征是长期性、情感性以及不可选择性，家族内部的这种关系导向也是人们与陌生人建构关系的主要策略。人们即使试图和陌生人建立关系以达到某种工具性目的，也应以长期性为导向，首先通过点滴、长期的人情往来建立较为稳

---

① 参见梁簌溟：《中国文化要义》，上海世纪出版集团 2005 年版，第 77~84 页。

② 参见 Ji Ruan, *Guanxi*, *Social Capital and School Choice in China*, Palgrave Macmillan, 2017, p. 118.

③ 参见 Robert J. Taormina and Jennifer H. Gao, A Research Model for Guanxi Behavior: Antecedents, Measures, and Outcomes of Chinese Social Networking, *Social Science Research*, 39 (2010), p. 1196.

④ 参见杨国枢：《中国人的心理与行为：本土化研究》，中国人民大学出版社 2004 年版，第 94 页。

⑤ 参见《孟子·滕文公上》。

固的情感，进而形成一种"人情"与"面子"上难以拒绝的义务与期待。因此，在中国，关系会形成一种包括家族成员与陌生人的庞大网络。其二，关系的连锁性。在关系文化中，关系并不局限于两个人之间的状态，不同的关系可以互相"连锁"起来，并被人们组织成一个更大的关系网：两个人之间即使没关系，但只要同时和第三方都有关系，那么这三个人之间就都有了关系，也都有了"情面"。正如俗语所说"不看僧面看佛面"，人们要想建立关系，总能找到关系纽带。关系作为一种普遍的交往模式和关系的这种特性密切相关，因为关系可以进行广泛地转移和扩张，也几乎可以被任何人所利用，权力与地位较高者固然有着广泛的关系资源，但权力与地位较低者同样也可以通过关系的连锁性来驱动权力与地位较高者的关系资源。这是一种自我驱动、自我扩张的"关系动力学"，关系不仅会延展到那些没有直接关系的人身上，而且我们可以通过一道道关系"撬动"更广泛的关系网络，① 并由此驱动更大权力、获取更多的资源。例如，在企业当中有一种相当常见的现象就是，为了能够和政府建立关系，企业有时雇佣那些有广泛关系的人，或者不是十分称职的官员亲戚与家属。② 通过家属或亲戚这一道关系，就足以将关系网扩展至政府官员那里。因此，人们可以凭借关系运作影响到自己不认识的人、动员起远超个人能力与权力的资源。

## 二、"关系"的非制度性原理

从法学的角度来看，关系在很大程度上与法律制度是截然对立的。任何有效的制度包括法律制度，都会形成一种超越具体情境、超越个人情感与意志的稳定的预期。参照卢曼的理论，关系实际是一种以"在场"为系统界限标准、强调具体感知、缺乏普遍性结构的互动系统，③ 其规则与义务取决于具体的情境、个人之间的面对面互动、对于个人来说极为特殊化的交往经验、沟通技巧、情感与期待等。这使得关系必然和法律制度的普遍化功能与规则形成对立。相比于法律这种制度化的系统，关系则是非制度性的。这主要体现为以下几个方面：

### (一) 关系的情境依赖性及其对制度的变通

关系实为人际互动系统，其运作是高度情境化的。关系秩序中的权利与义务并不是固定的，而是取决于关系形成的方式与时机、关系运作上极为特殊的个人技

---

① Ying Fan, Questioning Guanxi: Definition, Classification and Implications, *International Business Review*, 11(2002), p. 548.

② 参见 Danielle E, Warren, Thomas W. Dunfee and Naihe Li, Social Exchange in China: The Double-Edged Sword of Guanxi, *Journal of Business Ethics*, Vol. 55, No. 4(Dec., 2004), pp. 365-366.

③ 参见 Niklas Luhmann, *Social Systems*, translated by John Bednar and Dirk Baecker, Stanford University Press, 1996, pp. 405-436.

巧、关系的历史与内容、关系中的个人地位与声誉、交往时间与空间的长短与远近，因此，关系有着高度的情境依赖性，以及具体情况具体对待的特性。① 在关系中，上述不同的情境因素导致了在不同的关系中人情的轻重、面子的大小，以及关系的亲疏与深浅的区别，最终决定了一个人在关系网中的地位与角色。关系中的权利义务并不是完全由客观的规则所决定的，而是取决于其所在的关系网。因此，关系是情境中心主义或情境决定的，或者是马克斯·韦伯所归纳的与现代的理性主义或普遍主义相对立的特殊主义文化。② 关系和制度的普遍主义导向相对立。现代法律制度强调普遍性规则指导下的一视同仁，但关系则强调特殊情况特殊对待。在关系文化中，人们进行社会交往时，首先需要考虑的是对方是何种"关系"，并根据"关系"的不同来安排自己与他人的地位、角色与期待。一个社会地位低下的农夫，可以因为有一个地位显赫的儿子，而在乡间备受尊崇；市长夫人也许没有任何正式职务，但任何人都不能忽视其所享有的实质性权力；一个执法者所承受的义务不仅仅来自法律，还可能来自关系网中的亲情压力。因此，在关系文化中，一个人享有何种权利、承担何种义务，并不能够完全通过正式制度规范本身看出来，还要观察其在关系网中的地位与角色。关系使得正式制度规范的解释与实施变得复杂化了。由于关系大多是一种隐性结构，人们在正式制度中有时就很难确定自己的权利与义务的范围和界限位于何处，即便是合法权利与义务的实现，也需要看关系的深浅以及相应的人情与面子的大小。

关系作为情境中心主义，也使得关系中的行为呈现出权变性特征，这也和正式制度形成对立。关系中的行为受关系网络中的价值、立场、地位等的影响。正式的制度规则强调的是"对事不对人"，但关系恰恰相反："对人不对事"。关系的情境中心主义特征决定了关系中决定的权变性：关系总是试图在制度常规之外或之内，谋求变通与权宜。③ 在关系中，重要的是恰当、合适、识相、讲情面、与人为善、手下留情、得饶人处且饶人，而不是是非分明，对于中国人来说，"制度是死的，人是活的"。用真与假、合法与非法进行非此即彼的判断，都可能导致"不近人情"的批评。人情与脸面是中国关系文化中独立的行为理由，其能够超越于其他行为理由之上。在一个关系泛滥的社会，人们从来都不甘于受制度的支配，而是尽一切可能进行"关系钻营"，制度有"漏洞"固然要"钻"，制度即使没有漏洞，也要做出变

---

① 参见许烺光：《宗族、种姓与社团》，黄光国译，台北南天书局 2002 年版，第 190 页；翟学伟：《关系与中国社会》，中国社会科学出版社 2012 年版，第 66 页。

② 参见[德]马克斯·韦伯：《儒教与道教》，王荣芬译，商务印书馆 1995 年版，第 279 ~ 301 页。关于特殊主义与普遍主义的详细解释，参见肖瑛：《从"家"出发：重释韦伯的文明比较研究》，载应星主编：《清华社会科学》2020 年第 2 卷第 1 辑，第 41 ~ 134 页。

③ 参见翟学伟：《中国人行动的逻辑》，生活·读书·新知三联书店 2017 年版，第 185 ~ 196 页。

通。关系运作的泛滥既有文化方面的原因，也有规则与法律的模糊与不确定的原因，很多情况下制度规范不可避免地存在模糊性，从而为关系运作留有空间，而且不论制度是否得到改善，关系作为普遍的生活实践始终深嵌于中国人的日常生活中。①"关系"不仅仅存在于制度的合法自由裁量权范围内，而是从根本上就是要重组制度关系本身。关系天生地具有规避制度甚至反制度的倾向。

### （二）关系的情感性及其超制度的义务承诺

一般来说，人际关系既可以是工具性的，也可以是情感性的，还可以是混合性的。② 如果关系是工具性的，则意味着关系是短暂的、功利化的。关系的选择可以被理性计算，在关系有用时，则可以随时建立，无用时可以随手丢弃。关系也可以是情感性的，情感使得关系被注入了非理性的成分，人们可以不计较短期的回报，长期的回报也只是被当成一种抽象的存在，关系运作的目的在社会面相上应当首先是关系的长期维续本身。③ 法律关系大多是工具性的，其义务随着利益目的的实现而结束。而中国文化意义上的"关系"主要是混合性的：大多数关系运作都可能有一定的工具性目的，但工具性目的必须以前期的情感性基础作为铺垫，以关系的长期维护作为人际交往的"掩饰"。在中国的关系文化中，中国人倾向于先建立情感，后才追求利益。因此，与法律关系不同，中国文化中的"关系"不纯粹是功利性的，而是带有自我认同与社会认同的内涵，其中存在着情感寄托。④ 在中国的关系文化中，关系中的不当行为，会导致严重的情感反应，如人情上的失礼，会导致"难为情"；丢了"面子"，会导致所谓的"耻感"，并且这种心理反应被社会成员所内化，成为一种道德心理。⑤ 即使为了实现功利性目的对那些本来没有关系的人进行关系建构，那也必须以情感性与长期性为导向。正由于此，关系中往往包含了一种无限的义务承诺。

在关系逻辑中，关系本身就是一种独立于任何利益目标的存在与追求。这一点

---

① 参见 Ji Ruan, *Guanxi, Social Capital and School Choice in China*, Palgrave Macmillan, 2017, pp. 101-118.

② 参见黄光国、胡先缙等：《人情与面子：中国人的权力游戏》，中国人民大学出版社 2010 年版，第 6~9 页。

③ 参见 Yang Mayfair Mei-Hui, *Gifts, Favors and Banquets: the Art of Social Relationships in China*, Cornell University Press, 1994, pp. 139-145.

④ 参见 Hwang, E. R, Face and Favor: The Chinese Power Games, *American Journal of Sociology*, 1987, 92 (4), pp. 35-41. 请参见一个相关的经验研究，Andrew B. Kipnis, *Producing Guanxi*, Duke University Press, 1997, p. 8.

⑤ 参见金耀基：《"面"、"耻"与中国人行为之分析》，载杨国枢编：《中国人的心理》，台北桂冠图书出版公司 1993 年版，第 321~337 页。

体现在关系的交换特征上。与经济市场中纯粹以工具性为导向，且目的在于互通有无的"异质性交换"不同，关系是以情感为导向的交换同类利益的"同质性交换"，①"同质性交换"的目的不在于获取自己所没有的某种利益，而是增进情感，深化关系，形成一种长期的、和谐的秩序状态，如在日常生活中的互送红包、互相请客吃饭、节日互相拜访或其他同类利益的交换。这些交换很多看似没有实质性意义，其目的不在于互通有无，而在于维护关系本身的长期存在。关系文化要求任何交往都应有一定的情感基础，因此，中国人是比较排斥赤裸裸的利益交换与利益计算的。② 在社会学当中，关系有时被认为是一种"关系资本"或者社会资本，③ 但这种理性化的观点很难解释关系的逻辑。以理性还是非理性来看待关系都是不恰当，关系本身就构成了一个独立的意义系统。④ 在中国，关系的建构刚开始都是从一些微小、缺乏目的性的"同质性交换"开始的，由此通过前期的情感性铺垫，实现后期的工具性回报。基于关系的情感性追求，关系运作应当成为一种不计较短期回报的长期投入。⑤ 而未来是否获得回报不是完全可以预知的，完全有可能的是，关系投资会失败。⑥ 但正由于此，事前的关系投资比事后的关系投资更加重要，⑦ 因为事前的关系投资有着失败的风险，因此有着更显著的情感表达意义。早期独特的交往历史比后期的重金收买更有利于关系的建立。关系一旦建立，就应当长期维持，现实当中，尽管看不见任何具体的回报，但一些企业为了维持与政府决策者和执法者之间的关系，必须长期性地给予其人情优惠，这是一种没有直接利益交换的腐败。关系也因此可能成为一种不可承受的负担，使人们丧失选择的自主性和自由，难以进行合理性计算，⑧ 以至于一些企业甚至试图摆脱关系，有学者因此称之为"关系逃避"现象。⑨ 因此，关系运作到后来也会成为一种巨大的成本，我们不能指望关系能够成为一种克服制度不确定性的普遍机制。

---

① 参见翟学伟：《关系与中国社会》，中国社会科学出版社 2012 年版，第 80~81 页。

② 参见翟学伟：《关系与中国社会》，中国社会科学出版社 2012 年版，第 107 页。

③ 参见翟学伟：《是"关系"，还是社会资本》，载《社会》2009 年第 1 期。

④ 参见 Chee Kiong Tong, Rethinking Chinese Business Networks：Trust and Distrust in Chinese Business, in *Chinese Business Rethinking Guanxi and Trust in Chinese Business Networks*, Chee Kiong Tong( Editor), Springer, 2014, p. 110.

⑤ 参见 Liang-Hung Lin, Cultural and Organizational Antecedents of Guanxi：The Chinese Cases, *Journal of Business Ethics*, Vol. 99, No. 3( March 2011), p. 443.

⑥ 参见 Ying Fan, Questioning guanxi：Definition, Classification and Implications, *International Business Review*, 11( 2002), p. 555.

⑦ 参见翟学伟：《关系与中国社会》，中国社会科学出版社 2012 年版，第 106~107 页。

⑧ 参见金耀基：《中国现代化的终极愿景》，上海人民出版社 2013 年版，第 138~140 页。

⑨ 参见 Min Chen, *Asian Management Systems：Chinese, Japanese and Korean Styles of Business*, Routledge, 1995, pp. 52-68.

鉴于关系的上述特征，关系往往潜含着长期甚至无限的义务承诺。在试图建立关系时，一方必须展示长期承诺的态度与决心。① 关系运作反对"一锤子买卖"，其谋求"人情债"的长期延伸，工具性目的应被掩饰，延长回报时间才能强化关系与义务的持久性。"关系"一旦被建立，就会产生需要长期维护的义务负担，关系运作有一种不断"自我升级"的倾向。② 如果关系一方要求即时性的对等回报，对另一方来说，这往往被认为是拒绝关系建构的标志。这也是一种人格上的羞辱，因为其违背了关系的情感逻辑及其对义务的长期承诺。特别是关系建立的初期，礼物的赠送如果带有明确的工具性目的，会暗示收礼者比较"贪婪"。关系要求一种长期的、不能过分计较、甚至有风险的投资，这种有意放弃理性计算的做法应当作为情感的表达。这意味着，关系中的义务与回报不能被精确计算，也不能谋求对等，而是一种泛化的期待。中国人常说"滴水之恩，当以涌泉相报"，通过微小成本建立的关系，有时会产生完全不对称的巨大义务。受惠者一旦卷入关系，会形成一种长期的不确定的强大义务性压力，施惠者在未来的某个不确定时间一旦提出无论是合法还是非法的要求，受惠者在情面上都很难拒绝。正如俗话所说的"人情大于债"，为了"逃避"关系带来的义务压力，人们有时会极力回避关系，如不愿意和熟人做生意。但其问题在于，很多关系是不可选择的，如基于家人、亲属、同学、同乡、同事形成的关系是很难回避的。而且在关系中，即使脱离了利益关联，义务仍然存在。正由于关系并不追求短期的利益回报，关系也并不随利益交换的完成而结束，而是在情感上长期存在，正所谓的"买卖不成仁义在"。刑法中的受贿罪有一种情况就是通过影响力受贿，退休官员仍然可能利用过去的关系网络谋取非法利益，正是指向关系的这个特征：即使退休官员已经对现任官员没有了权力支配性，但关系还没有断，"老领导"的人情和面子还在，法律关系与利益关联的消失不影响关系与义务的长期存在。

综上所述，一旦建立"关系"后，我们就很难拒绝"关系"带来的义务压力。关系包含了一种在时间与利益上都可能变得无限的承诺。这是一种超越法律的巨大义务性压力。

### (三) 关系的私人性及其对制度边界的突破

关系本质上是私人的，关系只能在私人与私人之间进行连接。说关系是私人

---

① Ying Guo, et, Interpersonal Relations in China: Expatriates' Perspective on the Development and Use of Guanxi, *International Business Review*, Vol. 27, No. 2(January 2018), p. 460.

② 参见 Yang Mayfair Mei-Hui, *Gifts, Favors and Banquets: the Art of Social Relationships in China*, Cornell University Press, 1994, pp. 143-144.

的，有两层含义：一层含义是关系依附于个人，是一种个人属性。① 与关系有关的脸面、人情等，主要都是个人之间的承诺与期待。这种承诺很难转移到组织、集体或社会层面。例如，在中国，一个企业的发展与运转可能非常依赖个人的关系，其在当地所拿到的政策优惠可能仰赖于老板和政府官员的关系，一些企业也非常喜欢雇佣政府官员的关系人或退休离职的政府官员，但这种关系一般只附属于个人身上，并不能直接转化为组织的品性，因此一旦出现个人的离职，关系也就随之带走。② 即使在正式的组织与制度范围内，人际关系也逐渐被赋予私人色彩，变成一种人格化的特殊"关系"。说关系是私人的，另一层含义是"关系"只能在个人层面进行操作，关系资源只能被个人所拥有。③ 关系运作很大程度上是一种个人之间的互动问题。在中国工作的外国人很容易意识到这一点：关系维护很大程度是一种个人责任（personal responsibility）或个人承诺（personal commitment），这涉及个人的人情往来、面子得失以及个人时间的长期投入等。④ 关系作为一种面对面互动系统，与法律系统、经济系统、政治系统等大型的社会系统不同，其局限于小范围的个人之间，注重个人情感的直接交流。就此而言，关系的建构特别依赖于空间距离的相近，因为只有空间距离相近才会形成面对面互动的机会。因此，亲人、同乡、同学、战友等存在共同生活机会的关系都是形成"关系"的天然源泉。"关系"的私人性使得其也很难在制度结构中稳定下来，关系社会无疑更加偏向于人治而非法治。

关系尽管是私人性的，但关系文化作为一种普遍的文化对于社会各领域有着广泛的渗透，关系对于中国的各种制度带来了一个重要后果：公私不分。从制度的角度来看，我们应"天下为公""大公无私"，但关系极容易突破公共制度与组织的边界，⑤ 成为正式制度的替代机制与消解机制。"关系"能够将各种正式的制度关系纳入脉络化的"关系系谱"当中，使其按照私人"关系"的逻辑进行运转。即便在正式的组织内，制度角色之间的公务关系作为独特的"关系"实践，也仍然可能被关系主义文化重新解释，变成一种私人"关系"。例如，从法律的角度来看，政府组织

① 参见 Ying Fan, Guanxi's Consequences: Personal Gains at Social Cost, *Journal of Business Ethics*, Vol. 38, No. 4, Jul., 2002, pp. 374-375.

② Jenny Zhengye Hou and Yunxia Zhu, Social Capital, Guanxi and Political Influence in Chinese Government Relation, *Public Relation Review*, 46(2020), p. 5.

③ Ying Fan, Questioning Guanxi: Definition, Classification and Implications, *International Business Review*, 11(2002), p. 553.

④ 请参见一个相关的经验研究，Ying Guo, et al, Interpersonal relations in China: Expatriates' Perspective on the Development and Use of Guanxi, *International Business Review*, January 2018, 27 (2), p. 459.

⑤ 参见沈毅：《迈向"场域"脉络下的本土"关系"理论探析》，载《社会学研究》2013 年第 4 期。

内部下级对于上级的服从是基于规则的制度性行为，这种服从和个人无关，应是一种我国台湾地区学者刘纪曜所称的"公忠"。但在实践中，"公忠"却被私人化了，变成了一种"私忠"。① 由于是"私忠"，就有了人情与面子的考虑，上下级关系往往容易超出制度的限制，向违法行为扩张。而且"私忠"在上级领导退休之后仍然可能继续有效，对过去的下属发挥一定的影响力。

　　又如，在关系中，不仅有常见的"公器私用"，"私器公用"也是有可能的。公共权力既有可能服务于私人关系中的利益，但私人关系或关系策略同样也可能被用于推进那些通过正式制度难以推进的公共事务。关系有时比制度更有效，特别是在制度存在缺陷的情况下，首先需要培养私人关系并以此为基础推进公务。这在中国产生了一种特殊的现象："因公腐败"，② 某些地方政府实质是用人情替代制度，来谋取地方性利益。③ 这是将私人"关系"的逻辑应用于公务关系中的结果。又如，在当下中国基层社会仍然普遍存在的是，乡村纠纷调解对于乡村干部的依赖实际也是通过熟人社会既有的私人"关系"来说服当事人甚至对当事人施压，从而推进某些难以强制实施的国家法律与政策。④ 在正式的法律制度缺乏有效权威的情况下，关系中的人情与面子显得更加有效。笔者的调查也发现，不少政法干部也认为，即便是公事公办，如果和同事能够有一个良好的私人关系，办理公务时也更加便捷，如事务沟通会更加有效率，司法政策的解释更为充分，公务资源调动更加迅速，集体决议动向也更容易得到同事的支持。有一位被访谈者就提到这样一种情况：有些事务虽然是公务，但属于书面报告与材料中不方便记载的背景信息与隐情，只可以私底下沟通但不适合拿到"台面"上来，因此如果有私人关系则更方便进行说明与通报。

## 第三节　关系文化塑造法律运作的机制：人情与脸面

　　在中国，关系文化对于法律有着显著的影响与渗透。无论从法律从业者的个人

---

　　①　参见刘纪曜：《公与私——忠的伦理内涵》，载黄俊杰主编：《中国文化新论——思想篇二：天道与人道》，生活·读书·新知三联书店1992年版，第171～208页。
　　②　参见郭剑鸣：《"因公"腐败及其防治的系统机制：一个分析框架》，载《学习与探索》2014年第7期。
　　③　参见陈正华：《论中央与地方分权中的正式制度与非正式制度》，载《法学杂志》2008年第5期。
　　④　参见陈柏峰：《治理论还是法治论：当代中国乡村司法的理论建构》，载《法学研究》2010年第3期。

经验感受，还是各种实证调查中，① 都能够发现这一点。在笔者的调查中，绝大多数被调查者承认，关系对于司法与执法是有一定影响的。为什么关系文化对于法律有着如此广泛的渗透与影响呢？人情与脸面构成了关系文化的两大基本运作机制，特别能够说明这一点。在中国社会，关系运作不是单纯的利益交换，而是包含了情感的互动，也不是一种直线式操作，而是迂回式操作：关系运作以人情和面子为中介。② 借助人情与脸面，人们能够突破制度的防线，将自己的工具性目的渗透到正式的法律制度与组织当中。

## 一、人情的义务压力及其对违法行为的正当化

人情是一个独特的中国文化概念，是关系运作的一个核心性机制。有学者称中国为"人情超级大国"。③ 人情也是维护关系和谐与稳定的一个重要机制。人情有时被称为"人情债"，往往施加了远超法律的巨大义务性压力。人情在法律交往中极具迷惑性，往往会使得法官与执法者不知不觉地滑向非法的境地。

法学界尽管有很多关于情理法、人情与法意、人情与国法的论述，但更多地是将人情当成静态的规范来分析。而从法社会学的角度来看，人情既可以是关于如何"做人"的道德规则、沟通技巧或情感策略，如"人情世故""人情练达""通情达理"，涉及如何处理关系的一系列规则与技巧；人情也可以被当成建立关系的一种社会资源，如"欠人情""送人情""顺水人情"。④ 在人情的背后，则是一种中国独有的认为人与人可以"心意相通"的特殊文化情感，⑤ 或者是一种所谓的"同理心"，⑥ 如将心比心、恻隐之心、交心、知心、情有可原等。梁漱溟很早就观察到，西方社会重法治而中国社会重人情，重法治则"只有订出条例而拘守之"，而重人情则是"亲疏厚薄，其间自有差别"，人情还可以对外扩张："因亲及亲、因友及友"，所以中国人遇事总喜欢托人情。⑦ 而在林语堂看来，在中国社会，"'近乎人情'是较胜于'合乎逻辑'的伟大考量"，是一种更重要的判断是非的标准。⑧ 对于

---

① 参见高其才：《当代中国法律适用中的关系因素（上）》，载《云南大学学报（法学版）》2009 年第 2 期。

② 参见 Ying Fan, Questioning Guanxi：Definition, Classification and Implications, *International Business Review*, Volume 11, Issue 5, October 2002, p. 558.

③ 参见韩少功：《人情超级大国（一）》，载《读书》2001 年第 12 期。

④ 参见翟学伟：《中国人行动的逻辑》，生活·读书·新知三联书店 2017 年版，第 175 页。

⑤ 参见翟学伟：《人情、面子与权力的再生产》，北京大学出版社 2013 年版，第 102~108 页。

⑥ 参见佐斌：《中国人的脸和面子：本土社会心理学探索》，华中师范大学出版社 1997 年版，第 64 页。

⑦ 参见梁漱溟：《中国文化要义》，上海世纪出版集团 2005 年版，第 60 页。

⑧ 参见林语堂：《吾国与吾民》，陕西师范大学出版社 2002 年版，第 73~74 页。

中国人来说，人情相比于抽象的逻辑与法理，是一种更为"实体性"的存在，也是一种更为现实的义务。尽管古代司法智慧常常强调"情、理、法"并重，但在私人关系实践中往往是"国法不外乎人情""舍王法而就人情"。人情可以被视为是一种混合伦理与自然属性的感情，① 规则与逻辑都很重要，但面对"将心比心"的人情，往往不得不退让三分，人情观念会形成无言的义务性压力。"得理不饶人"在中国社会并不受欢迎，相反我们提倡的是"手下留情""做人要留有余地"。人情关系本来主要存在于家族内，主要以血缘为基础，由于农业社会血缘关系的长期性与不可选择性，人们只能与血亲成员"抬头不见低头见"，各种利益"水乳交融"，这使得那种"亲兄弟明算账"的理性化关系很难建立起来，由此演化出不计较个人短期得失的"人情关系"。但人情作为一种普遍的文化与道德心理却从家族"泛化"至整个社会，成为整个社会的一种重要交往模式。因此，人情交往不仅仅限于家族内部这种与生俱来的关系，也可以通过"人情往来"建立新的人情关系。

对于人情如何塑造法律，基于分析的需要可以区分为三个层次：

1. 人情会产生强大的义务感

中国是一个人情大国，而现代法律制度代表的是一种与道德相分离的理性精神，其运作是高度自治性与抽象化的，法律制度很多时候还不足以对抗人情关系在现实当中所施加的义务压力与心理成本。人情义务感很有可能会超过法律带来的义务感。面对各种人情请托，即使是违法的人情请托，法官与执法者有时也很难拒绝，而公事公办、依法办事反而成了"不通人情""不给情面""六亲不认""忘恩负义"的表现。人情义务是有着强大韧性的，而且是难以摆脱的。"人情往来"不同于理性化、短暂性、追求等价的市场交易，而是追求关系的长期延续、情感的长期维护、不对称的资源交换。"人情往来"反对即时、对等的回报，强调的是"欠"，人情应该是"拧不清"的，只有反复的相互"欠人情"，关系才能得到长期的维续。② 人情中的义务是一种无可逃遁但又高度不确定的义务。正如金耀基所说："人情是日常生活中一种难以说明，却又很有约束力的义务。"③正由于此，人情义务对个人能够施加极大的心理压力。人情虽然不求短期、即时性的对等回报，但正是以此为代价，谋求不确定但可期待的长期回报。一旦某一天关系人提出人情请托，不论合

---

① 参见 Yang Mayfair Mei-Hui, *Gifts, Favors and Banquets: the Art of Social Relationships in China*, Cornell University Press, 1994, pp. 67-68.

② 参见翟学伟：《人情、面子与权力的再生产》，北京大学出版社 2013 年版，第 104~105 页。

③ 参见金耀基：《人际关系中"人情"之分析》，载杨国枢编：《中国人的心理》，台北桂冠图书出版公司 1993 年版，第 86 页。

法非法，对于另一方来说就变得很难拒绝。人情在心理上会产生相应的"负债感压力"，① 或"心理绑架效应"。② 人情是一种"软性胁迫"，能够"迫使"已经被人情笼络的执法者与法官不得不做出违法行为。执法者即使在主观不情愿甚至明知有风险的情况下，也难以拒绝他人的"人情请托"。这种压力的产生不仅仅是因为利益的交换与回报，也是情感的承诺。人情的这些特征决定人情义务压力往往胜过法律，远远超出法律人对于法律正义力量的想象。人情通过情感"俘获"了法官与执法者的灵魂，从而最终也"俘获"了法律。人情关系的培养看重的不完全是物质利益的丰厚（当然不是说这不重要），而且更重视"打动人心"的心理策略，要看是不是"有心""有情"。由于人情关系更偏向于感情的长期培养与关系的长期维护，人情投资不必非得是重金重礼，童年、同学、战友早期的真诚交往、日常生活中贴心的小恩小惠，往往足以胜过飞黄腾达后的人情往来。因此人情义务具有广泛的生成条件，人情对法律会产生广泛的渗透力。无权无势的人凭借早年的交往或点滴式的人情往来，就有机会说动掌权的政府官员为自己的利益服务。而且由于任何执法者身边都可能有来自家人、朋友、同学的人情关系网，人情就构成了可以撼动法律结构的一个重要机制。尽管在现代法治话语中，法律获得了独立于道德的自治性，人情不再被允许凌驾于国法之上，但人情作为强大的文化惯性力量仍然无处不在。

2. 人情对法律制度界限的穿越

人情的义务压力不是硬性的强迫，而是以一种潜移默化、"温水煮青蛙"的方式，将人情的考量代替对法律的考量，从而不知不觉地穿越人情与法律的制度界限，实现了对法律的"俘获"。人情会使人们在不知不觉中跨越法律关系与人情关系的界限，使得违法行为在人情关系的庇护下获得道德与心理上的正当性。人情往往极具"迷惑性"：人情往来容易被当成一种正常的交际往来，当成熟人朋友之间情感交流的一种正常方式，人情关系与法律关系的界限也被不自觉地穿透，最终人情往来也不知不觉地滑向违法犯罪的境地。③ 例如，在笔者的调查中，就有法官提到，如果大学同学或其他律师朋友请他们吃饭，他们一般不会拒绝，这种宴请大多没有非法目的，但在长期的人情往来所营造的情感氛围之下，工作与私人关系确实不容易区分，最终当有朋友提出法外要求时，如透露内部信息，就变得"顺理成章"。中国的很多腐败现象都体现出人情的这种逻辑。人情关系对于法官与执法者

---

① 参见张咏梅、刘子馨：《中国人情网络里的腐败行为——基于负债感的分析》，载《兰州学刊》2012 年第 2 期。

② 参见许燕、冯秋迪等：《腐败心理研究的理论与研究范式》，载《社会心理研究》2014 年第 3 期；冯秋迪、许燕、隆逸芝等：《人情愧疚感如何"心理绑架"公平的分配行为》，载《北京师范大学学报（自然科学版）》2015 年第 4 期。

③ 参见江苏省扬州市纪委监委课题组：《关于基层"微腐败"治理的调研》，载《中国纪检报》2018 年 5 月 17 日，第 7 版。

进行笼络的过程类似于"温水煮青蛙"的渐进方式：先是通过不对称、较小的施惠，赢得法官或执法者的好感，然后循序渐进，随着情感的深入，礼品与善意逐渐加重。在此过程中，要让官员感受到行贿人"用了心"，从而形成情感认同，开始称兄道弟。这时人情关系逐渐成熟，当行贿人提出不合法要求时，官员开始感到被"胁迫"，但这种被胁迫并不基于任何利益丧失的威胁，而是因为情面上的"抹不开"。人情在这里实现了对权力支配的逆转，行贿者开始对官员实现逆向掌控。

3. 人情对违法行为的正当化。人情关系既具有工具性特征，也具有情感性特征，其一般是通过情感培养来实现工具性目的。人情的逻辑是排斥赤裸裸的权钱交易的。人情是以非功利性的方式追求功利性目的，从而极大地降低了实施违法行为的道德罪恶感。在人情的庇护下，送礼收礼才会心安理得，违法犯罪才能在关系中得到正当化。直接的权钱交易在中国这个人情社会很难被法官与执法者在情感上所接受，很多人情关系在刚开始进行启动时，都是以情感作为铺垫与先导，有了人情对于自我认同与社会认同的支持，一些更严重的违法行为才会变得"理所应当"。此时工具性行为获得了情感外衣，从而在心理上变得正当化。因此，在一个遍布人情关系的社会，法律很容易被"围猎"：人情文化通过安全感的营造、情感的培育、正当性的建构，实现了对于违法行为与徇私枉法的心理庇护以及对政府官员与执法者的心理控制。[1] 人情的这种效果在中国文化中最为显著。黄国光等学者曾通过对中美学生之间进行比较研究发现，华人学生对于家庭成员反社会规范行为错误程度的判断较家庭以外的人低，而美国学生对于家庭内外的人行为的错误程度的判断大致平均。[2] 对于中国人来说更为明显的是，人情关系能够扭曲客观规则的评价，正当化违法行为。

## 二、脸面机制对法律权力的再生产与对法律权威的异化

脸面也是关系文化中的一个核心机制，也有利于维护人际关系的和谐。清末来华的西方传教士史密斯很早就发现"脸面"是理解中国人性格的关键密码。[3] 什么是脸面呢？脸面有时也被称为面子、情面等。如果将脸和面区分开来说，脸是一个体为了迎合某一个社会圈认同的形象，经过印象整饰后所表现出的心理和行为，而面子是这一业已形成的形象在社会圈人的心目中所产生的序列地位。[4] 总体上来看，

---

① 参见彭小兵、曾宝蝶：《权力围猎场：腐败关系网络是如何搭建的》，载《理论改革》2020 年第 3 期。

② 参见黄光国、胡先缙等：《面子——中国人的权力游戏》，中国人民大学出版社 2004 年版，第 190~192 页。

③ 参见 Arthur Henderson Smith, *Chinese Characteristics*, Fleming H. Revell Company, 1894, p. 17.

④ 参见翟学伟：《人情、面子与权力的再生产》，北京大学出版社 2013 年版，第 158 页。

我们一般对于脸和面是没有严格区分的。脸面既是指一种社会声誉、权威、形象与地位以及对于这种声誉、权威、形象与地位的自我认知与自我认同，也包含着维护与失去这种社会声誉、形象或地位相关的一系列运作机制与规则。人情和脸面有一定的关联，"情面"在日常生活的语言表达中有时被连起来使用，但脸面偏向于外在形象的尊重与认可，而人情偏重于内在情感的交流。有人情，往往必须要给面子，但给面子未必有多大的人情，可能是纯粹的虚情假意。

　　脸面也是高度情境化的，脸面的大小取决于关系网中地位的高低。按照翟学伟的"偏正结构"理论，任何关系互动的情境中都会存在正位与偏位，也即中心人物与辅助人物、重点人物与边缘人物，中心人物与重点人物被假定更为权威与正确，因此需要辅助人物与边缘人物给予其更大的脸面与尊重。[①] 如父母与子女、长辈与晚辈，上级与下级、政府与民众、法官与律师、老师和学生、主人与客人等。"偏正结构"中正位者的脸面与权威大于偏位者，但偏正结构是动态、情境化的，取决于关系的不同布局与安排。在偏正结构中，偏位者作为辅助人物有必要衬托、修饰正位者的脸面与权威。脸面是双重性的心理与行为，既有掩饰自我的意义，也有炫耀自我的意义，这要求脸面的运作必须借助群体与他人的配合才能完成。[②] 因此，脸面也是一个关系性的概念。[③] 社会评价的可能性是面子的先决条件，面子只有与对方互动或观众赋予才能成立。[④] 脸面因此不是西方个人主义背景下一种独立的人格形象，而是关系的一种构造，一个人固然因为事业成功、官居高位而有脸面，但这个脸面也要他人或集体的给予。如果他人不给予，那么就会导致"没面子""丢脸""撕破脸"，这会对人际关系带来严重的破坏。"没面子""丢脸""撕破脸"往往会导致严重的情感伤害与矛盾冲突。在漫长的文化与道德演化中，脸面机制形成了极为强烈的情感内涵，[⑤] 脸面的运作会产生欢喜、愤怒、羞耻、羞愧等一系列情感反应。在中国的关系文化中，脸面和所谓的"耻感"密切相关，[⑥] 脸面的丧失会导致人们对自我在他人心理中的地位的丧失的假定，并进一步导致自我的廉耻之心。在现实生活中，失去脸面甚至会导致个体的自杀，如"无颜见江东父老"。即使"丢

---

　　① 参见翟学伟：《人情、面子与权力的再生产》，北京大学出版社 2013 年版，第 171~174 页。

　　② 参见翟学伟：《关系与中国社会》，中国社会科学出版社 2012 年版，第 129 页。

　　③ 参见丁伟：《解析"面子"：一种社会学的视角》，载《社会》2002 年第 10 期。

　　④ 参见朱瑞玲：《中国人的社会互动：面子的问题》，载杨国枢编：《中国人的心理》，台北桂冠图书出版公司 1993 年版，第 243 页。

　　⑤ 参见黄光国、胡先缙等：《面子——中国人的权力游戏》，中国人民大学出版社 2004 年版，第 184~190 页。

　　⑥ 参见金耀基：《"面"、"耻"与中国人行为之分析》，载杨国枢编：《中国人的心理》，台北桂冠图书出版公司 1993 年版，第 321、334 页。

脸""撕破脸""不给面子"没有实质性的利益伤害，但基于特殊的文化心理与道德情感，也是对个人自我认同与社会认同的沉重打击。脸面和利益没有必然联系，人们可能为了维护脸面愿意付出巨大的努力与代价，如人们常说的"死要面子活受罪"。

在关系当中，脸面起到了维护关系和谐的作用。为了防止他人的负面评价，脸面机制要求至少尽力做到费孝通所谓的"表面的无违"，① 而不论其实质性内涵与精神如何。脸面逻辑总是力求奉承对方或至少不得罪对方。② 脸面文化形成于安土重迁、世代累居的乡土社会关系中，这种社会关系不具有可选择性，相互"给面子"有利于在集体环境中维护人际关系的和谐。③ 脸面机制一方面要求极力避免暴露自己的错误，另一方面要求极力避免对于他人错误的公开指责。在互动过程中，相互给对方脸面也会形成一种难以拒绝的义务。例如，一个人固然要爱惜自己与所在团体的形象，"家丑不可外扬"，但即便错误被暴露，或互动一方在心底不喜欢另外一方，但也必须要给予对方"脸面"，不能直接指出对方的错误，否则就会出现难堪与尴尬的局面。因此，特别是在熟人社会环境下，脸面机制对于解决纠纷、控制冲突是有一定意义的。④

随着脸面文化向整个社会层面的扩展，脸面机制也可能扩展至团体。一般来说一个人要顾及三个方面的面子：自己的、互动对方的以及团体的。⑤ 脸面在关系网络中具有辐射性与共享性，⑥ 是"一损俱损、一荣俱荣"的。对一个组织来说，面子不仅是领导者个人"小我"的面子问题，也涉及领导者所在的机构与组织的"大我"的面子问题。⑦ 对于领导人个人来说，其也有必要维护其所在机构组织的面子。在政法系统内也是如此，个别执法者违法乱纪，也会导致其所属政法界丢"脸面"，也让当地党政机关"脸上无光"。当然，脸面更多地还是遵循"私的"逻辑，主要是一种个人追求，而且不论是为了维护个人的脸面，还是团体的脸面，都有可能以牺牲普遍规范与公共利益为代价。

由于脸面机制的运作与社会地位高低密切相关，脸面机制对于法律制度的渗透

---

① 参见费孝通：《乡土中国》，北京出版社 2005 年版，第 116 页。

② 参见翟学伟：《关系与中国社会》，中国社会科学出版社 2012 年版，第 122、137 页。

③ Yang, K. S. Chinese Social Orientation：An Integrative Analysis, in T. Y. Lin, W. S. Tseng and E. K. Yeh（eds.）, *Chinese Societies and Mental Health*, Oxford University Press, 1995, pp. 19-39.

④ 参见强世功：《法制与治理》，中国政法大学出版社 2003 年版，第 189~219 页；陈柏峰：《村庄纠纷解决：主体与治权》，载《当代法学》2010 年第 5 期。

⑤ 参见朱瑞玲：《中国人的社会互动：面子的问题》，载杨国枢编：《中国人的心理》，台北桂冠图书出版公司 1993 年版，第 244 页。

⑥ 参见翟学伟：《人情、面子与权力的再生产》，北京大学出版社 2013 年版，第 211~213 页。

⑦ 参见黄光国、胡先缙等：《面子——中国人的权力游戏》，中国人民大学出版社 2004 年版，第 73 页。

与塑造主要体现在对法律权力的再生产与对法律权威的异化上。权力与权威是不同的，权力强调服从的强制性，而权威强调服从的正当性，而脸面机制一方面可以通过其义务性压力对法律权力进行"增量"式再生产，衍生出法律之外的权力；另一方面，脸面机制所追求的对社会地位较高者外在形象与地位的奉承与尊重使得法律权威被异化为对脸面的维护与尊重。

1. 脸面机制对法律权力的再生产

存在两种情况：其一，脸面机制对法律权力的"正向再生产"。在法律权力结构中，上级公共权力最初是基于法律授权而形成的，但与此同时，上级依附于合法权力形成了较高社会地位，上级的较大脸面以及对下级的义务性压力也因此生成，进而脸面机制在合法权力之外，对下级权力机构及其人员或对非权力机构及其人员又生成了一种基于脸面的权力。在法律权力结构中，上下级公共权力机构与公职人员之间、公共权力机构及其公职人员与非公共权力组织及其人员之间，也形成了一种"偏正结构"。在脸面文化中，偏正结构会在正式的制度结构外生成一种非正式的权力。前文也提到，关系能够将组织内的"公忠"异化为"私忠"，公忠为法律所要求，对于下级来说理所当然，也有制度界限，但在脸面机制的支配下，"公忠"不可避免地衍生出"私忠"，而"私忠"中则有了人情与面子的考虑，就可能超出法律的界限。下级对于上级的合法要求固然不能违逆，但对于脸面机制所衍生的权力的违法要求同样也很难违逆。例如，笔者在对被调查对象进行访谈时就有人提到了一种很微妙的面子策略：一般情况下，承办检察官在检委会上就案件发表意见，其他检察官一般会进行正常的业务讨论，但如果领导受人请托，有时就会在会议上率先发表意见，其他人因顾及领导更大的面子而选择默从。领导正是借着下属对其面子的顾忌，而"不动声色"地将自己个人要求植入法律决定当中。很多时候，不论领导的个人动机是专业考虑还是受人请托，其表态基于更大的脸面都有着更大的影响力，都会被下属不加反思地盲从。例如，一位法律工作者向笔者提到，在一次集体会议上，本来大多数人对于某一个案件已经形成了较为一致的意见，但一位领导随口说了一个相反的意见(据被访谈者观察，领导很可能是随口一说，并无复杂动机)，很多其他同事开始立刻倒转方向，向这位领导立场靠近。我国刑法所规定的以影响力受贿的情形，在一定意义上也源于基于脸面的衍生权力，即使是退休领导，但基于过去合法权力形成的脸面在失去合法权力后仍然有效，从而仍然能够影响现任官员。在我国冤案的生成与纠错中，偏正结构中的权力再生产也起到了相当大的作用。下级为顾及上级脸面，往往会顺从领导的错误意见或不愿意纠正错案。在正常的业务工作或讨论中，不论领导的个人动机是专业考虑还是受人请托，他的表态基于更大的脸面都会有着更大的影响力，往往会被下属不加反思地盲从。下级执法机关有时不能抵挡上级机关与领导基于合法权力与正当人际关系所衍生出来的非正式权力。下级执法者对上级领导的错误意见有时很难进行公开反驳，往往只能选择默从。这一方面固然是因为领导在组织与人事上对于法官和检察官的晋升有一定的影响；另一方面则是因为若不给领导"面子"可能会不妥。对于领导意见的违背不仅仅是一个事务性问题，而且还关涉到脸面及其背后的自尊与情感，因为在一定意义上来说，脸面是"依附于社会的自尊"。① 在漫长的文化与道德演化中，脸面机制形成了极为强烈的情感内涵。即使"丢脸""不给面子"没有实质性的利益伤害，但基于特殊的文化心理与道德情感，也会导致严重的情感伤害与对个人人格认同的沉重打击。对于脸面更大的上级来说，下属的公开忤逆无疑会导致与事务本身重要性不相称的敌意。

其二，脸面机制对法律权力的"逆向再生产"。脸面机制不仅在正向上为合法权力进行"增量"，而且还可以能够让无权者凭借脸面机制对有权者形成一种"逆向权力"，或者卢曼所谓的"反向流动的权力"（counter-flowing power）。② 众所周知，制度性的权力结构大多为金字塔式的，但法律结构中地位较低者可以借助关系实现对权力的"翻转"。③ 因为脸面的生成并不必然依赖于正式的法律权力，基于各种人情关系或其他机制也可能形成比掌权者更大的脸面，这就为地位低下者"翻转"法律权力结构提供了可能。因此，在关系网络中，一个人凭借脸面可以拥有"四两拨千斤"的能耐，从而"撬动"较高地位者的权力。例如，2021 年的孙某果案就特别能够显示这一点。孙某果的继父作为低级别公务人员，通过战友、同乡等层层"关系"与情面对权力进行了"逆向再生产"，以较低成本"撬动"了高级别官员的权力杠杆。"关系"与情面在该案中展现出了对于权力结构的强大颠覆能力。除了基于人情关系形成的脸面外，通过其他机制形成的脸面同样也可能产生"逆向权力"，进而对法律实践产生影响。例如，在笔者对于律师与法官的访谈中，很多律师与法官都认为如果律师能够担任律师协会会长、政协委员、政府法律顾问等此类虽无实权但属于官方或半官方的职务对办案是有用的。这种"有用"体现在两个方面：一是此类律师有更多机会和法官在各种实务活动或会议上进行沟通、交流，由此形成一定的关系与情面；另一方面就是律师担任此类职务也意味着较高的社会地位，因此有着更大的脸面，法官在办案过程中多少要顾及此类律师的脸面，也因此更加重视他们的意见。在中国这个有着悠久"官本位"传统的国家，政治地位所形成的脸面在其他社会场域会有一种通用媒介的效果。

---

① 参见黄光国、胡先缙等：《面子——中国人的权力游戏》，中国人民大学出版社 2004 年版，第 179 页。

② 此处借用了卢曼的术语，参见 Niklas Luhmann, *Trust and Power*, translated by Howard Davis, John Raffan and Kathryn Rooney, John Willey & Sons Ltd., 1979, p. 133.

③ 参见翟学伟：《关系与中国社会》，中国社会科学出版社 2012 年版，第 85 页。

2. 脸面机制对法律权威的异化

在中国的关系文化中，由于法律地位较高者有着更大的脸面以及要求更大的尊重，制度化的法律权威容易被异化为对个人或组织的脸面的维护，维护法律权威变成了维护司法或执法机关及其公务人员的脸面。脸面机制在这里呈现为一种形式主义的印象整饰与交往规则，而不是通过公正执法等实质性的方式来维护法律权威。当脸面文化由乡土社会关系扩展至整个社会从而演变成一种普遍的人际交往模式与社会心理时，基于脸面的互动就可能脱离实质正义，变成了一种形式主义，脸面开始独立于个人品德与社会公德，不再关心交往的真心与假意，只要大家表面上相安无事就行了。① 脸面机制之所以变成形式主义，是因为脸面存在于在一定程度上相互独立的两个层面上：基于个人品德的道德脸面与基于社会地位、资源、成就、名誉、才能等以及通过特定关系场域所形成的社会脸面。道德脸面附属于个人，属于做人之底线，失去道德脸面往往导致在社会或集体当中无立足之地；而社会脸面可增可减，也可以进行交换。因道德丑闻固然会失去道德脸面，进而也可能导致失去社会脸面，但两者并无必然联系。由于这个原因，脸面在社会交往中也可以是形式主义的，可以被出借、争取、添加或敷衍。② 钱锺书所谓的"假道学"："不要脸偏爱面子""美容的艺术"，③ 即是对社会脸面的维护。因此脸面并不必然与是非对错相对应，品德很差的人也可以有脸面。在现实当中，脸面的维护有时变成道貌岸然与虚情假意，一种"面子功夫"：脸面要经过精心的整饰，在表面上不能有任何可见的瑕疵，即使出现错误也要极力掩饰。形式主义的脸面观虽然可以在一定程度上压制冲突的公开化，实现人际关系的和谐，但也可能失去对实质正义的考量，只要面子上过得去，事实与公德都可以让步与妥协。在强大的脸面文化中，法律权威的维护也因此就可能异化成对于执法与司法机关以及公务人员个人的脸面的维护。脸面机制作为一种协调关系的机制有时会替代法律规范，使法官与执法者为了维护脸面而拒不认错、漠视法律正义。

脸面文化对于法律权威的异化的一个典型例子就是我国司法机关有时对冤案难以纠错。这固然有制度不完善、权力缺乏制约的原因，但脸面文化对此也有着深刻的影响。脸面文化在古今司法实践中都有体现。如清末四大奇案之一的杨乃武与小白菜案。在此案多次翻来覆去的审理过程中，从当地的知县到京城的高官都发现该案疑点重重，但就是没有人去纠正，这不仅仅是由于官员之间要相互照顾"面子"，

---

① 参见翟学伟：《人情、面子与权力的再生产》，北京大学出版社 2013 年版，第 162 页。

② 参见黄光国、胡先缙等：《面子——中国人的权力游戏》，中国人民大学出版社 2004 年版，第 58、64~85、180 页；朱瑞玲：《中国人的社会互动：面子的问题》，载杨国枢编：《中国人的心理》，台北桂冠图书出版公司 1993 年版，第 241~242 页。

③ 参见钱锺书著：《写在人生边上》，郑雅丽译，生活·读书·新知三联书店 2002 年版，第 40~41 页。

也是因为古代衙门威严深重，官员地位尊崇，"面子"极大，即使发现明显是错案冤案，也要维护自己的面子，一错再错。① 据杨乃武后人回忆，该案肇事者余杭县令刘锡彤曾行船被杨乃武公然顶撞，以及杨乃武中举后也未拜谒与宴请他。② 这也是一种"不给面子"，即使其中没有利益损害，但情感伤害很大，这在某种程度上可能促使县令刘锡彤在案件刚开始审理时对杨乃武形成了"有罪推定"。对于各级衙门官员来说，自己否定自己的既定判决，从脸面的角度来看无疑是"自己打自己的脸"。而杨乃武案的平反也和脸面有一定关系：浙江京官群体为了维护浙江读书人的声望与名誉，不断上书，最终推动了杨乃武案的平反。③

即便在今天，我们仍然能够看到脸面机制对于冤案平反的潜在性影响。例如呼某案，该案经过了呼某父母将近 20 年的申诉，有新华社记者将近 10 年不断地写"内参"，内蒙古公安厅数次复查、政法委开过数次会议，刑侦专家的鉴定，最高院关注、中央领导批示，人大政协委员提交材料等，该案从元凶赵某红落网到呼某案翻案仍然经过了 9 年的时间。④ 为什么翻案如此之难？其中固然有国家赔偿、问责的问题，但其中的一个重要原因就是"面子"。最终，一个案子既然已经错了，那就为了"面子"，为了形式上的权威性与正确性，一错到底。法律权威的维护变成了对错误的掩饰与脸面的维护。不少法律实务界的人士都能深刻体会到这一点。如浙江基层法院法官李辉品、安宁指出，"司法系统背后的行为逻辑固然有诸多利益牵涉其中，但又何尝不是面子文化的显影场。"⑤最高人民检察院原检察长曹建明也曾强调："检察机关要建立健全冤错案件及时发现和纠正机制，对冤错案件决不允许为保面子而拖着、压着、瞒着。"⑥他们作为司法系统内部的公务人员，相信比大多数人更能体会到脸面对于冤假错案平反的阻碍。由司法机关与公众和当事人形成的偏正结构也是权威与非权威的关系，正位者由于比偏位者权力更大，面子也更大，为维护中心人物的面子，辅助人物要给予衬托、修饰，正位者的正确性不应被质疑，也不应犯错，如果被质疑或犯错，就是没面子，即使犯错，也不能认错。在

---

① 参见王策来编：《杨乃武与小白菜案真情披露》，中国检察出版社 2002 年版，第 1～17 页；也参见翟伟学的分析，翟伟学：《人情、面子与权力的再生产》，北京大学出版社 2013 年版，第 175～179 页。

② 参见杨浚：《我父亲杨乃武与小白菜冤案始末》、张兆丰：《酿成杨毕冤案的余杭知县刘锡彤》，载《文史精华》编辑部编：《近代中国大案纪实》，河北人民出版社 1997 年版，第 6、26～27 页。

③ 参见范依畴：《冤狱追责虚化势必纵容错案复发——今日呼格案与昔日杨乃武案比较与反省》，载《法学》2016 年第 9 期。

④ 参见杨璐：《被呼格案影响与影响呼格案的人》，载《三联生活周刊》2015 年第 3 期。

⑤ 李辉品、安宁：《超越面子：刑事错案纠正的面子维护与规制》，载《全国法院第 27 届学术讨论会获奖论文集》，2016 年 4 月 14 日，第 1141～1146 页。

⑥ 曹建明：《决不允许为保面子拖、压、瞒冤错案件》，载《共产党员》2015 年第 14 期。

偏正结构中，正位者的权威性就是正确性，脸面逻辑要求对地位更高者做到面子上的"无违"，古人说"天下无不是的父母"，这种脸面观同样体现于司法组织，司法机关及其领导被制度设定为相对于律师、当事人、公众与下属更具有权威性的一方，也因此有着更大的脸面，需要社会更大程度的尊重与维护。例如，为了照顾公诉方脸面，律师最好不要在法庭上和公诉方"死磕"。更恰当的做法是事前和公诉方做好沟通，搞好"关系"，在法庭上对公诉方保持尊敬与礼貌，避免因当庭指责使公诉方感到"没面子"。① 对司法机关错误的任何公开曝光与质疑都有可能使得他们失掉脸面。

司法机关对于维护面子、拒绝纠正错案，往往还有一种"集体无意识"，即使其中看不出有任何经济利益的合算性考量。② 公检法机关同属政法机关，相互之间实为同一组织下的同事关系，同属一个关系网。同事关系是一种独特的"关系"实践，也是面子形成的机制之一。笔者调查发现的一种普遍现象就是：法院为了照顾检察院的面子，对检察院起诉过来的错案，一般不是公开宣布败诉，而是允许撤诉，而检察院即使有错，也需要这样一个"表面的无违"的面子。中国司法实践中无罪判决率之低，也有关系文化上的原因：由于公检法在政法系统中属于"一家人关系"，需要长期共事与打交道。法院"给面子"，不直接宣告无罪，有利于避免"关系性责罚"，如检察院坚持抗诉，拒绝对法官的违法办案予以配合，或选择性追究法官的职务犯罪等。③ 公检法之间如果相互公开质疑，互不给"面子"，这无疑会损害脸面意义上的法律权威。不少法律实务界的人士都能深刻体会到这一点。④脸面机制形式化为权力系统内的"为和谐而和谐"、变成了顽固的"家丑不可外扬"，实质上的是非对错反而可能变得不重要。⑤ 脸面观确实有互惠的成分，但在文化演化中，脸面的维护成了目的本身。脸面观尽管潜含着未来获得相应回报的期待，但

---

① 请参见类似的研究，郑杰：《律师辩护词劝说策略分析——面子理论视角》，载《西南农业大学学报(哲学社会科学版)》2013 年第 5 期；《中国的面子文化与法律语言——"博弈-互补"范式》，陕西师范大学博士论文，2018 年，第 163~165 页。

② 参见翟学伟关于地位较高者如何维护面子的一般性研究，参见翟学伟：《人情、面子与权力的再生产》，北京大学出版社 2013 年版，第 195 页。

③ 类似的实证研究，参见李昌盛：《从判决风险连带到审判结果中立》，载《刑事法评论》2019 年第 1 期，第 454~457 页；朱桐辉：《案外因素与案内裁量：疑罪难从无之谜》，载《当代法学》2011 年第 5 期，第 29 页；于向华：《回归审判中心主义的撤诉规制》，载《山东审判》2016 年第 1 期，第 16 页。

④ 例如，参见李辉品、安宁：《超越面子：刑事错案纠正的面子维护与规制》，载《全国法院第 27 届学术讨论会获奖论文集》2016 年 4 月 14 日，第 1141~1146 页；曹建明：《决不允许为保面子拖、压、瞒冤错案件》，载《共产党员》2015 年第 14 期，第 4 页。

⑤ 参见杨国枢：《中国人的心理与行为：本土化研究》，中国人民大学出版社 2004 年版，第 99~100 页。

这种回报未来是否得到兑现完全是不确定的事情，但强大的文化惯性就足以支持人们这么做。

总之，在中国的关系文化中，我们有时不自觉地将法律权威异化为脸面的维护，而脸面机制在法律实践中更多地体现为一种脱离实质正义的形式主义交往规则与技巧，司法机关及其公务人员在维护脸面过程中，就可能罔顾事实、漠视正义。

### 三、一个典型案例的分析：孙某果案中的关系运作

2021 年审理定谳的孙某果案可以说提供了一个分析关系主义如何"俘获"法律的绝佳范例。孙某果案能够让我们清晰地看到一个死刑罪犯的母亲与继父如何通过关系运作冲破法律制度的多道制度防线，多个执法人员如何被渐进扩张的关系网所逐步蚕食、收罗，最终使得孙某果逍遥法外。关系主义展现出了强大的颠覆能力，低级别的公务人员能够利用人情与脸面机制，以较低成本"撬动"职位远高于自己的法官与执法者的权力杠杆。关系在此案中对于法律制度的颠覆性让人惊叹。权钱交易远不能解释孙某果案的关系运作与权力滥用。

该案的关系运作人主要是李某忠与孙某予，他们分别是孙某果的继父和亲生母亲。李某忠是昆明市五华区原城管局局长，行政级别为科级，而孙某予当时没有公职身份。这两人在法律权力结构中的级别是比较低的，但他们是如何在孙某果被判处死刑缓期执行后，通过各种关系运作一步一步地对孙某果案申请再审并一再减刑的呢？根据中央电视台的新闻报道，① 孙某果继父通过基于战友、朋友、同乡等多层关系的逐步传导与延伸，并通过高超的人情沟通技巧与关系运作策略，打通了从高院立案庭庭长、审判监督庭庭长、院长到监狱政委的层层关系，最终实现了对孙某果的大幅度减刑。

通过这个案件，我们能够看到关系文化对于法律制度的强大颠覆能力。

第一，人情面子而非权钱交易对于法律制度有着更大的颠覆性。如果认为完全可以通过金钱收买法官与执法者，那么显然并不能准确描述中国社会中的关系，很多请托甚至都没有严重到腐败犯罪的程度，孙某果案中并没有巨额的受贿与行贿，其中最高送礼金额也就 10 万元。孙某果案中的关系网并不是通过巨额的金钱建立起来的，而是通过战友、朋友、同乡等既有的情感纽带或通过李某忠颇为"攻心"的人情沟通技巧建立起来的。这些人情纽带与人情培育机制在日常生活中司空见惯，但却在情感上打动了各路关卡中的法官与执法者，让他们失守法律制度的底线。被央视采访的很多官员提到，李某忠这个人非常善于交际，但其并不是因为通

---

① 下面的所有内容都来自中央电视台《新闻调查》节目对于案件当事人与办案人员的采访，参见中央电视台：《孙小果的复活与覆灭》，http://tv.cctv.com/2021/01/31/VIDETrmQ5plfjC6tJhha6orG210131.shtml，2024 年 5 月 26 日访问。

过金钱收买了法官与执法者，而是非常善于利用低代价的人情沟通技巧，例如，云南高院审判监督庭庭长梁某安搬家，李某忠就送两颗花，这让梁某安感觉这个人很"贴心"；而云南监狱管理局政委罗某云喜欢吃牛肉，李某忠就请他吃简单的煮牛肉而不是什么高档大餐，但别人就觉得这个人"很好"。关系的深浅并不能完全与物质利益的多少画等号，而是在相当大程度上取决于在情感上是否"用心"了，这是情感性逻辑，而不是工具性逻辑。最终，各种关系运作使得法官与执法者很难驳回请托者的"面子"或感到不得不"卖个人情"，关系凭借其特殊的情感压力压倒了法律义务。

第二，地位较低者通过关系运作对权力进行了"逆向再生产"，从而实现了对于法律制度结构的"穿透"。李某忠作为法律权力结构内级别较低者，借助人情面子等关系机制非法役使高等级的权力，从而让其为己所用。这个案件最令人惊奇之处在于：与之前传闻孙某果家世显赫的谣言不同，孙某果家职位最高者李某忠仅为城管局局长，级别为正科级，竟能打通如此之多的关系，竟能说动那些职务远高于他的人。孙某果案的承办检察官提到李某忠时说道，"尽管他官儿不大，但是他七绕八绕，总能绕到决策者那里"。关系的生成是连锁性的，关系以其特有的自我驱动机制，把更高级别的权力纳入关系网中。人们可以借着一个有关系的节点为中介扩展至另一个节点，从而形成一个需要相互给情面的关系网，这种关系网传递到最后的法律决定者那里，最终实现了对法律结构的"穿透"，形成了一条非法的"黑色通道"。

第三，关系网络构成了法律制度的隐性结构，其通过脸面机制所生成的非正式权力来实施违法行为。相比于法律这个显性结构，关系运作中的人情与脸面机制则是隐性结构，构成了关系双方的潜在性期待。在领导者通过基于脸面机制的非正式权力对下属提出违法要求时，其发挥作用的方式是"心照不宣"的。在孙某果案中，李某忠请托某省领导秘书袁某向云南省高院院长赵某杰打招呼，相比于袁某背后作为正位的更高领导，赵某杰处于偏位，而袁某作为地位更高领导的秘书，并不需要在电话中对赵某杰公开说明是何人所托，但对于赵某杰来说，需要考虑的不仅仅是袁某的脸面，还需要考虑袁某背后地位更高领导的脸面。基于脸面逻辑，袁某所"借助"的关系网中地位更高领导的脸面，在驱使赵某杰"打招呼"中起到了"不言明"的关键作用。再者，赵某杰作为司法机构中较有面子的正位可以让作为偏位的下属配合其违法要求。这种非正式权力的行使不需要正式法律决定书，仅仅需要私底下"打个招呼"，一个非正式的提醒即可，而下属也多以"心知肚明""暗自默认"的方式来配合领导的非法要求。梁某安事后就提到，"他（赵某杰）这个人，一般就是他意思表露了就拉倒了。我当时只要表个态，我保留意见，也行。但是毕竟没有。我第一句话是盲从领导，第二句话，我是丧失原则"。

## 第四节 关系文化塑造法律制度的结构性后果

前文更多地是从动态的角度来分析关系文化如何塑造法律，而这一部分则需要从静态的角度进一步分析这种塑造的后果是什么，也即法律制度在关系文化的渗透与塑造下发生何种结构上的变化，呈现出何种面貌。按照现代法治话语，法律制度应具有规范上的普遍性、运作上的自治性以及程序上的中立性。但中国强大的关系文化对法律制度的结构与运作进行了深刻的塑造，使得法律制度很多时候呈现出与现代法治话语不一致的特殊面貌。这就可能破坏现代法治体系所要树立的制度信任。那么在关系文化的塑造下，法律制度在结构与运作上呈现出哪些特征呢？这涉及三个方面：法律的内部结构、法律与其他社会领域的外部制度边界，以及法律在社会中的结构形象。

### 一、关系文化对法律内部结构的塑造：合法与非法区分的情境化

关系以情境为中心，以权变为特征。无论是人情的轻重还是脸面的大小都取决于具体的关系情境。总体上来看，关系秩序与现代法治秩序是相对立的。很多比较研究都能发现这一点。例如，不少学者对合同执行的文化比较研究就表明，现代法治秩序主要依赖于透明的法律规则与有着法律约束力的明文契约，而关系文化更多地依赖于以人格信任为基础的社会关系网络。① 这种差异也呈现为中西之间的文化差异，如有学者对于中外企业的比较研究表明，外国企业管理者比较倾向于通过详细的合同来建立信任，而中国同行则将承诺与义务建立在个人"关系"与个人信用的基础上。② 但这里需要强调的是，关系与法律并不是相安无事的并列关系，③ 而是相互纠缠在一起。中国文化意义上的"关系"则能够替代、消解、软化正式的法律制度。在法律领域，这意味着以普遍性为导向、以合法与非法为区分模式的法律规则的适用可能会被关系所"情境化"。

---

① 请参见以合同执行为例的经验研究，参见 Chong Ju Choi, Contract Enforcement Across Cultures, *Organization Studies*, Vol. 15 issue 5, September 1994, pp. 673-682. Yen, D, et al, The Measurement of Guanxi: Introducing the GRX Scale, *Industrial Marketing Management*, Vol. 40, Issue 1, January 2011, pp. 97-108. Yen, D, et al, Analyzing Stage and Duration of Anglo-Chinese Business-to-business Relationships, *Industrial Marketing Management*, Vol. 40, Issue 3, April 2011, pp. 346-357.

② T. K. P. Leung, Ricky Yee-Kwong Chan and Kee-hung Lai, An Examination of Influence of Guanxi and Xinyong( utilization of personal trust) on Negotiation Outcome in China: An Old Friend Approach, *Industrial Marketing Management*, Vol. 40, Issue 7, October 2011, p. 1193.

③ 参见彭泗清：《信任的建立机制：关系运作与法制手段》，载《社会学研究》1999 年第 2 期。

在关系文化中，一切规则都有可能被协商与变通。任何制度都会谋求较为长远的结构稳定性，但关系恰恰相反，其会使法律决定的做出不是基于普遍的规则，而是取决于非常特殊化的情感深浅、面子大小以及人情往来技巧。关系也谋求长远的稳定性，但却是以个人关系中的稳定性来替代制度的稳定性。关系所导致的法律适用的情境化，在中国极为普遍。关系文化不仅破坏了法律制度，而且也强化了法律秩序中的人治色彩。①

关系在法律制度中首先呈现于规范模糊地带。法律规则的不确定性很多时候并不仅仅是通过立法完善、司法解释得以消除的，而是通过无数的关系运作来克服的。特别是因法律制度不完善、权力缺乏制约导致不确定性的情况下，关系就成了克服制度不确定性的一种重要的功能替代机制。但关系实质是一种不确定性代替了另一种不确定性。

按照中国人的常见说法，"关系"提供了一个可以在制度模糊地带"打擦边球"的机制。在改革开放初期，程序不规范、信息不透明，权力制约机制阙如，再加上存在大量的制度模糊地带，很多商人为了获得准确的政策信息或"内部信息"，或者为了获得政府的资源、贷款、政策支持或商业机会，或者为了规避法律上的繁文缛节与对违法行为的法律制裁，就通过关系网或关系运作来实现上述目的。② 在实践当中，如果法律规范本身比较模糊，合法与非法难以区分，官僚主义"迷宫"又让人无所适从，行政管理机构极有可能滥用自由裁量权，关系就成了一种降低不确定性的重要方法，人们就可能通过与行政管理机构的关系，在模糊规范环境下寻找不成文的"红线"与可协商的空间、在制度灰色地带谋取个人运营计划的合法性保证，增加与行政管理机构进行合法性谈判的能力。③ 关系在这种情况下并不完全就是腐败，也起到了补充制度缺陷的作用。特别是面对不确定的法律环境所内含的风险，尤其是各种权力寻租行为或滥用权力的现象，关系有利于保护人们免受这些风险的伤害。④

①　Danielle E, Warren, Thomas W. Dunfee and Naihe Li, Social Exchange in China: The Double-Edged Sword of Guanxi, *Journal of Business Ethics*, Vol. 55, No. 4(Dec., 2004), pp. 368-369.

②　Flora F. Gu, Kineta Hung and David K. Tse, When Guanxi Matter? Issues of Capitalization and Its Dark Sides, *Journal of Marketing*, Vol. 72, No. 4, Jul., 2008, pp. 25-26. Christopher A. McNally, Hong Guo and Guangwei Hu, Entrepreneurship and Political Guanxi Networks in China's Private Sector, East-west Center, 2007, Working Paper, pp. 1-19. 关于中国改革开放初期的一个经验研究，Davies, H. et al. The Benefits of "Guanxi"-the Value of Relationships in Developing the Chinese Market, *Industrial Marketing Management* 24, Vol 24, Issue 3, June 1995, pp. 207-214.

③　Jenny Zhengye Hou and Yunxia Zhu, Social Capital, Guanxi and Political Influence in Chinese Government Relation, *Public Relation Review*, 46(2020), pp. 6-7.

④　T. K. P. Leung, Ricky Yee-Kwong Chan and Kee-hung Lai, An Examination of Influence of Guanxi and Xinyong(Utilization of Personal Trust) on Negotiation Outcome in China: An Old Friend Approach, *Industrial Marketing Management*, Volume 40, Issue 7, October 2011, p. 1199.

管理学界学者很早就认识到，在改革开放初期法律制度不完善的情况下，很多公司更加寻求"关系"作为保护的机制。① 在中国，很多企业运营的一个重要内容就是如何和政府搞好"关系"。② 特别是那些业务涉及政府审批的很多企业更是如此。很多私人企业都将大量的时间用于和政府部门培育"关系"。③ 通过关系，法律适用的具体标准在模糊的规范环境下通过"关系运作"被确定下来。但关系对规范不确定性的降低，仅仅在个案与特定的关系网中有效，不具有普遍的制度意义。

规范模糊地带固然存在"关系运作"，但即使规则本身比较清晰，规则的适用仍然有可能被"关系运作"所扭曲与变通。例如，有学者对很多企业经理人的访谈研究表明，"关系"能够对于法律的实施起到"润滑"的效果，能够规避法律在财务、环境与建筑标准上的规范要求。④ 这方面的一个典型例子就是中国环保法在基层的贯彻。中国的环保法规范其实已经相当复杂、细密，水、土、空气污染等都有相关的规范体系。即便如此，在很多地方"人情执法"仍然广泛存在，不仅不同政府部门之间存在所谓的"关系制约"，而且某些污染企业与基层政府主要领导建立了强大的"私人关系网"，使得环保执法者只能对污染行为进行选择性执法、不完全执法、以罚代管或从轻处罚，而对于没有关系的企业，则严格执法。⑤ 人情关系使执法变得弹性化，也导致了执法不公。

在司法领域，我们同样也能够发现法律适用的情境化现象。当人们和司法打交道时，如果有关系，律师或当事人的意见与想法就可能得到更充分地听取。很显然，即便是合法的事务，有关系就能够得到更好的实施。关系对法律适用的情境化还体现于所谓的诉讼"主客场"现象，而"拉管辖""人为制造管辖连接点"等现象即由此而来。⑥ 关系是一种面对面互动系统，空间距离的相近对于关系的建构起到了

---

① Xin, K. R., & Pearce, J. L, Guanxi：Connections as Substitutes for Formal Institutional Support, *Academy of Management Journal*, 39(6), 1996, pp. 1641-1659.

② Lovett Steve, Lee C. Simmons, and Raja Kali, Guanxi Versus the Market：Ethics and Efficiency, *Journal of International Business Studies*, 30(20), 1999, p. 231. Fan, Y. H., Guanxi, Government and Corporate Reputation in China：Lessons for International Companies, *Marketing Intelligence & Planning*, 25(5), 2007, pp. 499-510.

③ 相关的个案研究，参见 Christopher A. McNally, Hong Guo and Guangwei Hu, *Entrepreneurship and Political Guanxi Networks in China's Private Sector*, East-west Center, 2007, Working Paper, p. 14.

④ Danielle E, Warren, Thomas W. Dunfee and Naihe Li, Social Exchange in China：The Double-Edged Sword of Guanxi, *Journal of Business Ethics*, Vol. 55, No. 4(Dec., 2004), pp. 355-372.

⑤ 一个典型案例的研究，参见王裕根：《基层环保执法的运行逻辑——以橙县乡村企业污染监管执法为例》，中南财经政法大学 2019 年博士学位论文，第 79～99 页。

⑥ 关于诉讼中的"主客场"现象，参见乔刚：《警惕诉讼中人为制造管辖连接点》，载《民主与法制时报》2021 年 1 月 28 日，第 5 版；傅达林：《破除"打官司也分主客场"的壁垒》，载《光明日报》2014 年 12 月 31 日，第 2 版；石磊：《完善制度杜绝诉讼"主客场"》，载《学习时报》2015 年 6 月 29 日，第 5 版；王琳：《以独立司法区划破解"主客场司法"》，载《广州日报》2014 年 3 月 27 日，第 F02 版。

重要作用，只有空间距离较近，才会有充分的机会与时间在各种实为正常的人情往来中去培养感情，才能形成长期性的关系，进而导致当事人与律师在本地打官司赢面更高的现象。很显然，我国对于法院与检察院的人财物统管以及建立跨行政区域法院，在一定程度上都是为了杜绝关系的不正当影响。

关系对于法律制度更严重的威胁还在于，几乎任何法律都存在一定的自由裁量空间。而关系凭借着强大的穿透力几乎是"无缝不钻""无孔不入"。学界对此也有相关的实证调查。① 在中国这个关系社会，只要有可操作的自由裁量空间，人们会有强烈的动机利用一切关系谋求对正式的规范做出变通。

## 二、关系文化对法律制度边界的塑造：法律与私德之间制度界限的模糊化

法律制度稳定性的重要前提是法律与其他社会领域之间的制度界限能够保持稳定。而关系文化却导致了另一重要结构性后果：法律与私德之间的制度界限在实践当中变得模糊化。相比于西方公私分明的"具体"文化，中国则是一种"弥散"文化，个人生活与组织生活之间往往没有明确的界限。② 关系文化很明显就是这样一种"弥散"的文化，关系文化将作为公德的法律与作为私德的私人生活规范都纳入了关系的系谱当中，都变成为人情与脸面机制的考量因素。在这里，我们可以对公德与私德做一个简单的区分：公德指向公共利益或匿名群体利益，私德指向个人利益与亲密群体利益。按照梁启超的观点，中国人"偏于私德，而公德殆阙"。③ 如果把关系文化当成一种"私德"的话，梁启超的观察不可谓不准确。关系文化尽管是一种"私德"，但如果仅仅限于私人生活与私人关系领域，仍然不失其正当性。但其却作为一种强大的文化，其有着通过人情与面子机制向公德领域进行渗透的强大能力，将公德纳入私德中，从而使得公德与私德之间的界限趋于模糊化。法律无论是私法还是公法，都属于公德，都具有普遍性的指向，关系文化也能够使得法律与私德之间的制度界限趋于模糊化。其实孔子在几千年前探讨"亲亲相隐"的正当性时，就意识到"关系"作为"私德"对于公德的破坏。究其根源，关系在特定情境下能够产生比法律更大的义务性压力，也有着更大的社会正当性，一个执法者可能假公济私、贪污受贿，但只要能够在人情往来中能够处事圆滑、周到，在亲人朋友面前能够"有脸面"，那么这个执法者就足以获得社会认同与自我认同。④ 在中国社会，一

---

① 参见王小强：《透过面子的关系案控制》，载《湘江法律评论》2015 年第 1 期。

② Yong Han and Yochanan Altman, Supervisor and Subordinate Guanxi: A Grounded Investigation in the People's Republic of China, *Journal of Business Ethics*, Vol. 88, 2009, p. 92.

③ 参见梁启超：《新民说》，中国文史出版社 2013 年版，第 31～40 页。

④ 参见翟学伟：《"亲亲相隐"的再认识》，载《江苏行政学院学报》2019 年第 1 期。

个人的社会地位与社会声誉在相当大程度上需要其所属的关系圈来赋予。总之，"关系"能够比法律正义赋予个人以更大的人生意义，在一定程度上构成了一个人的"安身立命之本"。

关系文化能够形成庇护性的"关系空间"，这是一个独立的意义空间，其以超制度的人情义务来抵抗正式制度的压力与消解违法行为的心理负担，以脸面机制来重新组织权力关系与定义法律权威，最终无论是公德行为还是私德行为、合法行为与非法行为都能够在"关系空间"得到正当化。人们会基于关系的逻辑将无论是私德的要求还是公德或法律的要求都纳入一些基于亲疏远近的系谱与格局当中。法律实施的严格程度取决于私人关系的深浅、人情的轻重与脸面的大小。不仅亲族关系或朋友关系会影响甚至支配规则的实施，即便在有着正式规则约束的组织如政府机构内，关系也容易导致"私忠"而非"公忠"。由于关系主义是一种普遍的社会心理与交往模式，即便是公务关系也容易被理解成"私人关系"，因为公务关系中的较长时间和近距离的交往历史已经是一种独一无二的关系经验了。最终，关系主义模糊了法律的制度界限，公与私也被混淆了。关系主义能够驱动人们在公德与私德、合法与非法之间无碍地游走，因为关系网提供了强有力的自我认同机制与社会认同机制，使得人们能够不知不觉地以私德上的是非对错代替法律上的是非对错。

我们可以根据关系影响法律实践的程度，并以法律与公德为参照，将关系实践区分为合法（既合法也符合公德）的关系实践、不道德（合法但不符合公德）的关系实践和非法（既不合法也不符合公德）的关系实践，这三者是可以在同一层面相互转化的。合法的关系实践就是《中国共产党纪律处分条例》第八章中所说的"正常的人情往来"，现实生活有着大量的关系实践，都可以是合法的，也是不违背公德的。例如，基于同学关系请法官与执法者吃一顿便饭、送一些不值钱的小礼物、生病时的探望，这些无论从道德层面还是法律层面都很难进行谴责或进行规范，任何人都可能深嵌并依赖于这种关系。但随着合法关系实践的长期维持，这种关系实践便很有可能借着某个偶然的机会，进入不道德的关系实践，这时也许还没有进入违法的层面，但已经开始损害执法者的公信力了。例如，婚丧事中的红包、较为昂贵的宴请或其他非金钱好处、购房时的程序便利等。在这个阶段上，我们仍然看不到任何有意识的非法目的，这些好处大多属于一种未经请求的"非互惠性礼物"，[①] 完全可能还处于情感性的关系培养阶段。从法律角度很难对这些行为进行处罚或治罪，但这些行为已经不符合社会公德了，公众可能因此不信任执法者的公正性。但随着关系的进一步推进，在一个重要的利益诉求下，如某个重要工程的招标投标、某个标的额较大的案件，关系实践这时就容易进入违法犯罪的领域，如较大额的现

---

① 参见 Xin, K.R., & Pearce, J.L, Guanxi: Connections as Substitutes for Formal Institutional Support, *Academy of Management Journal*, 39(6), 1996, p. 1646.

金贿赂，而这种贿赂对于已经有了前期关系基础的执法者或法官来说是很难拒绝的。这些不同的关系实践往往是无缝对接的，合法的关系实践、不道德的关系实践与非法的关系实践往往只是程度不同，但仍处于一个连续谱之上。① 例如，有这样一个现实的案例：有一个拍卖商为了发展和一名法官的关系，刚开始去法官家里的时候送了一瓶药酒，这种药酒在当时是没有什么市场价值的，这时也没有提出任何互惠的要求，纯粹是为建立友谊关系打基础。后来这个拍卖商为法官的儿子请了一名书法家教，这时拍卖商仍没有提出任何要求。随着关系的深化，最终这名法官将这个拍卖商介绍给了一个负责选择房屋拍卖商的法院官员那里，拍卖商最终和负责官员成功建立了关系。② 这名"牵线搭桥"的法官很有可能促成了后来更严重的违法犯罪，因为现实当中众所周知的是，执行领域是司法腐败的重灾区。在关系实践中，我们会发现，执法者、法官或当事人往往游走在公德与私德、合法与非法的边缘，关系运作不停地"穿梭"在法律与私人生活领域之间，法官与执法者就可能不知不觉地由合法或不道德的关系实践陷入不合法的关系实践。

## 三、关系文化对法律制度结构形象的塑造：表里不一的双层交往系统

任何制度如果要发挥其应有的效能，其给予社会的结构形象必须符合其制度承诺，否则人们在进入制度之前就可能拒绝与制度进行合作。由于关系文化无处不在的强大穿透力以及关系秩序作为隐性结构，法律制度形成了"假面化"的结构形象：一种由外层的法律秩序与内层的关系秩序构成的双层交往系统。按照现代法治话语，法律的形象应当是普遍、中立、客观的，但在关系文化的渗透下，法律秩序可能被公众普遍认为表里不一、名不副实，而不论这在每一个案件中是否都符合事实。在关系话语中，表里不一的问题也演变成了"面子"与"里子"不一致的问题。

从实体法的角度来看，法律制度"假面化"的结构形象有着多重的体现：外层的法理与内层的人情、外层的明规则与内层的潜规则，外层的制度信任与内层的人格信任，等等。关系文化使得法律的制度承诺变得不可信与虚伪。在期待的层面上，这种双层交往系统使得法律规范失去了对预期稳定性的保障，对于民众也造成了极大的困惑，因为在面对一个有争议的法律决定时，人们不确定是关系运作的结果还是法律规则逻辑推导出来的结果。人情和面子机制如果作为一种不符合公德的

---

① 参见 Jacob Harding, Corruption or Guanxi? Differentiating Between the Legitimate, Unethical, and Corrupt Activities of Chinese Government Officials, *UCLA Pacific Basin Law Journal*, 31(127), Spring, 2014, p. 2.

② 参见 Jacob Harding, Corruption or Guanxi? Differentiating Between the Legitimate, Unethical, and Corrupt Activities of Chinese Government Officials, *UCLA Pacific Basin Law Journal*, 31(127), Spring, 2014, p. 3.

关系实践，大多都是"秘而不宣""只可意会不可言传"，潜行于法律结构当中。任何人都可能感受到关系的存在，但没有任何关系被拿出来公开讨论。关系作为私德，其虽然被普遍遵循，但其规则、权利与义务大多情况下很难进入公共领域被公开讨论，也很难在法律程序的交涉与协商中成为正当性的考虑因素。① 关系运作大多数情况下必须是秘密的。法学学者对于法律与人情关系的广泛探讨中，将人情当成一种和法律对等的规范依据与正当性来源。② 现实当中并非完全如此。人情作为"私德"只要不损害公共利益，公众是可以接受人情在法律程序或公共领域中与法律规范同台公开竞争的，如父慈子孝、夫妻有爱、兄弟有义等。但其问题在于，人情容易突破私人关系的界限，被用来假公济私、徇私枉法，这时人情大多只能潜伏于法律外衣之下，秘密运作，是不能拿到"台面"上来讨论的。最终，在中国很多普通百姓的眼中，法律秩序只是"现象"，关系才是"本质"。③ 人们对于法律即使有信任，很多时候也是对某种特殊关系的信任而不是对于客观法律权威的信任。法律结构形象的"假面化"使得关系构成了中国人面对任何不公正时的一个普遍性归因。在中国曾经发生过的很多极具争议性案件中，如邓某娇案、药某鑫案、胡某飙车案、李某奎案、李某一案、张某扣案，公众都会假定关系运作操作干扰了司法的公正审判。在笔者的调查中，当事人向律师咨询常见的一个问题就是否可以"找关系"？有当事人在输了官司后，会猜测对方是不是"找关系"了。正如有地方的俗语所说，"官司一进门，双方都托人"。④ 法律在公众眼中所形成的双重结构性形象，使得当事人可能根据自己的假定与猜测来推断实际的法律行为。有律师还代理过这样的案件：当事人被逮捕后，律师再三告诉家属找关系没用，肯定要坐牢，但家属就是不信，然后花了很多钱找关系"捞人"，最终判决下来后才发现是骗子信口河。很多中国人实质是用对关系的期待与信任代替了对法律的期待与信任。

从程序法的角度来看，"假面化"的结构性形象就是法律程序的"仪式化"。法律程序从来都不仅仅是象征性的"仪式"，而是包含着实质性价值的导向与支持。

---

① 有学者认为是可以将关系性的协商纳入正式的程序的，但从实践的角度来看是不现实的。参见季卫东：《法治构图》，法律出版社 2012 年版，第 36 页。

② 参见霍存福：《中国传统法文化的文化性状与文化追寻——情理法的发生、发展及其命运》，载《法制与社会发展》2001 年第 3 期；徐忠明：《明清时期的"依法裁判"：一个伪问题?》，载《法律科学》2010 年第 1 期；凌斌：《法律与情理：法治进程的情法矛盾与伦理选择》，载《中外法学》2012 年第 1 期。

③ 笔者在 2017 年曾经对本地区乡村社会所做的访谈就发现，很多受访者认为法律绝不是表面上的样子，都是人情与关系，笔者所带的学生被受访者认为太"单纯"了。

④ 无论是通过早期的研究，还是通过今天笔者的调查，我们都能发现当事人在诉讼过程中有着普遍的"关系"期待或"关系"博弈。参见杨全好：《律师与法官关系若干问题探讨》，第四届中国律师论坛百篇优秀论文集，2004 年，第 16～17 页；金玄武：《司法过程中"找关系"的社会心理机制分析》，载《探索与交流》2009 年第 5 期，第 48～51 页。

但在中国，关系文化作为普遍的社会心理与交往模式很多时候消解了法律程序的实质价值导向。在法学理论中，法律程序被当成达成法律决定的一种正当化机制，但法律程序再严密，不可能包罗万象，不可能涵盖、限制一切社会沟通，法律程序总是会留下各种缝隙和漏洞，这就给各种关系运作提供了空间。面对强大的关系文化，关系运作对于法律程序的渗透是难以避免的。而且在任何国家的官僚体制中，正式的结构与程序总是不可避免地包含着非正式的结构与程序，任何正式结构与程序的运作都不得不依赖于非正式的结构与程序，为了实现预期目标，正式结构与程序不可能对所有情形都可以作出决定，自由裁量权是必不可少的，这使得非正式结构含有大量的人格因素，如个人利益、个人忠诚、人际关系、个别化的互惠交换等，其实际也有利于提高官僚制的效率。① 在强调公私分明的西方社会，个人主义的权利原则与普遍主义的法治文化共存，个人利益追求因受法治约束不会过分侵害公共利益，人际关系中的人格因素并不会严重破坏法律的公平性，② 但在有着强大关系文化、公私之间有时难以保持严格界限的中国社会，关系运作必然会趁虚而入，潜入法律的程序间隙中，成为法律运作的非正式结构。在中国这个有着浓厚人情传统的关系社会，各种潜规则与人情考虑始终有软化、架空程序规则的危险。③ 在正式的程序背后，各种关系运作可能此起彼伏。笔者通过调查就很容易看到，关系运作的隐蔽性决定了法官和律师在庭外的应酬与交流很难被程序所完全禁止。关系是私人性质的，有着独一无二的亲密性，没有人会把自己的私人关系展示在正式法律程序当中，关系在法律程序的论辩中大多数情况下也不是一种正当性的论证理由，"亲亲相隐"在现代法治话语中基本没有说服力。在社会认知中，法律程序就变成了类似于克罗齐埃所谓的规避错误与无能的"仪式主义"，④ 或戈夫曼所谓的"表演"与"前台"。⑤ 在前文分析的孙某果案中，虽然各种法律程序的背后是各种枉法弄权，但在程序上仍然将其"做足"，该有的文书与手续都会有，而不会在未经过必要程序的情况下直接放人。法律程序在关系文化中并不能赋予法律决定以充分的正当性。

---

① 参见[美]安东尼·唐斯：《官僚制内幕》，中国人民大学出版社 2006 年版，第 67～77 页；[英]戴维·比瑟姆：《官僚制》，韩志明、张毅译，吉林人民出版社 2005 年版，第 9 页。

② 参见沈毅：《迈向"场域"脉络下的本土"关系"理论探析》，载《社会学研究》2013 年第 4 期，第 209、220 页。

③ 参见李奋飞：《从"顺承模式"到"层控模式"："以审判为中心"的诉讼制度改革评析》，载《中外法学》2016 年第 3 期，第 758～759 页。

④ 参见[法]米歇尔·克罗齐埃：《科层现象》，刘汉全译，上海人民出版社 2002 年版，第 224～227 页。

⑤ 参见[美]欧文·戈夫曼：《日常生活中的自我呈现》，冯钢译，北京大学出版社 2008 年版，第 15～29 页。

## 第五节　对不正当关系实践的限制与制度信任的建构

关系文化对于法律制度有着广泛的渗透力，其能够以人情与面子为核心机制，向人们施加超法律的义务压力，颠覆法律权力结构，异化法律权威，从而最终使得法律制度形成了表里不一的双层结构，严重破坏了法律制度的公信力。习近平总书记指出："要从政法机关做起，坚决破除各种潜规则，杜绝法外开恩，改变找门路托关系就能通吃、不找门路托关系就寸步难行的现象，让托人情找关系的人不但讨不到便宜，相反要付出代价。"①对此，需要通过对不正当关系实践进行限制，防止关系实践对于法律制度预期的破坏，从而建立真正意义上的制度信任。那么我们应如何克服关系文化对法律制度的不正当影响呢？除了减少法律不必要的自由裁量权、加强程序公开与信息公开、推进权力制约、职务回避与审判独立等一般性法治建设措施外，在现有政法体制之下，针对关系文化的特殊性，我们还可以做到如下几点：

### 一、对法律领域中的关系实践实施全面的规范与限制

尽管一般性法治建设措施，如推进权力分立与制约、减少不必要的自由裁量权等，对于遏制"关系"对法律的客观化运作的变通与软化仍然很重要，但现有法律制度中的诸多漏洞仍然有可能放纵"关系"实践的泛滥。对此，需要通过完善法律与党内法规、强化规范执行等多方面的措施来全面治理各种"关系"实践。

第一，全面规范公务人员的"关系"实践，防止其成为违法犯罪的人情铺垫。任何可能威胁法律运作客观性的"关系"实践都需要进行规范与限制。但大多数法律规范与党内法规，如刑法中关于受贿罪的入罪标准，以及《中国共产党纪律处分条例》中关于不正当人情往来的规定，② 都不足以涵盖那些虽然合法但足以为不合法的"关系"实践提供温床的各种关系运作。关系运作多数是以初期"贴心"的"小恩小惠"开始，通过人情的逐渐培育来深化，最终对法律决定者形成远超最初"小恩小惠"的沉重义务压力。很多腐败犯罪在发生前就已形成了深厚的关系"铺垫"。即使是合法的"关系"实践也能够通过人情培育建立起能获取更大利益的腐败"关系网"。因此，法律要全面覆盖公务人员的"关系"实践，并应有足够的力度，例如对公务人员与非亲属"关系"人的任何人情来往予以全面限制或禁止，而对其与亲属

---

① 参见习近平：《论坚持全面依法治国》，中央文献出版社 2020 年版，第 51 页。

② 参见《最高人民法院、最高人民检察院关于办理贪污贿赂刑事案件适用法律若干问题的解释》第 1 条受贿"数额较大"与"其他较重情节"的规定，以及《中国共产党纪律处分条例》第八章关于各种不正当人情往来的规定。

"关系"人的人情往来则可以采取事先或事后的报告与记录制度，并对任何违规者施加严厉的处罚。制度的设计应该对症下药，如果没有足够严厉的措施，则根本不足以遏制强大的关系文化对法律运作的渗透与腐蚀。

第二，提升对于行贿者的法律制裁力度，遏制行贿者的"关系围猎"。行贿者能够借助人情与面子等经济成本较低的"关系"机制对官员形成巨大义务压力，其在徇私枉法中起到的作用同样巨大。中纪委对此高度重视，并于2021年联合其他部门出台了专门的治理文件《关于进一步推进受贿行贿一起查的意见》，该意见要求各级纪委监察机关清醒认识到行贿人不择手段"围猎"党员干部是当前腐败增量仍有发生的重要原因，并要求多举措提高打击行贿的精准性与有效性。该问题的产生的一个重要原因就是目前刑法与刑事司法政策对于受贿者的处罚力度远超行贿者。[①] 我国《刑法》对于行贿罪的规定还以谋取"不正当利益"为要件，而很多初期的"关系"实践虽然难以被判定为是合法还是非法，但却为后期的非法"关系"实践提供了生成的环境。因此，对行贿者与受贿者的法律制裁同等重要，需要同等严厉地打击行贿者在人情关系培育过程中的各种行贿行为与关系运作。

第三，提升党内法规严格程度并强化纪委在治理"关系"实践中的作用。如果盲目地将任何"关系"实践都纳入法律的调整范围，也是不切实际的，因为法律对于证据的严格要求以及执法与司法的高成本，决定了其很难涵盖日常生活中的所有"关系"实践。因此，我们可以充分利用纪委与党内法规的作用。党内法规可以设定一些法律所无法实施的高标准，通过党内政治伦理来对于党员干部进行全面考核与监督，从而对各种"关系"实践进行限制。纪委组织基于党内法规的监督无需严格的证据要求，还可以利用群众高度敏感的"关系"直觉，[②] 对公务人员采取警告、提醒、调查等组织规范可以允许的合法措施。特别是对于基层社会和群众生活密切相关又深受人情关系渗透的"微腐败"，[③] 纪委组织可以充分着力于规范此方面的"关系"实践。由于公务人员在日常生活中的"关系"实践极为广泛，即使这些措施最终不能查实存在腐败情况，相信也能够对形形色色的"关系"实践起到震慑作用。

---

① 例如，按照《刑法》第163、164、386、390、391条规定，受贿罪最高量刑幅度能够达到死刑，行贿罪最高量刑幅度是无期徒刑。更重要的是，实践也表明，我国反腐败是"重受轻予"，为鼓励行贿人的举报，甚至有放纵行贿之嫌。参见李鹏飞：《行贿获取不正当财产性利益的处置现状、存在问题及路径选择》，载《法律适用》2022年第10期，第109~119页。

② 笔者曾因某地纪委邀请参与省属高校腐败情况调查报告撰写，就发现群众的举报五花八门，对各种关系腐败的可能性有着高度的敏感性。

③ 参见吕永祥、王立峰：《县级监察委治理基层"微腐败"：实践价值、现实问题与应对策略》，载《东北大学学报(哲学社会科学版)》2019年第1期，第20~21页。

## 二、在关系实践与法律实践之间设立严格的制度屏障

在中国社会，法律关系与私人"关系"之间的界限容易被关系运作所模糊化，导致社会交往呈现出强烈的"泛关系主义"倾向。要遏制这种情况，明确法律与"关系"之间的界限，除了上文所论述的较为严厉的规范与限制外，还必须设立有效的制度屏障，将公务人员和"关系网"适当地隔离开来，防止公务人员因私废公、徇私枉法。

第一，将血缘、亲缘等"强关系网"从法律运作中隔离开。"强关系网"内部有着强烈的信任感、责任感与义务感，其使得腐败更具顽固性与蔓延性。[1]"强关系网"多数并不是来自后期有意的建构，而是早期非意图性的交往实践。限制此类"关系"对法律运作的渗透与腐蚀尤其重要，因为通过公务人员家属所进行的迂回式的关系运作，不仅容易打动公务人员，让其感到"用心良苦"，也更容易降低公务人员的风险意识，克服腐败交换所存在的法律、道德与心理障碍。[2]血缘与亲缘关系在实践当中相比于其他类型的"关系"也容易辨认，在制度上对其进行规范也更具可操作性。其他类型的"关系"，如同学关系、战友关系等也属于"强关系网"，但由于其内部亲密程度难以把握，因此只能根据一般性的"关系"规制措施来予以限制。目前《刑法》第388条已经将家属受贿行为规定为受贿罪，《中国共产党纪律处分条例》禁止家属利用官员影响力谋利，《领导干部配偶、子女及其配偶经商办企业管理规定》规定了家属经商报告与禁业制度，《法官法》《检察官法》《公务员法》《党政领导干部任职回避暂行规定》等都有关于任职回避家属的规定，但这些规定要么覆盖不全面，要么处罚过轻。因此，类似于对党政干部的约束，法律和党内法规也需要全面限制公务人员家属的"关系"实践，建立个人生活公开化制度，要求家属定期报告其社会关系、工作与经商状况、财产状况，并建立严厉的惩戒机制。

第二，限制"弱关系网"对于法律运作的扩张与腐蚀。后天或后期形成的"关系"由于缺乏深厚的历史交往与情感基础，为"弱关系网"。由于"弱关系网"在任何人之间皆有可能建立，因此，为了降低制度运作成本，只能着重限制法院、检察院这些专业性比较强也比较重要的政法机关形成各种不正当的"关系"网络，并由这

---

[1] 参见彭小兵、曾宝蝶：《权力围猎场：腐败关系网络是如何搭建的》，载《理论与改革》2020年第3期，第52~53页；另请参见金爱慧、赵连章：《论中国传统人际关系对于腐败的影响》，载《东北师大学报（哲学社会科学版）》2010年第2期，第9页。

[2] 参见李玲：《"关系运作"究竟"运作"了什么——解读"关系"与腐败的关系》，载《法律与社会科学》2012年第9卷，第28~62页。一个典型的案例，参见 Jacob Harding, Corruption or Guanxi? Differentiating Between the Legitimate, Unethical, and Corrupt Activities of Chinese Government Officials, *UCLA Pacific Basin Law Journal*, 31(127), Spring, 2014, p.3.

些机关再形成对于其他国家机关的监督。因此，一方面应减少法院、检察院与其他国家机关工作人员之间的"关系"互动。"关系"是一种面对面互动系统，只要有当面的交流机会就能为"关系网"的形成提供可能。而频繁的职务流动与工作交流大大缩小了法院、检察院与其他党政机关工作人员的社交距离，也增加了面对面互动的可能性。现行法律虽然规定法官与检察官不得兼任其他机关职务，但难以阻止日常工作中所存在的不必要的面对面互动，如挂职、学习班、培训、开会或其他党政交流活动。对此，可以借鉴香港特别行政区廉政公署的做法，实行单向流动，并与其他政府部门刻意保持疏离。[①] 为了防止政法系统内部"关系网"的任意泛滥，需要减少法院、检察院与其他国家机关之间不必要的职务流动与交流，并在组织与行为上与其他国家机关保持距离。另一方面，严格限制法院、检察院与其外部的当事人或律师之间的"关系"互动。最高人民法院、最高人民检察院等部门联合制定的《关于进一步规范司法人员与当事人、律师、特殊关系人、中介组织接触交往行为的若干规定》《关于建立健全禁止法官、检察官与律师不正当接触交往制度机制的意见》都禁止或限制法官、检察官在工作场所与时间之外与当事人或律师进行接触与互动。这些规定有助于防止某些看似合法的"关系"实践演变为徇私枉法，但要执行起来无疑很困难，因为法官、检察官在工作场所与时间之外的行为很难被监督。出于甄别合法与非法的"关系"实践的困难以及执法成本的考虑，可以考虑"一刀切"地禁止或严格限制法官、检察官与当事人、非亲属关系人在工作需要之外的往来，对任何非因工作需要的接触与互动应建立事先或事后的公开与报备制度，以及建立高效、常态化、专门化的监控与举报机制，并通过惩罚的严厉程度来弥补执法的困难。

### 三、建立对于法律运作"表里如一"的制度信任

"关系"在法律运作中大多是一种隐性结构，要防止公众将法律当成一种双层交往系统，前述各种措施都是必要的，但还难以使人们建立对法律运作"表里如一"的制度信任。对此，一方面在法律运作的"里子"层次，应通过制度化的方式来限制"关系网"内部较为隐蔽、义务感强烈、相互庇护的人格信任关系的泛滥，防止其破坏法治所需的制度信任；另一方面在"面子"层次，还需对法律领域中脸面机制的不正当运作进行规范与限制，使得法律的公开运作契合于法治的内在要求。

第一，通过严格的制度化不信任实现法律运作监督机制的"去关系化"。关系的私人属性决定了基于"关系"所建立的信任主要是人格信任而不是制度信任。为了打破人格信任关系的隐蔽性，我们需要在制度内部植入严格的制度化不信任机

---

① 参见杨晓楠：《国家机构现代化视角下之监察体制改革——以香港廉政公署为借鉴》，载《浙江社会科学》2017年第8期，第26页。

制，其假定制度运作是不可信的，并要求建立公开的不信任表达机制，以及对背信行为的监督与惩戒机制。① 在广泛意义上，一切制度化的监督机制，如民主选举、言论自由、权力制约、司法审查、检察、纪委监察等属于制度化不信任的范畴。制度化不信任与人格信任是不兼容的，是一种"去人格化"与"去关系化"的监督与反思机制。不信任的公开表达在人格信任关系中就属于"不近人情"或"不给面子"。但制度化不信任能将个人层面的不信任表达转化为制度自我激发的客观纠错机制，② 使监督者不是在个人层面不信任他人，而仅仅是在履行制度赋予的职责，③ 进而破除人情与面子的障碍，能够以一种"铁面无情"的方式限制人格信任在制度系统内部的泛滥。从某种意义来说，对法律的制度信任就是对法律内部制度化不信任功能的信任，正如卢曼所认为的，任何复杂的系统都依赖于更多的信任，同时也需要更多的不信任，因此必须将不信任制度化。④ 而中国社会之所以未能建立对法律运作"表里如一"的制度信任，很大程度也是因为未能建立真正严格有效的制度化不信任机制，无论是监察委，还是法院、检察院，又或是其他投诉控告机制，都深嵌于各种公务关系所构成的"关系网"中。在中国社会，试图消除一切"关系"实践是不可能的，只能将法律制度中比较重要的法律运作监督机制"去关系化"，使其成为法律制度整体可靠性的核心性担保机制与信任机制，如通过严格的规范与强大的职权，来保证监察委、法院、检察院等制度化不信任机制运转的自主性、有效性与公开性，能够超越普通的关系文化，形成一种真正"去人格化""去关系化"的监督机制。

　　第二，限制脸面机制的不正当运作。如果法律权威本身是合理的，脸面机制甚至可以被用来强化对法律的制度信任。但为了防止脸面机制对于法律运作的扭曲，变成一种纯粹的"面子功夫"，仍然需要对脸面机制的公开运作进行适当约束与引导，使得其能够与法治的内在要求相契合。就组织与团体的脸面运作而言，应切割法院、检察院、监察委这些关键性的法律实施和监督机关与其他国家机关直接之间的脸面关联，防止形成"脸面共同体"。虽然我国实现了对于法院与检察院的省级人财物的统管，但仍需进一步改革地方政法委对法院、检察院的领导方式，并在组织与职权上对公、检、法、监进行严格区分，这些法律实施和监督机关与其他国家

---

① 关于制度化不信任的概念，参见[波兰]彼得·什托姆普卡：《信任：一种社会学理论》，程胜利译，中华书局 2005 年版，第 187 页。

② 参见 Niklas Luhmann, *Trust and Power*, translated by Howard Davis, John Raffan and Kathryn Rooney, John Willey & Sons Ltd, 1979, p. 93.

③ 参见 Roy J. Lewicki, Daniel J. McAllister and Robert J. Bies, Trust and Distrust: New Relationships and Realities, *The Academy of Management Review*, Vol. 23, No. 3(Jul., 1998), p. 454.

④ 参见 Niklas Luhmann, *Trust and Power*, translated by Howard Davis, John Raffan and Kathryn Rooney, John Willey & Sons Ltd, 1979, p. 89.

机关不仅在日常工作互动中应保持必要的距离，在舆论宣传与话语表达中也应进行相应的区分，进而在公务人员与公众认知中形成相应的区分意识。就个人的脸面运作而言，应赋予法律专业人士在政法体制内更高的地位。在中国政法体制中，如果非专业性人士有着较高的政治地位，都处于"正位"上，而法官和检察官作为专业人士则反而处于"偏位"上，那么在此格局下，非专业人士基于脸面反而会形成对专业人士的衍生权力。要纠正这一点，就应由专业人士出任上述法律实施与监督机关的领导人，从而将脸面的运作引导到符合法治的轨道上。较大的脸面如果被赋予制度上更合适的专业人士，则脸面的影响甚至可以被用来强化制度性的法律权威，同时也能减少公众对于脸面机制不正当影响的顾虑。

"关系"作为中国人心理与行为的第一文化特征，对于法律运作有着广泛的渗透力，其能够以人情与面子为核心机制，向人们施加超制度的义务性压力，对权力进行正向与逆向再生产，异化法律权威，从而使得法律制度形成了表里不一的双层结构。尽管多年来的法治建设与党的十八大以来的严厉反腐在一定程度上减少了"关系"在中国社会的作用，但"关系"仍然是中国人根深蒂固的普遍意识与行为导向。中国人几乎在看到任何法律上的不公正时，都会假定存在着"关系"对于法律的操弄。一方面，由于"关系"的无处不在，试图在中国社会消灭"关系"几乎是不可能的，必须通过有效的制度设计将"关系"限制在合理的范围内。要能够结合"关系"在中国文化中的特殊逻辑与影响力，出台专门的措施与机制来进行有针对性地治理，从而尽量将"关系"限制在私人领域。另一方面，即便"关系"在法律实践中很难被杜绝，但也应尽量防止人格化的"关系"实践对客观化的制度信任的破坏。对此，需要通过建立严格的制度化不信任机制以及约束与引导脸面机制的公开化运作，来建构与维护法律运作内外一致的制度形象，进而建立制度化的信任。本书提出的措施当然还有可探讨的余地，但任何建议都应建立在对于"关系"的深刻理解上。

# 第七章　基层治理中的合法性困境与信任建构：基于对某地殡葬改革的社会调查

## 第一节　理论与问题

在我国的基层治理中，基层政府往往受困于多方面的合法性标准与目标，导致基层政府总是在争议声音中艰难地推进由上至下层层推进的各种法律与政策。由于首尾无法兼顾、目标与手段不能统一，基层治理过程中总是伴随着各种难以克服的合法性困境。这不仅使得基层民众与社会公众在主观上对于基层治理的手段和成效产生了不满，并导致了信任的丧失，也在基层社会导致了形形色色的群体性事件、上访事件与暴力抗法事件。

对于基层治理中的合法性困境，很多学者从不同的角度都作出了相关论述。基层治理的合法性困境很大程度上被认为是源于周雪光所谓的"权威体制与有效治理之间的矛盾"，因为其导致了对正式规则与非正式规则并存与交替使用的依赖，[1]这使得基层治理的合法性也处于摇摆之中。这一矛盾使得基层治理容易陷入理想与现实、目标与手段之间的冲突。这特别体现为基层治理对于非正式力量与手段的大量使用。袁泉认为，在基层治理中权力需要同时满足"二重合法性"：法理型合法性和庇护型合法性，最终必须通过"软硬皆施"的"非正式权力运作"才能达成目标。[2] 陈锋也认为，随着国家资源不断输入农村，农村地区形成了一种由富人与灰黑势力通过"非正式规则"进行治理的不公平的"分利秩序"，这导致基层治理合法性的下降。[3] 李祖佩关于基层政权合法性流失的研究则指向了村干部在贯彻政策过程中的非法手段以及地方精英对于国家资源的"俘获"。[4] 上述研究都意识到基层治

---

① 周雪光：《权威体制与有效治理：当代中国国家治理的制度逻辑》，载《开放时代》2011年第10期；周雪光：《从"黄宗羲定律"到帝国的逻辑：中国国家治理逻辑的历史线索》，载《开放时代》2014年第4期。法学界的相关研究，参见王若磊：《巨变时代的政道、政体与治道：改革开放四十年国家治理的制度逻辑》，载《政法论坛》2019年第3期。

② 袁泉：《基层治理中的二重合法性》，载《浙江社会科学》2013年第2期。

③ 陈锋：《分利秩序与基层治理内卷化》，载《社会》2015年第3期。

④ 李祖佩：《乡村治理领域中的"内卷化"问题省思》，载《中国农村观察》2017年第6期。

理中政府对于非正式力量或非正式规则的使用所导致的合法性困境。这种合法性困境可以说有一定的必然性。在一个全球化的时代，中国政府承担着难以推卸而又急迫的现代化任务，这使得其将权力和资源集中于自身有一定必要。因为政府不可能等待基层社会向现代化的自发演化，而必须进行必要的顶层设计并从上至下地贯彻某些合理的法律或政策，但这又面临着中央与地方之间的责任、能力与信息不对称和基层社会认同的难题，政府如果完全依赖于正式权力或正式规则，就会导致治理目标很难实现，但如果使用非正式力量或非正式规则，则会导致合法性危机。现代的中国政府不可能如古代社会那样可以让基层"无为而治""休养生息"，因为其在一个全球化的时代也必须积极推动基层社会的"进步"。

有鉴于此，不少学者在"合法性"与"有效性"这一二元对立框架中来分析这个问题。刘超以小城镇的治理为例，认为基层治理存在严重的内卷化问题，如基层治理的科层化、专业化与正式化并没有导致良好的治理效果，破坏了合法性的价值、绩效和法治基础。[①] 李林倬指出，在基层治理实践中存在满足合法性需要的符号文件和用于实际工作需要的文件的区分，[②] 这也是合法性与有效性冲突的一种形式。根据朱政从法治视角的研究，基层治理中合法性与有效性之争可能体现为技术治理和依法治理、"摆平逻辑"和"规范逻辑"之间的矛盾。[③] 吴秋菊等认为，国家为提升基层政权的合法性而进行民主化和法治化建设，却在很大程度上削弱了乡村治理的有效性。[④] 李祖佩关于内卷化问题的研究也指出，废除农业税后虽然基层治理更加规范化，但治理能力并没有提升。[⑤] 合法性和有效性在上述论述中被认为是很难兼得的。上述研究将有效性和合法性对立起来，但基层治理对于有效性的追求在一定程度上也是当下中国政府所背负的作为时代使命的现代化任务的体现，这可以说是一种更高层次的合法性。在现代话语的"传统-现代"与"落后-先进"的二元对立思维下，政府必须有时间紧迫感，以一种高效的方式从上至下推进现代化，而合法性手段往往是低效的。

针对上述合法化困境，很多学者提出了相应的解决方案，民主或协商民主几乎是一种普遍选择。如林尚立、尤琳、于建嵘、伊利民、李松玉、陈柏峰等学者都强

---

① 刘超、胡伟：《内卷化与小城镇治理的合法性危机：以官镇为例》，载《社会主义研究》2013 年第 1 期。

② 李林倬：《基层政府的文件治理》，载《社会学研究》2013 年第 4 期。

③ 朱政：《基层法治的实践生成——以鄂西地区仪式性人情异化的治理为切入点》，载《法商研究》2014 年第 4 期；朱政：《国家权力视野下的乡村治理与基层法治——鄂西 L 县网格化管理创新调查》，载《中国农业大学学报（哲学社会科学版）》2015 年第 3 期。

④ 吴秋菊、林辉煌：《改革乡村治理：合法性与有效性的平衡》，载《江西财经大学学报》2017 年第 5 期。

⑤ 李祖佩：《乡村治理领域中的"内卷化"问题省思》，载《中国农村观察》2017 年第 6 期。

调了基层民主、民主参与或协商民主对于形成治理共识、实现基层认同、建构治理合法性的意义。① 朱政还认为应对民主进行法治化，以法治外壳包装国家权力的政治性原则，将群众拥护的经验主义合法性转化为价值认可与法治意义上的合法性。② 还有如周庆智、吴家庆、张国磊、曾泽等学者所倡导的"多元共治模式"也可以被视为一种协商民主。③ 多元共治模式要求实现治理主体与治理方式的多元化，积极引入体制外的组织与力量参与到基层治理当中，从而形成一种合作共治的格局。协商民主由于主要是一个决策过程，不需要在理论中做出最终的实质性选择，因此被学者们当成了一种克服基层治理合法性危机的"灵丹妙药"，而没有看到今天的中国在信息化时代与全球化时代所存在的极为多元化的合法化压力，现代化并非铁板一块，其内部的多重目标在手段与时间上的差异造成了难以克服的合法性困境。

鉴于上述理论问题，安徽省 A 市推行的殡葬改革为理解与反思基层治理中的合法性困境提供了一个契机。基于这样一种思考，笔者对安徽省 A 市殡葬改革的实施过程与实施状况进行了一项社会调查，由于殡葬改革的难点主要在农村，笔者就对 A 市 Z 县 Y 镇 Y 村的部分村干部与老人做了若干次访谈，并详细调查了该村殡葬改革实施过程中的各种问题与争议。本部分将围绕殡葬改革，详细论述该政策在提出时的问题出发点，以及在公共领域和基层社会的争议点、执行过程中的目标特征以及采取的正式与非正式手段，并对这些过程中涉及的合法性困境及其原因进行深入分析，随之就理论上提出的主要解决方案进行评析，最后就基层治理中的合法性困境提出一些缓解方法，这种方法试图通过信任的建构弱化合法性争议，使得人们在一个快速的社会转型时期还能够对政府与法律有着基本的信心。这样一个案例对于阐明本书的问题是合适的，因为其正处于传统与现代的交叉点，有着时间上

---

① 参见林尚立：《在有效中积累合法性：中国政治发展的路径选择》，载《复旦学报（社会科学版）》2009 年第 2 期。尤琳、陈世伟：《国家治理能力视角下中国乡村治理结构的历史变迁》，载《社会主义研究》2014 年第 6 期；于建嵘：《社会变迁进程中乡村社会治理的转变》，载《人民论坛》2015 年第 5 期；李松玉：《乡村治理中的制度权威建设》，载《中国行政管理》2015 年第 3 期；伊利民：《从协商民主到协商参与——中国基层政治参与的新形式》，载《学习论坛》2018 年第 1 期；陈柏峰：《乡村"混混"介入的基层治理生态》，载《思想战线》2018 年第 5 期；刘海军、王平：《社会分化视域下农村基层协商机制的建构》，载《求实》2018 年第 2 期。

② 朱政：《基层法治的实践生成——以鄂西地区仪式性人情异化的治理为切入点》，载《法商研究》2014 年第 4 期。

③ 参见周庆智：《基层治理：权威与社会变迁》，载《学习与探索》2014 年第 9 期；吴家庆、苏海新：《论我国乡村治理结构的现代化》，载《湘潭大学学报（哲学社会科学版）》2015 年第 2 期；张国磊、张新文：《基层社会治理的政社互动取向：共建、共治与共享》，载《内蒙古社会科学（汉文版）》2018 年第 3 期；曾哲、周泽中：《多元主体联动合作的社会共治——以"枫桥经验"之基层治理实践为切入点》，载《求实》2018 年第 5 期。

的迫切性；其在实施过程中关涉环保、信息、效率、成本、权利、道德、法治等复杂的因素；同时，互联网的普及使得基层治理的合法性困境在公共讨论中被不断放大，因此该案能够较为鲜明地展现中国政府在基层治理中所面临的多面化的合法性困境。政府在基层治理中，会遭遇理想与现实、手段与目的、过去与未来之间的复杂交织，这种复杂性决定了各种"普世"文明标准在中国的实现，不可能在目标、过程与时间层面保持一致步调与面面俱到，而是存在着各种错位与混乱，我们也很难找到一种既能保证社会和谐而又相对有效的方式解决合法性困境。今天中国为实现现代化所做的努力是很难实现令所有人满意的合法性的，其功过是非只能留给未来的历史做出评判。

## 第二节　殡葬改革的紧迫性及其争议

从现实的角度来看，殡葬改革有着毋庸置疑的合理性和紧迫性，传统话语对此则失去了抵抗能力。在基层社会，人们对于殡葬改革的态度基本是平和与冷静的。尽管如此，殡葬改革却遭遇了社会舆论的强烈反对。在这里我们会发现，殡葬改革政策的合法性分裂为不同的层面，而这取决于不同群体对事件本身的认知水平以及相应的信息充分性程度。

### 一、殡葬改革的紧迫性与传统的沉默

就本部分中的案例而言，任何对 A 市殡葬改革有着深入了解的人都难以否认殡葬改革势在必行，但问题是深入了解的人毕竟是非常少的。通过村干部所给出的各种理由，我们就能够看到实施殡葬改革的种种合理考量，而土葬所代表的传统在这种考量中变得缺乏说服力了。根据 Y 村村干部提供的信息，殡葬改革的理由可以大致总结为三个方面：第一，A 市人口众多但土地资源有限。以笔者调查的 Z 县为例，Z 县是一个人口大县，人口近百万，而老龄人口数量也相对较多，去世老人的土葬每年要占据大量的土地与山林。因此，有村干部在对老人进行说服时，就说殡葬改革是"为子孙后代考虑"。很显然，除非碰到蛮不讲理的人，这样的理由是很难否认的。为了节约耕地，政府还划定特定的埋葬区域，用于骨灰盒的安放，但要求必须使用同样规格的墓地与墓碑。其实，安徽省早在 1994 年就出台了地方政府规章《安徽省殡葬管理办法》，但 A 市是安徽省各市当中推行殡葬改革一直比较滞后的地区，其他地区很多年前就已经全部实现火葬。第二，2013 年年底的山林大火是 A 市决心推行殡葬改革的重要原因。由于 2013 年 A 市大面积干旱，有人在上山祭祀时焚烧祭祀用品而引发山林大火，在几十里之外就能看见冲天的滚滚浓烟。在第二年的清明节时期，为了防止再次出现山林大火，A 市发动乡镇村各级干部，要求他们在清明节期间必须蹲守各个山头，严防有人携带烟花、鞭炮上山祭

扫。那场山林大火最终刺激了 A 市大力推行土葬转火葬的殡葬改革。第三，随着城市化的快速推进，农村地区已经很难凑足劳动力去从事声势浩大的传统葬礼了。农村地区大多数青壮年已经到城市打工，农村地区只剩下老弱病残。土葬作为传统已经变得岌岌可危。总体上说，无论是从环境保护与节约耕地的角度来看，还是从城市化的大趋势来看，政府的殡葬改革都有着毋庸置疑的合理性与紧迫性。

但由于对这种合理性与紧迫性的认知是建立在充分信息的基础上，并不能通过直观的方式呈现出来，要实现合法性与谋取公众的信任，还必须使用更加直白的说辞。因此，市县政府也需要在正式的公文中将殡葬改革的合法性压缩为"文明祭奠""文明殡葬""生态殡葬""低碳祭扫"这些更加"新潮"、更加"高大上"的口号。① 这些口号对于说服真正了解内情的基层民众是一种多余，其目标很明显是指向不知情的悠悠众口。如果背景信息过于复杂，那么只能通过简明扼要的口号来将复杂的信息简化。在公共领域，合法性的建构因此也往往会流于"口号政治"，这些政治符号表达主要就是一种获取信任的廉价手段，虽然无法解决根本性的政治问题，但却能够转移公众注意力。② 政府可以通过这些口号将公众的视线从事件本身的复杂背景转移开来，转入事件当中更易于认知的标志性信息当中。而在本案例中，这些有着丰富内涵的用语在现代公共领域中则有着一种不受质疑的正当性，这些口号以"文明"自居，有着难以抗拒的话语强制。我们因此也可以将殡葬改革的合理性和紧迫性当成一种更高层次的合法性，因为土葬转向火葬、树葬甚至江葬的转变代表着落后、迷信的传统生活方式向绿色、先进、文明的现代生活方式的转变。

虽然很多农村老人未必懂得上述说辞是什么意思或者与自己的生活有什么直接关联，但农村的固有传统已经难以抵抗这些词汇所代表的大趋势了。传统也是韦伯所说的一种合法化类型，尽管土葬代表了传统，但其声音在现代话语体系中也已经变得非常微弱，在殡葬改革中已基本丧失正当性地位。也有少数老人"想不通"，但这些老人只是"想不通"，却给不出明确的理由。也有个别老人难掩低落情绪，但这种低落情绪基本没有被其家属当回事，在很多年轻家属看来，活人生存尚且艰难，哪还有心思顾及死后。由于缺乏年轻人支持，老人低落的情绪中即使潜含深层次的不满，也缺乏表达出来的动力。当然，我们也可以从文化多元主义的学术立场出发，说"想不通"的老人所固守的土葬传统在现代话语体系并没有一席之地。但这种对殡葬改革合法性的质疑只是学术话语的自说自话，这种学术话语太过于"后现代"，是难以作为这些文化程度不高的乡下老人反抗改革的话语实践策略的。尽

---

① 参见 Z 县人民政府：《关于在全县依法实施殡葬改革的通告》，枞政秘[2014]52 号。

② David L. Paletz and Robert M. Entman, *Media Power Politics*, New York, Free Press, 1982, p. 151.

管老人们保持了沉默，但殡葬改革却在社会舆论与网络论坛上激起了激烈的争议。① 老人们的沉默也许代表了一种未说出口的"正义"。② 但当传统在公共论坛被不相干的网民大声争论时，就表明传统已经岌岌可危了，因为传统已经由人的无声主宰者变成了人的分析客体。③ 网络舆论中被争议的客体已经不是传统，传统无须被呼唤，只须被践行。这也许就是老人们淡然处之的原因。尽管如此，乡村社会中顺利实施的殡葬改革在社会舆论中却完全是另外一种面目。

## 二、殡葬改革在社会舆论中的争议及其和基层民意的落差

对于地方政府推行的殡葬改革，除了部分老人默默承受之外，有相当一部分老人对此想不通。④ 古人说"事死如事生"，死后如何安葬涉及重大的人伦道德问题，也关乎到生者的未来期待。当地政府强推殡葬改革，要改变中国人几千年来的安葬方式，无疑是对既有社会伦理道德的重大颠覆，社会舆论的注意力立刻就被吸引到了该地方的殡葬改革上来，并由此淡化对事件本身的背景调查与分析，而对政府向来强势的这样一种成见在事件的催化下变成了偏见，强推殡葬改革的事件立刻成为了佐证政府一贯粗暴蛮横的一个有力例证。这使公众很自然地联想到了房屋暴力拆迁所引起的各种跳楼、自焚事件，殡葬改革在社会舆论当中也就完全丧失了正当性与可信性。从认知心理学的角度来看，殡葬改革这样一种涉及重大人伦道德的事件是一个容易引起选择性失明的"显著性"因素，由于人类的认知局限性，人们往往高估生动、具体的信息的重要性，而同时低估抽象、整体的背景信息的重要性。⑤ 公众往往只看到事件本身的道德问题，但看不到土葬对耕地的大面积无效占用，也看不到去年年底几十里外都能看到浓烟的山林大火。殡葬改革事件也是一个激发社会舆论争议的信息"引爆点"，⑥ 不论这个引爆点在现实当中有多大的代表性，但对

① 参见《安庆市殡葬改革引争议》，载人民网：http://51fayan.people.cn/n/2014/0529/c172459-25081219.html，2015年9月18日访问；丁永勋：《媒体谈安庆殡葬改革：没有改革要以逼死人为代价》，载搜狐网：http://news.sohu.com/20140529/n400173921.shtml，2015年11月1日访问。

② 参见[美]玛丽安·康斯特布尔：《正义的沉默》，曲广娣译，北京大学出版社2011年版，第87页。

③ 参见[美]玛丽安·康斯特布尔：《正义的沉默》，曲广娣译，北京大学出版社2011年版，第101页。

④ 最先的报道是新京报的报道，参见张永生、申志民：《安庆殡葬改革：从夭折到强势重启》，载《新京报》，2014年5月18日，第A18版。

⑤ 参见[美]阿德里安·沃缪勒：《不确定性状态下的裁判》，梁迎修、孟庆友译，北京大学出版社2011年版，第43页。

⑥ 参见[美]凯斯·桑斯坦：《网络共和国：网络社会中的民主问题》，黄维明译，上海人民出版社2003年版，第58页。

于存在信息局限性的公众来说，却能够使偏见如同雪球般越滚越大，并使公众陷入歇斯底里的道德愤怒当中，公众由此找到了一个宣泄口，去铺天盖地谴责政府的各种专横行径：罔顾民意所向，不顾群众感受，对生命的不尊重，既侮辱死者又侮辱生者、致命的自负等，不一而足。① 总之，殡葬改革经过社会舆论的争议与发酵，不论改革本身有多么的必要，在社会舆论当中都可能变得一无是处。即便公众对很多问题不甚了了，但在慷慨激昂的道德话语中，就可以借着民意、生命、尊重、侮辱等这些似乎万能的道德符号来对一切社会问题发起强大的批判攻势。

但在此次 A 市殡葬改革所引发的争议中，实际调查中所看到的基层"民意"与在大众传媒上所体现出来的"民意"有着明显的落差，两者可以说是"冰火两重天"。从村干部提供的信息来看，老人和家属极少有对殡葬改革提出质疑的，年轻人基本都持赞成态度，而老年人虽然思想较为"保守"，但大多数也都持赞成态度，用一位村干部的话讲就是："90%以上的老人都赞同"。虽然这样的数字只代表了村干部们的直觉印象，但基本也反映出殡葬改革在当事人中的反对者是非常少的。对老人的访谈也表明，大多数老人对于死后是土葬还是火葬都持一种淡然接受的态度：人都死了，也管不了那么多了，土葬固然不错，但也绝非完全不可接受火葬。这远非网络上"对传统价值的恶劣抽打""对民众情感的野蛮诅咒"等激烈言辞表达出来的抗议。② 而村干部对这一类言辞所表达的激烈情绪也很不以为然，认为其大惊小怪。很显然，此次社会调查所获得的信息与网络传媒上的各种愤激之词相去甚远。大众传媒上的社会舆论或"民意"由于与殡葬改革实际实施过程的认知距离，并不能理性地对待殡葬改革的必要性。实际生活中的"民意"更接近于整个事件的各种现实信息背景，显得更加温和与理性。但这样一种平淡的"民意"相对于事件本身的道德张力是难以成为大众传媒真正关注焦点的。从新闻学的角度来看，新颖性、反面性、反常性则是新闻选择的主要标准。③ 在大众传媒的新闻报道当中，只有涉及生死存亡这一类极端的负面新闻才能引发轰动性效果。但大众传媒所营造的"民意"也相对于基层的"民意"发生了"异化"。殡葬改革的复杂背景因为缺乏值得引起注意的讯息值与显著性效果，反而缺少舆论话语权。因此，合法性因为认知距离与

---

① 参见人民网：《安庆市殡葬改革引争议》，http：//51fayan. people. com. cn/n/2014/0529/c172459-25081219. html，2017 年 9 月 18 日访问；丁永勋：《安徽安庆称不会停止殡葬改革，被批系致命自负》，央视网：http：//news. cntv. cn/2014/05/29/ARTI1401293151071866. shtml，2014 年 9 月 18 日；夏余才：《安庆殡葬改革究竟失败在哪里？》，凤凰博报：http：//blog. ifeng. com/article/33050219. html，2017 年 9 月 18 日访问；

② 参见人民网：《安庆市殡葬改革引争议》，http：//51fayan. people. com. cn/n/2014/0529/c172459-25081219. html，2017 年 9 月 18 日访问。

③ 参见[荷]托伊恩·A. 梵·迪克：《作为话语的新闻》，曾庆香译，华夏出版社 2003 年版，第 125~129 页。

信息充分性程度的差异而可能显现出不同的面貌。通过社会舆论表现出来的合法性主要是一种道德合法性，但却是一种忽视政策有效性的片面的合法性。在一个互联网已经普及的时代，中国的很多改革与发展，都是在这样一种片面的合法性批判中被激烈争议的。

## 第三节 冲突的合法性：生态文明、法治标准与权利保障

尽管面临着社会舆论的道德批判，但政府却不能因此停止殡葬改革，因为该政策的背后是切实而又迫在眉睫的问题。政策执行过程仍然是严厉而又有效的。但基层政府在殡葬改革中则因为目标与手段之间的不一致而无法在所有合法性目标中面面俱到，这也涉及前面提到的合法性与有效性之间的冲突。尽管我们将土葬转向火葬的殡葬改革当成是落后的传统向现代的生态文明的转变，但中国此类大大小小的落后向先进的转变并不是完全是自动进行的。很多情况下中国的现代化离不开强有力的政府的推动，但强有力的政府往往并不能兼顾现代化中多元化的合法性目标，政策性目标如经济与社会发展、技术进步、基础设施建设、环境治理等，与道德和法律目标如民主、人权、法治等，往往并不能协调一致，如果我们要大力推进前者，就可能在某种程度上必须牺牲后者，反之亦然。在中国这个急需从传统向现代转型的国家，任何合法性诉求都会显得非常迫切。就本部分而言，生态保护在 A 市殡葬改革中无疑是一个非常迫切的目标，而这就需要超越常规的行政效率予以支持，但也引发了各种合法性目标之间的冲突。

### 一、政府系统的高效与法治的缺失

根据村干部的信息来源，Z 县的殡葬改革是非常高效的，自 6 月 1 日推行殡葬改革以来，Z 县去世的近 1000 名老人都已经火化，没有听说哪个村干部或镇干部因此被免职，也没有听说拒不执行的情况。但这种高效并非因为中国的政府架构有任何过人之处，而是因为行政权力可以不受法律、社会舆论、乡土人情的制约，不仅如此，行政权力还可以调动这些资源为自己服务。A 市与 Z 县下发的通知中要求成立工作领导小组、强化组织领导与政府的主导责任、明确部门职责、实行严格的目标管理、建立严格的责任追究制度，统一协调改革管理工作，这些要求更类似于公司的治理架构，而不是国家的治理架构。因为我国的基层政府只需对上负责无须对下负责，政府活动目标清晰，绩效考核准确而又有效。张五常认为，中国的基层政府更像是公司，① 这是有道理的。不仅如此，行政权力在实践操作中还会容易脱离制度轨道，导致缺乏必要的合法性依据。为了强力推进殡葬改革，Z 县下了不成

---

① 参见张五常：《制度的选择》，中信出版社 2013 年版，第 298~304 页。

文的"死命令"：在 6 月 1 日之后如果发现遗体入棺现象，村长、村支书就地免职，而如果发生棺木入地现象，镇长镇书记就地免职，而且免职之后"刨地三尺"也要将棺木挖出来。对于村干部来说，还有一个更大的处罚就是退休后不发放养老保险。而且村干部在 6 月 1 日之后的敏感时间内，必须随时待命，不得离开本村。不论是官员与村干部的任命还是免职，在党内党外都有一定的组织程序和法律程序，这种赤裸裸的行政命令显然并不符合既定的规范程序。在基层，法律是难以对权力施加约束的，而主要是一种政策工具。政府在各种公告中对法律的唯一引用就是《治安管理处罚法》中的规定："拒绝、阻碍乡镇人民政府或殡葬管理部门执法人员依法执行公务，或者借丧葬活动扰乱社会秩序的，由公安机关依照《中华人民共和国治安管理处罚法》进行处罚"。① 法律在此并不体现为对称化的权利义务关系，而只能以单向的强制力作为支撑。政府的做法很明显是一种"运动式执法"，在基本没有任何明确法律权限的情况下，发动一切相关人员实施行政命令，并通过强制力来惩罚一切妨碍实施政令者。政府发布的成文命令与不成文命令对下级干部施加了极大的行政压力，这也使得殡葬改革能够得到快速的实施。有一位村干部讲述了这样一个例子：Y 村一村庄有一位老人在 5 月 30 日去世，由于此时正处于殡葬改革的节骨眼上，镇政府与村委会如临大敌，村干部立刻进驻老人家里，要求家属必须在第二天将老人下葬，过了期限就必须推行火葬。对于镇政府和村委会来说，6 月 1 日之后家属的变数太大，为了避免"夜长梦多"，倒不如在 6 月 1 日之前下葬，在村干部的劝导之下，家属同意在未做完法事的情况下将老人下葬。事后，镇政府干部怕下面的村干部欺上瞒下，还特地到坟头亲自察看，以确认去世老人确实已经下葬。从乡镇干部的紧张表现来看，县政府的"就地免职"并不是虚言。

就此次 A 市殡葬改革而言，生态保护无疑是一个迫切的合法性目标，但如果我们完全从法治角度出发，殡葬改革也许根本得不到推行。法律程序的严密规范与漫长期限固然会对政策实施者形成一种保护，但慢条斯理的法律程序很难说是政策执行的一种有效激励机制。安徽省也很早就制定了《安徽省殡葬管理办法》，如果能够通过法律来实施，就不至于等到今天。如果要贯彻理想的法治，最终都要归结到司法审判。由于法院只是法律的执行者，难以控制各种非法律性因素，所以即便是意图良好的判决，如果缺乏有效的政策工具，也可能难以收到预期的效果。美国联邦最高法院废除种族歧视的缓慢与低效就能体现这一点。② 我们很容易根据法治来批评殡葬改革，但法治这个理想在很大程度上被我们意识形态化了，从而变得不

---

① 参见 Z 县人民政府：《关于在全县依法实施殡葬改革的通告》，枞政秘〔2014〕52 号，第七条。

② 参见〔美〕理查德·波斯纳：《联邦法院：挑战与改革》，邓海平译，中国政法大学出版社 2002 年版，第 347~348 页。

容置疑与无所不能，法治也许是我们的一个长期追求目标。法治对于一个社会形态基本稳定的国家也许是一种优良的制度体系，但即便如此，我们也不能说法治在人类极为复杂的生存经验中都总是必然产生预期的良好结果。

## 二、权利保障的缺失及其成本问题

在殡葬改革中，对公民合法权利的保障也是非常不利的。尽管 A 市发文禁止强制收缴棺木，但基层政府与村干部在实际操作中，对于在世老人备用的棺木，在补偿 1000 元后收缴或毁坏。从法律的角度来看，棺木是公民合法财产，而且做一副棺木现在也需要四五千元，而基层政府在给予不充分的补偿后，就试图收缴或毁坏公民合法财产。尽管如此，这些不充分的补偿与补贴也是一笔巨大的款项，就 Z 县而言，光补偿棺木的费用就需要 8000 万元。不仅如此，政府还派专车免费运送遗体，免费火化，免费提供骨灰盒。一次火葬的全程服务政府大概需要补贴 500 元。Z 县在 2013 年的财政收入是 14.3 亿元，如此算来，这对于一个财政收入不是很高的县来说是一笔不小的支出，因为该县还有教育、公务、治安以及基础设施等其他方面的花费。除了这种对老人及其家属权利的不充分补偿外，政府的一些管制措施实际也是对其他人群权利的限制，如镇政府召集从事殡葬服务的裁缝、木匠、道士集中开会，要求他们如发现任何土葬活动，应立即上报，如仍然从事土葬业务则立即拘留。政府没有考虑到剥夺了这些人的生计是否也需要进行补偿。

我们固然可以说地方政府的执法不符合法律对权利的保障，但权利不仅仅是抵御政府的屏障，权利的实现也需要政府公共资金的支持。[①] 中国的法治建设有很多制约因素，但经济成本无疑是其中重要一项。而且生态文明虽然实际上也可以被法律化为环境权利，但环境权利的实现也可能是以其他权利为代价的。[②] 殡葬改革所代表的生态文明也不是没有成本的，生态文明并不仅仅是顺其自然，有时也需要破旧出新，也需要政府的积极建设。因此，环境权利的成本就可能和其他权利的成本发生冲突。中国的很多社会弊端都亟待改革，改革就会触动既有的权利格局，但政府又没有能力进行充分补偿，这就导致政府的很多改革或发展政策都以权利的损害

---

　　①　参见［美］史蒂芬·霍尔姆斯、凯斯·桑斯坦：《权利的成本》，毕竞悦译，北京大学出版社 2011 年版，第 26 页。

　　②　例如，现在中国的环境污染很严重，但为了减少环境污染，仅仅关停污染工厂是不能完全解决问题的。因为中国作为一个后发性国家，在技术水平不高的情况，工厂承载了大量的就业人口。如果完全关停污染工厂，则可能产生就业的问题，这又侵犯了另外一种权利：劳动权利。但西方国家是如何做到既没有污染，而又不会导致很严重的失业问题呢？这是因为西方国家低污染的高科技行业更加发达，将高污染的行业转移到发展中国家，以及经济发展水平可以支撑较高的福利。但中国要达到这一水平就需要时间，在此过程中仅仅强调环境权利就是失之偏颇的。

为代价。由于权利保障成本的高昂，基层政府主要通过权力来推进政策，通过党组织和政府内部的考核与任免机制将基层官员的才智、精力与时间的使用极大化，通过不符合法治标准与权利保障标准的惩罚性威慑将民间资源的汲取极大化，从而在缺少金钱和法律这两大权力辅助措施的情况下最大程度地推进政策的实施。

通过殡葬改革的具体实施，我们能够看到行政权力是极为强势的。为了实施殡葬改革，政府调动了一切可利用的资源。中国的政府系统是非常高效的，这也一定程度上解释了中国改革开放以来在经济发展与基础设施建设上的出色成就，这为政府在经济与社会层面带来了巨大的合法性，但这在公共领域也引起了对其不尊重法治与人权状况的无数批评。政府的决策与行为尽管会陷入各种合法性争议中，但政府毫无疑问是非常高效的。① 不受制约的行政权力无疑会产生腐败，但行政权力的不受制约也造就了它的高效。对于中国这个在各个方面都还不是很发达并急需改革的国家来说，这也许是一种无法摆脱的两难困境。

## 第四节　灰色的合法性：软硬兼施的说服与沟通以及"一刀切"的政策实施

尽管政府在通过正式权力贯彻政策的过程中比较刚性，但不意味着在具体实施过程中也完全缺少合法性，合法性是殡葬改革实施过程中的润滑剂，一定程度的合法性有利于政策的推行。而这一合法性只能由村干部来谋求，但这种合法性不同于生态文明、法治与人权等在公共领域显得"高大上"的合法性话语模式，这是一种处于制度灰色地带、上不了台面的合法性。这种合法性实际是一种信任的建构，也即通过间接的方式来谋取公民对于政策实施与执法措施的理解与认同。这种理解与认同不关乎政策与法律的实质合理性，而是仅仅关乎认知上的简化。在这一过程中，人情、面子等非正式机制使得正式权力的决策变得更容易接受，公民通过人情、面子等既有的比较熟悉的认知与沟通模式来建立对于复杂的决策与执法的信任。

### 一、软硬兼施的说服与沟通

村干部无疑是这次殡葬改革实施过程的合法性或信任的主要建构者。合法性是一种自愿认可，要求对老人意愿的绝对尊重，要求进行耐心的说服与充分的沟通。在合法性的理想语境下，政策与法律的实施应该是和平的、自愿的、全面周到的。但 A 市与 Z 县所发出的通告则完全是一种没有商量的命令语气，通告中"一律""严

---

① 参见方结伟：《中国不一样》，中国发展出版社 2013 年版，第 213 页。

禁""严惩"等词汇充满了专横与霸道。① 这些用词是极容易引起社会舆论与当事人反感的。但作为殡葬改革的直接实施者，村干部是不能使用这些生硬的词语的，村干部仍然需要进行一定程度的沟通与说服。但这并不是任何人都能做的工作。哈贝马斯、吉登斯等人的民主理论都认为沟通或对话是建立合法性的重要方式，② 但这种沟通或对话并不是在任何情况下都是有效的。同样的话由不同的人说出来或在不同的语境当中效果是不一样的。镇干部作为殡葬改革的另一类实施者是难以承担这一职能的。镇干部大多受过大学教育并通过公务员考试进入行政系统，不仅缺乏能够准确把握底层民众心态的沟通知识与技巧，而且行政系统中的科层制权威是难以直接获得农村七八十岁老人的认同的。相比于科层制化的镇干部，非科层制化的村干部则有着特殊的知识优势与权威优势。村干部熟悉乡土民情，在其他日常事务中与大多数村民建立了一定的熟人关系，而熟悉是信任的前提，村干部因此在村民当中也享有一定的非制度性权威。由他们去做说服工作，不会让村民觉得是在仗势欺人。此次殡葬改革，主要说服工作就是由村干部实施的。根据一位村干部的说法，殡葬改革是有充分理由的：土地有限，土葬会占用土地，会引发山林大火，要为子孙后代着想之类。但村干部的沟通与说服并不完全是对老人自愿的谋求，其中潜台词也是很明显的：不执行上级命令可能要被处罚。但上级的处罚这个潜在的可能性在经过村干部这个非制度性权威的转化，变成了一种可接受的压力。一方面，上级政府的决定能够使村干部对村民施加一种客观化的外在压力，言下之意就是这事跟我没关系，我也是在执行上级的命令，因此请你也不要为难我。另一方面，村干部的面子也是具有一定说服力的非制度性权威，村民在熟人社会的背景之下也必须顾及村干部的"面子"，并慎重考虑他们所传达的善意信息。

不过在很多村干部看来，试图说服所有人遵守政府决定也是不切实际的，如果试图说服每一个人，那就不要改革了。遵循老人的意愿固然会有最大化的合法化效果，但问题是殡葬改革通过此种合法化方式恐怕永远完成不了。对于土葬这种占用耕地以及可能引发山林大火的不文明传统，我们无法慢慢等待民众的觉悟与无限期的商议，因为这在根本上也会侵害民众的长远利益，而且这种等待已经有二十年了。对于中国这个各方面都需要进行大力改革的国家，利益与观念格局都极不稳定，无限制的民主商讨将会使很多改革一事无成。

---

①　参见 Z 县人民政府：《关于在全县依法实施殡葬改革的通告》，枞政秘［2014］52 号；安庆市人民政府办公室：《安庆市人民政府关于印发安庆市殡葬改革实施方案的通知》，宜政法版［2014］7 号；安庆市殡葬改革工作领导小组：《通告（第一号）》，2014 年 4 月 1 日。

②　参见［德］尤尔根·哈贝马斯：《交往行为理论第一卷：行为合理性与社会合理化》，曹卫东译，上海人民出版社 2004 年版，第 292~293 页；［英］安东尼·吉登斯：《超越左与右：激进政治的未来》，李惠斌、杨雪冬译，社会科学文献出版社 2000 年版，第 119~132 页。

## 二、"一刀切"的政策实施及其对实体合法性的搁置

村干部所建构的合法性还有另外一个重要来源："一刀切"。"一刀切"要求村干部必须从自家老人开始实施殡葬改革，并由此带动所有老人实施殡葬改革。"一刀切"不尊重人们意愿、不区分年龄段、不区分特殊情况，因此也很难经得起社会舆论的质疑与推敲。因此，这种"一刀切"很难上得了公共领域这个更大的台面，而只能作为基层政府在政策具体实施过程中的一种灰色化策略。"一刀切"通过形成乡村社区的熟人范围内都会同等遵守政府决策的相互信任氛围，而可以暂时搁置实体性目标的考虑而转向过程的正当性。为了理解这一点，我们可以参照一下管理学或组织学中关于集体行为的研究。我们向来认为人们在集体性行动中是否合作是出于对利弊的理性认知与权衡，但很多研究表明，在集体行动中，人们是否合作主要取决于是否信任他人也能够平等承担自己的那一份贡献或义务。[①] 守法行为中的集体心理也非常类似，平等是守法的必然要求，但其对守法者形成的激励主要不是可得的利益好处，而是对他人都会平等守法的普遍信任与相互期待所产生的正当性认知与社会压力。这实际上是一种"他人怎么做，我也怎么做"的相互模仿与相互从众的心理。判断正当性的标准往往不在于实体目标的优良本身，而是他人的所作所为；同时，他人的榜样对于我们来说也是一种选择的压力。公民对于政府决策与执法的集体性遵守，我们也可以做类似的理解。对于殡葬改革，如果让所有老人自由选择，恐怕很难有效推行。但这并不意味着殡葬改革完全没有合法性，合法性并不一定来自心理意义上的共识，也有可能来自对他人平等遵守政策与法律的普遍期待。而村干部所起的带头表率作用有利于向村民表明，殡葬改革是能够被所有人普遍接受的，是同等要求所有人的，任何人都不例外。对村干部都在平等遵守政府决定的信念与期待也容易促使村民去遵守政府决定。县政府出于这种合法性考虑，也要求党员干部一律带头执行殡葬改革。Y村村干部家里有老人的，都带头砸掉了棺木。这对于其他老人及其家属来说就很有说服力，因为大家都一样，这大大减少了对殡葬改革的抗拒。一位村干部还向我讲述了这样一个例子：另外一个村庄党支书的父亲反对火葬，这让党支书很为难，自己劝导不了，只好将在县里当干部的另外一个儿子叫回家劝导。可见，县政府对各级干部所施加的行政压力相当大，各级官员必须带头从自家老人开始推行火葬。但"一刀切"只是一种有限度的过程合法性，

---

① 相关的一些研究，参见 Dan M. Kahan, "The Logic of Reciprocity: Trust, Collective action, and Law", *Michigan Law Review* 102, 2003, pp.71-103; Kim Mannemar Sonderskov, "Different Goods, DIfferents: Exploring the Effects of Generalized Social Trus in Large-N Collective Action", *Public Choice* 140, 2009, pp.145-160; [美]罗德里克·M. 克雷默等：《集体信任与集体行动》，刘穗琴译，载[美]汤姆·R. 泰勒等编：《组织中的信任》，中国城市出版社2003年版，第482页。

而关于实体性目标的争议却被一定程度搁置。"一刀切"也因为没有尊重老人意愿、没有考虑传统与习俗、管理过于简单化等原因，而很难在以道德话语为主流的公共领域被公众所接受。有学者就认为：不应该"一刀切"，要按照老人意愿与各地情况逐步推行。① 但一位村干部对此嗤之以鼻："那谁先谁后呢！"如果翻译成学术的语言，这就意味着区别对待会面临着难以克服的管理成本问题与信息成本问题。而且如果大家可以自愿选择火葬，那么最后就没有人愿意火葬。很显然，A市在推行安徽省早已出台的殡葬改革法律上的滞后，已经表明依赖于民众的觉悟与自愿解决不了问题。

## 第五节　基层治理合法性困境的信任出路

本部分的案例有着相当大的代表性，其他各种基层治理行为如征地拆迁、公共基础设施建设、经济发展、计划生育、街道卫生、环境治理、扶贫等都呈现出类似的合法性困境。本部分的社会调查因此能够表明，由于信息在公众与当事人之间的不均衡、治理目标相对于现实与传统的高远性以及政府资源的有限性，我国的基层治理不可避免地遭遇多面化的合法性困境。中国是一个极度复杂而又亟待改革的实体，我们很难保证远期理想与当下现实、价值目标与实际手段之间能够同步兼容。总体来看，对于中国这样一个还在推进各种大规模改革的国家，是不可能建立让所有人满意的合法性的。这也决定了中国并没有平坦的发展之路。

### 一、协商民主与赶超战略

前文已经提到，对于基层治理的合法性困境，很多学者将协商民主当成"灵丹妙药"。协商民主或者作为协商民主的变种的"多元共治"模式，似乎是一个可以解决任何问题的"万金油"式的机制。协商民主为国家治理提供了一种吸收公民意见的参与机制，似乎能够协调不同方面的合法要求，从而为基层治理提供一种能让所有人满意的决定机制。协商民主被当成了一种超越于各种合法化机制之上的"超级"合法化机制。但在中国这个并没有法治传统的国家，我们如何保证各类主体在协商的过程就会坚守法治、权利、程序等同样也属于现代化的合法化要求呢？特别是法治，其要求严格遵守法律，即便法律不符合道德、民意时也是如此。即便法治对于基层社会的长治久安很重要，但其在改革当中也不可能总是被基层民众放在优

---

① 这是于建嵘与郑风田的建议，请参见相关的新闻报道，张少杰：《"睡棺材"——自杀后，她终于实现了晚年心愿：办一场风光的葬礼》，载《南方都市报》2014年5月28日，第A33版。在这里，我们也能够看到知识分子的通病，因为他们完全从理念出发，完全不考虑现实的管理成本问题与信息成本问题，复杂的政策措施也意味着要花费更多的公共资源。

先的地位，更不用说在权力与资源上存在严重短缺的基层政府了。笔者在社会调查中很明显就感受到，大多数被调查者对民主、权利、程序与法律非常麻木，几乎没有人想到以权利和法律来对抗政府的决定。在协商民主中，法治在与其他合法性目标的权衡中也极有可能被牺牲掉。

协商民主更严重的局限性还在于其对于合法性的建构局限于社会层面，而忽视了时间层面。① 在现代性话语中，"传统－现代""落后－先进"之间的二元对立使得现代化不仅是一种社会建构，也是一种时间赶超。这意味着，紧迫性是中国国家治理现代化建设的内在属性。在一个由西方所主导的全球化格局中，由于中西之间"落后"与"先进"的现实对比以及发展中国家的自我定位，我们无法接受市场与社会"无形之手"缓慢的演化。因此，有效性构成了合法性的一个重要面向。类似于某些学者的说法，中国必须实行"赶超战略"。② 包括本部分中的殡葬改革，我国几乎所有的改革都是基于"落后"向"先进"转型的"赶超"，这使得合法性不仅来自社会层面的共识，也来自时间层面的进度。不仅本案中的殡葬改革是一种"赶超"，工业发展、农业现代化、城市化、科技进步、教育发展、基础设施建设等都要求不断地"赶超"。但在赶超的过程中，制度的转型与改革都是一个集体性的活动。如果参照奥尔森的经济学理论，大型国家集体激励机制的低效性决定了无形之手不可能形成有效的国家赶超战略。③ 因此，殡葬改革无法依赖于民间社会在权衡长远利弊基础上的自发接受。如果严格践行协商民主，那么殡葬改革就根本不会被村民提起，很多老人虽然不反对殡葬改革，但要在补偿远远不够的情况下能够积极地从自我做起推行火葬，却也无此动力。因此，中国的现代化改革与建设需要一个强有力的政府，只有强有力的政府才能保证超越常规的效率，我们才有可能在经济与社会方面快速赶超西方发达国家。时间层面和社会层面合法性的不同步也决定了中国的现代化改革必然会有争议，但有争议并不意味着不需要改革，我们不可能等到民主与法治都完善了再推行其他方面的改革。这里的悖论在于，政府为提高基层治理的有效性而对于正式规则的漠视以及对于非正式力量的利用，又可能和民主、法治、人权等现代化目标相冲突，从而造成新的合法性问题。这也是很多学者所提到的基层治理"内卷化"问题的根本原因所在。

与这种"赶超战略"相应，中国的现代化建设主要是一个"自上而下"的过程，需要政府对现代化进行整体性的顶层设计。但以顶层设计为主导的现代化建设，又

① 关于社会层面与时间层面，请参见卢曼的相关理论，参见 Niklas Luhmann, *Social Systems*, trans. by John Bednarz, Jr. With Dirk Baecker, Standford University Press, 1995, pp. 74-83.

② 经济学界有着类似的观点，如林毅夫：《解读中国经济制度》，北京大学出版社 2012 年版，第 101、122 页。

③ 参见奥尔森关于集体行动的激励机制的分析，[美]曼瑟尔·奥尔森：《集体行动的逻辑》，陈郁、郭宇峰、李崇新译，上海人民出版社 2011 年版，第 37 页。

导致了我国上下级政府之间的"权责倒置"的现象：上级政府负责总体设计，基层政府负责执行，但基层政府可以调动的权力和资源又明显和其职责不对称。"权责倒置"导致了基层政府对于民主协商的"排斥效应"以及对其与民众之间互动的"隔离化"。① 尽管如此，要改变这一点却也非常困难，因为现代化建设并不是纯粹的地方性事务，② 而是系统性、超越性地建设现代化国家，权力与资源必然会集中于上级政府。在本案例中，我们也看到当地村干部也承担着一定的说服工作，但这种说服带有很大的施压成分，而上级命令的主导性地位也决定了村干部的协商是没有太大意义的。在基层治理的协商过程中，如果既要满足上级政府对于生态保护的长远要求以及征求大多数人的同意，还要满足法治的严格要求与对权利损害的赔偿，那么其高成本使得殡葬改革可能完全推行不下去。基层政府对非正式力量与规则的利用在一定程度上也是因为行政资源有限而"不得已为之"。

## 二、缓解合法性困境的信任策略：再造熟人与主观程序正义

政府的"赶超战略"无疑是有风险的。在有限资源的限制下为实现这个合法性目标往往就不得不牺牲另外一个合法性目标，这种取舍又会造成新的合法性困境。这种合法性困境只能被缓解，不能被根除。缓解的方法只能是将内在于现代化本身比较难以解决的深层次合法性问题转移为比较容易解决但也比较肤浅的信任问题，这也在一定程度上搁置了实质性的合法性争议。因此，这只能是一种没有完全解决实质性问题的信任策略，也即通过间接、有限的方式与信息来获取人们对于政治决策与法律决定的认同。我们可以从主体与行动的角度来阐明这一点。

第一，主体层面的信任建构：再造熟人。由于殡葬改革与传统道德直觉的脱节以及利益补偿的不充分，为了使人们接受殡葬改革，很多情况我们就不能从殡葬改革本身的合法性着手去说服当事人，更核心的说服力因素在于承担说服工作的人。这在本案例中其实就是村干部。带有熟人特征的村干部对于乡民来说是认知成本比较低的信息符号，乡民正是基于对熟人及其平等守法的信任，才会在情感上接受对于他们不利的政策与法律决定。正如我们在本案例中所看到的，政府的施压在经过村干部的转化后就变成了一种可接受的妥协。我们只能通过熟人的中介及其表率作用，让人们接受他们可能难以理解的政策与法律决定以及承受现代化所可能产生的利益与价值负担。尽管我国已经从熟人社会向陌生人社会逐步转型，但我们仍然需

---

① 参见张翔：《城市基层治理对于行政协商机制的"排斥效应"》，载《公共管理学报》2017年第1期。

② 从这一点我们可以看到，我国民间法研究的基本观点基本上和中国的实际改革模式是背道而驰的。因为民间法研究强调以民间社会的规则、智慧与自我演化来引导中国的现代化建设。关于这一点的理论源头，请参见苏力：《法治及其本土资源》，中国政法大学出版社1997年版，第3~23页。

要"再造熟人"。从主体层面的信任建构要求来看，熟人的角色仍然非常重要。当前我国政府需要在基层大力培养、选拔群众熟悉、信得过的基层干部，从而减少超前的政治决策与法律决定因为缺乏共识而在价值与利益上造成的巨大冲击力。这不仅仅意味着走"群众路线"，实际上群众路线并没有形成制度化的形态。要培养群众信得过的基层干部，需要国家在基层干部的选拔、培训、管理上形成有效的制度，使得基层干部能够成为善于和基层群众打交道、善于谋取人格信任的精英式人才。首先，基层干部的选拔与培训应以提升沟通能力为核心。沟通是建立信任的重要方式，这要求在选拔与培训过程中重视以及培养善用修辞、表达中肯、能打动基层群众人心的沟通能力，由此为基层治理配备善于谋取信任的人才。因此，我们需要为此制定专门性的人才选拔标准以及关于沟通技巧的培训体系。其次，基层干部的工作模式应当是常规性的巡视与沟通。基层干部的日常工作应当就是在街头与社区进行经常性巡视，并能够深入居民家里进行工作沟通或情感沟通。通过这样一种方式逐渐培育居民或村民对于基层干部的人格信任，为未来比较棘手的政策推行提供有说服力的"润滑剂"。最后，为基层干部提供较为优厚的工作待遇，从而稳定基层人才队伍，促进熟人角色的形成。基层治理工作是否有效很大程度上决定了一个国家的政治秩序与法律秩序稳定性，但我国恰恰是基层干部的待遇最低，这就需要大幅度提高基层干部的工作待遇，这不仅有利于稳定基层人才，也有利于基层群众基于长期的沟通与熟悉形成对于干部人格的稳定信任。

第二，行动层面的信任建构：主观程序正义。在基层治理中，人们由于种种因素对政府留下了粗暴、野蛮、霸道的印象，往往会不自觉地将不满发泄到那些在整体上合法的法律或政策上。尽管基层治理中的法律或政策很难让所有人满意，但基层执法者良好的外在行为态度在一定程度上可以缓解这种不满意。如果基层执法者能够带着一种诚恳、谦和、礼貌、尊重的态度去贯彻那些可能不得人心但可能符合公共利益的法律或政策，那么所引起的抵触也必然会更少。关于这种行为态度，汤姆·R.泰勒等学者所倡导的主观程序正义具有重要的启示意义。与由正式法律规范所代表的冷冰冰的客观程序正义相比，主观程序正义则充满了道德温情。根据泰勒等学者的研究，我们可以大致将主观程序正义归纳为：是否有机会向当局表达自己的意见，是否觉得当局努力实现公正，是否与其他人一样受到了同等对待，态度是否公正无偏，是否受到了礼貌对待，是否尊重他们的合法权利，是否诚信，是否提供信息、建议或解释，是否信任公民，等等，① 而这种偏向于人们主观直觉感受的程序正义比社会层面上的分配正义和个体层面上的结果可接受性，对于人们信任

① 参见[美]汤姆·R.泰勒：《人们为什么遵守法律》，黄永译，中国法制出版社2015年版，第201~276页；Martina Harter, Silvia Rechberger, Erich Kirchler, Alfred Schabmann, "Procedural Fairness and Tax Compliance", *Economic Analysis & Policy* 38, 2008, pp. 137-152.

与接受政府的决定都有着大得多的影响力。① 主观程序正义也符合党中央关于"努力让人民群众在每一项法律制度、每一个执法决定、每一宗司法案件中都感受到公平正义"的要求,② 因为主观程序正义非常重视群众对于程序过程的直观感受,有助于实现"人民满意"。③ 主观程序正义作为一种外在的行为态度,认知成本较低,基层民众凭着道德直觉就能够理解,有助于转化为对于难以理解的法律或政策的接受。即使强制力在某些情况下不可避免,事先与事后也应当有一个礼貌、诚恳的公开说明,也即我们常说的"说软话、办硬事"。主观程序正义因此也有利于减少极端事件的发生,极端的道德事件由于其在符号上的象征性意义,往往在社会舆论当中具有颠覆法律或政策的整体性和合法性的力量,而主观程序正义相比于冷冰冰的政策执行与法律程序,在一定程度上能够将基层民众对政策的不满情绪消弭于态度的和善当中。

本部分的殡葬改革及其反映出的问题可以说是中国改革开放 40 多年来现代化建设以及基层治理的内在逻辑的一个缩影。对于中国这个后发型的发展中国家来说,基层治理中的合法性困境很难被根本克服,只能一定程度被缓解。因此,需要转换思路,从信任切入,由此建立对那些有着复杂合法性争议的法律决定与政治决定的认同与支持。

---

① 参见 Tom R. Tyler and Yuen J. Huo, *Trust in the Law*, Russell Sage Foundation, 2002, pp. 53-55; Tom R. Tyler, "Public Trust and Confidence in Legal Authorities: What Do Majority and Minority Group Members Want From the Law and Legal Institutions?", *Behavioral Sciences and the Law* 19, 2001, pp. 215-235.

② 参见《中共中央关于党的百年奋斗重大成就和历史经验的决议》,中国共产党第十九届中央委员会第六次全体会议通过,2021 年 11 月 11 日。

③ 参见冯健鹏:《程序导向的守法理论:以主观程序正义为中心》,载《中国政法大学学报》2023 年第 1 期。

# 参 考 文 献

**中文著作：**

[1][美]理查德·波斯纳：《法律的经济分析》，蒋兆康译，法律出版社 2012 年版。

[2][德]尼克拉斯·卢曼：《法社会学》，宾凯译，上海世纪出版集团 2013 年版。

[3][美]罗伯特·C. 埃里克森：《无需法律的秩序：邻人如何解决纠纷》，苏力译，
中国政法大学出版社 2016 年版。

[4][英]安东尼·吉登斯：《现代性的后果》，田禾译，译林出版社 2000 年版。

[5][美]曼瑟尔·奥尔森：《集体行动的逻辑》，陈郁等译，上海三联书店 2011
年版。

[6][美]萨利·安格尔·梅丽：《诉讼的话语——生活在美国社会底层人的法律意
识》，郭星华等译，北京大学出版社 2007 年版。

[7][美]欧文·戈夫曼：《日常生活中的自我呈现》，冯钢译，北京大学出版社
2008 年版。

[8][德]盖奥尔格·西美尔：《社会学：关于社会化形式的研究》，林荣远译，华
夏出版社 2002 年版。

[9][德]西美尔：《货币哲学》，陈戎女等译，华夏出版社 2002 年版。

[10][德]扬·菲利普·雷姆茨玛：《信任与暴力：试论现代一种特殊的局面》，赵
蕾莲译，商务印书馆 2016 年版。

[11][美]理查德·波斯纳：《超越法律》，苏力译，中国政法大学出版社 2001
年版。

[12][美]詹姆斯·S. 科尔曼：《社会理论的基础》，邓方译，社会科学文献出版社
2008 年版。

[13][波兰]彼得·什托姆普卡：《信任：一种社会学理论》，程胜利译，中华书局
2005 年版。

[14][美]查尔斯·蒂利：《信任与统治》，胡位钧译，上海世纪出版集团 2010
年版。

[15][英]安东尼·吉登斯：《超越左与右：激进政治的未来》，李惠斌、杨雪冬
译，社会科学文献出版社 2000 年版。

［16］［英］休谟：《人性论》(下册)，关文运译，商务印书馆 1980 年版。

［17］［英］A. N. 怀海特：《宗教的形成/符号的意义及效果》，周邦宪译，贵州人民
出版社 2007 年版。

［18］［美］吉姆・佩特罗、南希・佩特罗：《冤案何以发生：导致冤假错案的八大司
法迷信》，苑宁宁、陈效译，北京大学出版社 2012 年版。

［19］［法］阿兰・佩雷菲特：《信任社会——论发展之缘起》，邱海婴译，商务印书
馆 2005 年版。

［20］［德］米歇尔・鲍曼：《道德的市场》，肖军、黄承业译，中国社会科学出版社
2003 年版。

［21］［日］棚濑孝雄：《纠纷的解决与审判制度》，王亚新译，中国政法大学出版社
2004 年版。

［22］［美］皮尔斯：《论符号》，赵星植译，四川大学出版社 2014 年版。

［23］［瑞士］费尔迪南・德・索绪尔：《普通语言学教程》，刘丽译，中国社会科学
出版社 2009 年版。

［24］［英］罗伯特・霍奇、冈瑟・克雷斯：《社会符号学》，周劲松、张碧译，四川
出版集团 2012 年版。

［25］［英］约瑟夫・拉兹：《法律的权威：法律与道德论文集》，朱峰译，法律出版
社 2005 年版。

［26］［德］黑格尔：《法哲学原理》，范扬、张企泰译，商务印书馆 1961 年版。

［27］［英］休谟：《道德原则研究》，曾小平译，商务印书馆 2001 年版。

［28］［美］理查德・波斯纳：《道德与法律理论的疑问》，苏力译，中国政法大学出
版社 2001 年版。

［29］［德］康德：《实践理性批判》，邓晓芒译，人民出版社 2016 年版。

［30］［美］Elliot Aronson, Timothy D. Wilson, Robin M. Akert：《社会心理学》，侯玉
波等译，中国轻工业出版社 2007 年版。

［31］［德］Georg Kneer/Armin Nassehi，《卢曼社会系统理论导引》，鲁贵显译，台湾
巨流图书公司 1998 年版。

［32］［奥］维特根斯坦：《维特根斯坦读本》，陈家映编译，新世界出版社 2010
年版。

［33］［德］尼克拉斯・鲁曼：《对现代的观察》，鲁贵显译，台湾左岸文化 2005
年版。

［34］［美］汤姆・R. 泰勒：《人们为什么遵守法律》，黄永译，中国法制出版社
2015 年版。

［35］［法］罗伯特・雅各布：《上天・审判：中国与欧洲司法观念历史的初步比
较》，李滨译，上海交通大学出版社 2013 年版。

[36]［荷］托伊恩·A.梵·迪克：《作为话语的新闻》，曾庆香译，华夏出版社 2003 年版。

[37]［德］尼克拉斯·鲁曼：《大众媒体的实在》，胡育祥、陈逸淳译，台北左岸文化 2006 年版。

[38]［美］劳伦斯·弗里德曼：《大审判：为公众展示的法律》，朱元庆译，中国民主法制出版社 2020 年版。

[39]［法］米歇尔·福柯：《规训与惩罚》，刘北成等译，三联书店 1999 年版。

[40]［加］卜正民、［法］巩涛、［加］格力高利·布鲁《杀千刀：中西视野下的凌迟处死》，张光润等译，商务印书馆 2013 年版。

[41]［美］查尔斯·蒂利：《集体暴力的政治》，谢岳译，上海人民出版社 2006 年版。

[42]［美］约瑟夫·熊彼特：《资本主义、社会主义与民主》，吴良键译，商务印书馆 2008 年版。

[43]［美］约翰·罗尔斯：《正义论》，何怀宏译，中国社会科学出版社 1988 年版。

[44]［美］罗伯特·A.达尔：《论民主》，李风华译，中国人民大学出版社 2012 年版。

[45]［美］卡尔·科恩：《论民主》，聂崇信、朱秀贤译，商务印书馆 1988 年版。

[46]［美］乔·萨托利：《民主新论》，冯克利、阎克文译，东方出版社 1998 年版。

[47]［美］约翰·罗尔斯：《政治自由主义》，万俊人译，译林出版社 2000 年版。

[48]［德］尤尔根·哈贝马斯：《在事实与规范之间》，童世骏译，三联书店 2003 年版。

[49]［美］罗伯特·A·达尔：《民主及其批评者》，曹海军、佟德志译，吉林人民出版社 2011 年版。

[50]［英］休谟：《政治论文集》（影印本），中国政法大学出版社 2003 年版。

[51]［英］约翰·邓恩编：《民主的历程》，吉林人民出版社 2011 年版。

[52]［英］弗里德里希·奥古斯特·哈耶克：《通向奴役之路》，中国社会科学出版社 1997 年版。

[53]［英］弗里德里希·奥古斯特·哈耶克：《致命的自负》，中国社会科学出版社 2000 年版。

[54]［德］尤尔根·哈贝马斯：《公共领域的结构转型》，曹卫东等译，学林出版社 1999 年版。

[55]［德］尼可拉斯·卢曼：《权力》，瞿铁鹏译，上海世纪出版集团 2005 年版。

[56]［英］马丁·洛克林：《剑与天平》，高秦伟译，北京大学出版社 2011 年版。

[57]［美］肯尼斯·约瑟夫·阿罗：《社会选择：个性与多准则》，钱晓敏等译，首都经济贸易大学出版社 2000 年版。

[58][美]埃里克·A.诺德林格：《民主国家的自主性》，孙荣飞译，江苏人民出版社2010年版。

[59][德]尼克拉斯·卢曼：《信任》，瞿铁鹏、李强译，上海世纪出版集团2005年版。

[60][美]汉娜·阿伦特：《论革命》，陈周旺译，译林出版社2007年版。

[61][英]柏克：《法国革命论》，何兆武译，商务印书馆1998年版。

[62][法]托克维尔：《旧制度与大革命》，冯棠译，商务印书馆1997年版。

[63][奥]维特根斯坦：《哲学研究》，李步楼译，商务印书馆1996年版。

[64][德]乌尔里希·贝克：《风险社会》，何博闻译，译林出版社2003年版。

[65][印度]阿马蒂亚·森：《身份与暴力——命运的幻象》，李风华等译，中国人民大学出版社2009年版。

[66][美]塞缪尔·亨廷顿：《文明的冲突与世界秩序的重建》，周琪等译，新华出版社2010年版。

[67][德]N.卢曼：《社会的法律》，郑伊倩译，人民出版社2009年版，第229页。

[68][德]于尔根·哈贝马斯：《后形而上学》，曹卫东等译，译林出版社2012年版。

[69][德]康德：《道德的形而上学原理》，苗力田译，上海人民出版社2002年版。

[70][法]罗兰·巴菲特：《符号学原理：结构主义文学理论文选》，李幼蒸译，三联书店1988年版。

[71][美]塞缪尔·P.亨廷顿：《第三波——20世纪后期民主化浪潮》，三联书店1998年版。

[72][美]卡罗尔·佩特曼：《参与和民主理论》，陈尧译，上海世纪出版集团2006年版。

[73][美]理查德·尼克松：《尼克松回忆录》，伍任译，世界知识出版社2001年版。

[74][美]约翰·哈特·伊利：《民主与不信任》，张卓明译，法律出版社2011年版，第72~73页。

[75][美]罗德里克·M.克雷默、汤姆·R.泰勒编：《组织中的信任》，中国城市出版社2003年版。

[76][美]罗纳德·德沃金：《民主是可能的吗?》，鲁楠、王淇译，北京大学出版社2012年版。

[77][美]龚小夏：《亲历民主》，复旦大学出版社2011年版。

[78][德]马克斯·韦伯：《经济与社会》（上），林荣远译，商务印书馆1997年版。

[79][德]尤尔根·哈贝马斯：《后民族结构》，曹卫东译，上海人民出版社2002年版。

[80][美]威廉·多姆霍夫：《谁统治美国：权力、政治与社会变迁》，吕鹏、闻详译，译林出版社 2009 年版。

[81][英]泽格蒙特·鲍曼：《自由》，杨光、蒋焕新译，吉林人民出版社 2005 年版。

[82][美]拉里·M. 巴尔特斯：《不平等的民主：新镀金时代的政治经济学分析》，方卿译，上海世纪出版集团 2012 年版。

[83][印度]阿马蒂亚·森：《以自由看待发展》，任颐等译，中国人民大学出版社 2002 年版。

[84][美]约瑟夫·斯托里：《美国宪法评注》，毛国权译，上海三联书店 2006 年版。

[85][美]迈克尔·罗斯金等：《政治科学》，林震等译，华夏出版社 2001 年版。

[86][美]马克·E. 沃伦主编：《民主与信任》，吴辉译，华夏出版社 2004 年版。

[87][美]埃里克·尤斯拉纳：《信任的道德基础》，张敦敏译，中国社会科学出版社 2006 年版。

[88][美]罗伯特·诺齐克：《无政府、国家与乌托邦》，姚大志译，中国社会科学出版社 2008 年版。

[89][法]古斯塔夫·勒庞：《乌合之众——大众心理研究》，戴光年译，新世界出版社 2010 年版。

[90][美]凯斯·R. 孙斯坦：《信息乌托邦：众人如何生产知识》，毕竞悦译，法律出版社 2008 年版。

[91][法]让-诺埃尔·卡普费雷：《谣言：世界最古老的传媒》，郑若麟译，上海人民出版社 2008 年版。

[92][美]奥尔布特等：《谣言心理学》，刘水平等译，辽宁教育出版社 2003 年版。

[93][德]汉斯-格奥尔格·伽达默尔：《诠释学 I：真理与方法》，洪汉鼎译，商务印书馆 2007 年版。

[94][美]凯斯·R. 孙斯坦：《风险与理性》，师帅译，中国政法大学出版社 2005 年版。

[95][法]孟德斯鸠：《论法的精神》，张雁深译，商务印书馆 1976 年版。

[96][斯洛文尼亚]斯拉沃热·齐泽克：《暴力：六个侧面的反思》，唐健等译，中国法制出版社 2012 年版。

[97][英]安东尼·吉登斯：《现代性与自我认同》，赵旭东等译，三联书店 1998 年版。

[98][美]卡斯·R. 孙斯坦：《谣言》，张楠迪扬译，中信出版社 2010 年版。

[99][美]杰罗姆·弗兰克：《初审法院》，赵承寿译，中国政法大学出版社 2007 年版。

[100] [美]詹姆斯·卢格:《人生发展心理学》,陈德明等译,译林出版社 1996 年版。

[101] [德]贡塔·托依布纳:《魔阵·剥削·异化:托依布纳法律社会学文集》,泮伟江、高鸿钧译,清华大学出版社 2012 年版。

[102] [英]戴维·弗里斯比:《现代性的碎片》,卢晖临等译,商务印书馆 2003 年版。

[103] [美]马林·卡琳内斯库:《现代性的五副面孔》,顾爱彬等译,商务印书馆 2004 年版。

[104] [法]安托瓦纳·贡巴尼翁:《现代性的五个悖论》,许钧译,商务印书馆 2005 年版。

[105] [德]乌尔里希·贝克、[英]安东尼·吉登斯、[英]斯科特·拉什:《自反性现代化》,赵文书译,商务印书馆 2001 年版。

[106] [英]安东尼·吉登斯:《失控的世界》,周红云译,江西人民出版社 2001 年版。

[107] [美]丹尼尔·戈尔曼:《情感智商》,查波、耿文秀译,上海科学技术出版社 1997 年版。

[108] [法]孟德斯鸠:《论法的精神》,张雁深译,商务印书馆 1976 年版。

[109] [美]哈罗德·J. 伯尔曼:《法律与革命:西方法律传统的形成》,高鸿钧等译,法律出版社 2008 年版。

[110] [日]大木雅夫:《东西方的法观念比较》,华夏等译,北京大学出版社 2004 年版。

[111] [美]黄宗智:《过去与现在:中国民事法律实践的探索》,法律出版社 2009 年版。

[112] [美]黄宗智:《清代的法律、社会与文化:民法的表达与实践》,上海书店 2007 年版。

[113] [美]詹姆斯·M. 伯恩斯等:《美国式民主》,谭军久等译,中国社会科学出版社 1993 年版。

[114] [美]哈罗德·J. 伯尔曼:《法律与革命:新教改革对西方法律传统的影响》,袁瑜琤、苗文龙译,法律出版社 2008 年版。

[115] [英]休谟:《休谟政治论文选》,张若衡译,商务印书馆 2010 年版。

[116] [英]卡尔·波普尔:《猜想与反驳——科学知识的增长》,傅季重等译,上海译文出版社 1986 年版。

[117] [法]皮埃尔·布尔迪厄:《区分:判断力的社会批判》,刘晖译,商务印书馆 2015 年版。

[118] [德]埃德蒙德·胡塞尔:《欧洲科学危机与超验现象学》,张庆熊译,上海

译文出版社 1988 年版。

[119][德]尤尔根·哈贝马斯:《后形而上学思想》,曹卫东等译,译林出版社 2012 年版。

[120][法]皮埃尔·布迪厄:《实践感》,蒋梓骅译,译林出版社 2012 年版。

[121][加]马歇尔·麦克卢汉:《理解媒介——论人的延伸》,何道宽译,商务印书馆 2000 年版。

[122][英]戴维·巴勒特:《媒介社会学》,赵伯英、孟春译,社会科学文献出版社 1989 年版。

[123][美]塞伦·麦克莱:《传媒社会学》,曾静平译,中国传媒大学出版社 2005 年版。

[124][德]卡尔·施密特:《政治的概念》,刘宗坤等译,上海人民出版社 2004 年版。

[125][德]尼克拉斯·卢曼:《宗教教义与社会演化》,李锋、李秋零译,中国人民大学出版社 2003 年版。

[126][美]伯恩斯:《法国与德雷福斯事件》,郑约宜译,江苏教育出版社 2006 年版。

[127][美]亚伦·德肖维茨:《合理的怀疑:从辛普森案批判美国司法体系》,高忠义、侯荷婷译,法律出版社 2010 年版。

[128][美]理查德·波斯纳:《法官如何思考》,苏力译,北京大学出版社 2009 年版。

[129][美]迈克尔·埃默里:《美国新闻史:大众传播媒介解释史》,展江等译,新华出版社 2001 年版。

[130][英]马丁·洛克林:《剑与天平》,高秦伟译,北京大学出版社 2011 年版。

[131][德]马克斯·韦伯:《儒教与道教》,王荣芬译,商务印书馆 1995 年版。

[132][法]米歇尔·克罗齐埃:《科层现象》,刘汉全译,上海人民出版社 2002 年版。

[133][美]安东尼·唐斯:《官僚制内幕》,中国人民大学出版社 2006 年版。

[134][英]戴维·比瑟姆:《官僚制》,韩志明、张毅译,吉林人民出版社 2005 年版。

[135][美]玛丽安·康斯特布尔:《正义的沉默》,曲广娣译,北京大学出版社 2011 年版。

[136][美]阿德里安·沃缪勒:《不确定性状态下的裁判》,梁迎修、孟庆友译,北京大学出版社 2011 年版。

[137][美]凯斯·桑斯坦:《网络共和国:网络社会中的民主问题》,黄维明译,上海人民出版社 2003 年版。

[138] [美]理查德·波斯纳：《联邦法院：挑战与改革》，邓海平译，中国政法大学出版社2002年版。

[139] [美]史蒂芬·霍尔姆斯、凯斯·桑斯坦：《权利的成本》，毕竞悦译，北京大学出版社2011年版。

[140] [德]尤尔根·哈贝马斯：《交往行为理论第一卷：行为合理性与社会合理化》，曹卫东译，上海人民出版社2004年版。

[141] 郑也夫、彭泗清等著：《中国社会中的信任》，中国城市出版社2003年版。

[142] 郑也夫编：《信任：合作关系的建议与破坏》，中国城市出版社2003年版。

[143] 郑也夫：《信任论》，中国广播电视出版社2006年版。

[144] 苏力：《法治及其本土资源》，北京大学出版社2014年版。

[145] 冯象：《政法笔记》，江苏人民出版社2004年版。

[146] 郑也夫、彭泗清等著：《中国社会中的信任》，中国城市出版社2003年版。

[147] 钱弘道等：《法治评估的实验——余杭案例》，法律出版社2013年版。

[148] 中国社会科学院国家法治指数研究中心、中国社会科学院法学研究所法治指数创新工程项目组：《四川省依法治省第三方评估报告(2017)》，中国社会科学出版社2018年版。

[149] 朱景文主编：《中国法律发展报告：中国法治评估指标(2020)》，中国人民大学出版社2020年版。

[150] 中国政法大学法治政府研究院编：《中国法治政府评估报告(2020)》，中国政法大学出版社2020年版。

[151] 季卫东：《法制的转轨》，浙江大学出版社2009年版。

[152] 季卫东：《法治构图》，法律出版社2012年版。

[153] 张维迎：《信息、信任与法律》，三联书店2006年版。

[154] 张善根：《法律信任论》，中国法制出版社2018年版。

[155] 欧运翔：《法律的信任》，法律出版社2010年版。

[156] 罗念生：《罗念生全集》(第一卷)，上海人民出版社2004年版。

[157] 魏荣汉：《中国基层选举报告》，作家出版社2009年版。

[158] 余逊达、徐斯勤主编：《民主、民主化与治理绩效》，浙江大学出版社2011年版。

[159] 刘瑜：《民主的细节》，上海三联书店2009年版。

[160] 谢岳：《大众传媒与民主政治》，上海交通大学出版社2005年版。

[161] 余逊达、徐斯勤主编：《民主、民主化与治理绩效》，浙江大学出版社2011年版。

[162] 高宣扬：《后现代论》，中国人民大学出版社2005年版。

[163] 费孝通、吴晗等：《皇权与绅权》，三联书店2013年版。

[164]马镛：《中国教育通史：清代卷(中)》，北京师范大学出版社2013年版。

[165]张杰：《清代科举家族》，社会科学文献出版社2003年版，第68~113页。

[166]廖鸿裕：《明代科举制度研究》，中国文化大学中国文学研究所博士论文，2009年。

[167]梁治平：《法意与人情》，中国法制出版社2004年版。

[168]金观涛、刘青峰：《兴盛与危机：论中国社会超稳定结构》，法律出版社2011年版，第274页。

[169]瞿同祖：《中国法律与中国社会》，中华书局1981年版。

[170]徐忠明：《情感、循吏与明清司法实践》，上海三联书店2014年版。

[171]梁启超：《先秦政治思想史》，中华书局2015年版。

[172]《左传·襄公三十一年》，郭丹等译注，中华书局2012年版。

[173]金观涛、刘青峰：《观念史研究》，法律出版社2009年版。

[174]秦晖：《传统十论》，东方出版社2014年版。

[175]邓正来：《中国法学向何处去》，商务印书馆2006年版。

[176]金观涛、刘青峰：《开放中的变迁：再论中国社会超稳定结构》，法律出版社2011年版。

[177]卜凯主编：《中国土地利用》，台湾学生书局1986年版，第521页。

[178]中国第二历史档案馆编：《中华民国史档案汇编第三辑：教育》，江苏古籍出版社1991年版。

[179]熊明安、熊焰：《中国古代教学活动简史》，重庆出版集团2012年版。

[180]张仲礼：《中国绅士》，李荣昌译，上海社会科学院出版社1991年版。

[181]赵家骥、宋大川、张汝珍：《中国教育通史：隋唐卷》，北京师范大学出版社2013年版。

[182]郭秉文：《中国教育制度沿革史》，福建教育出版社2007年版。

[183]鲁迅：《呐喊》，江苏人民出版社2014年版，第16~19页。

[184]马镛：《中国教育通史：清代卷(中)》，北京师范大学出版社2013年版。

[185]季卫平：《中国教育通史：宋辽金元卷(下)》，北京师范大学出版社2013年版。

[186]赵家骥、宋大川、张汝珍：《中国教育通史：隋唐卷》，北京师范大学出版社2013年版。

[187]毛泽东：《毛泽东选集(第一卷)》，人民出版社1991年版。

[188]廖鸿裕：《明代科举制度研究》，中国文化大学中国文学研究所博士论文，2009年。

[189]李敖：《李敖回忆录》，中国友谊出版公司1998年版。

[190]费孝通：《乡土中国·生育制度》，北京大学出版社1998年版。

[191]黄书光：《中国社会教化的传统与变革》，山东教育出版社2005年版。

[192]李敖：《李敖大全集3：李敖快意恩仇录》，中国友谊出版公司2011年版。

[193]许章润：《汉语法学论纲》，广西师范大学出版社2014年版。

[194]何海波编：《实质法治：寻求行政判决的合法性》，法律出版社2009年版。

[195]林子曦：《言论自由与新闻自由》，月旦出版公司1993年版。

[196]习近平：《论坚持全面依法治国》，中央文献出版社2020年版。

[197]徐忠明：《案例、故事与明清时期的司法文化》，法律出版社2006年版。

[198]徐忠明：《众声喧哗：明清法律文化的复调叙事》，清华大学出版社2007年版。

[199]梁治平：《清代习惯法：社会与国家》，中国政法大学出版社1996年版。

[200]徐忠明：《情感、循吏与明清时期司法实践》，译林出版社2019年版。

[201]强世功：《法制与治理》，中国政法大学出版社2003年版。

[202]黄光国：《儒家关系主义：文化反思与典范重建》，北京大学出版社2006年版，第82~108页。

[203]梁漱溟：《中国文化要义》，上海世纪出版集团2005年版，第77~84页。

[204]杨国枢：《中国人的心理与行为：本土化研究》，中国人民大学出版社2004年版。

[205]许烺光：《宗族、种姓与社团》，黄光国译，台北南天书局2002年版。

[206]翟学伟：《关系与中国社会》，中国社会科学出版社2012年版。

[207]翟学伟：《中国人行动的逻辑》，三联书店2017年版。

[208]黄光国、胡先缙等：《人情与面子：中国人的权力游戏》，中国人民大学出版社2010年版。

[209]杨国枢编：《中国人的心理》，台北桂冠图书出版公司1993年版。

[210]钱钟书：《写在人生边上》，三联书店2002年版，第40~41页。

[211]王策来编：《杨乃武与小白菜案真情披露》，中国检察出版社2002年版，第1~17页。

[212]《文史精华》编辑部编：《近代中国大案纪实》，河北人民出版社1997年版，第6、26~27页。

[213]马庆林：《中国的面子文化与法律语言——"博弈–互补"范式》，陕西师范大学博士论文，2018年。

[214]王裕根：《基层环保执法的运行逻辑——以橙县乡村企业污染监管执法为例》，中南财经政法大学博士学位论文，2019年。

[215]金耀基：《中国现代化的终极愿景》，上海人民出版社2013年版。

[216]翟学伟：《人情、面子与权力的再生产》，北京大学出版社2013年版。

[217]佐斌：《中国人的脸和面子：本土社会心理学探索》，华中师范大学出版社

1997 年版。

[218]林语堂:《吾国与吾民》,陕西师范大学出版社 2002 年版。

[219]黄光国、胡先缙等:《面子——中国人的权力游戏》,中国人民大学出版社 2004 年版。

[220]梁启超:《新民说》,中国文史出版社 2013 年版。

[221]陈柏峰:《乡村江湖——两湖平原混混研究(1980—2008)》,中国政法大学出版社 2011 年版。

[222]张五常:《制度的选择》,中信出版社 2013 年版。

[223]方绍伟:《中国不一样》,中国发展出版社 2013 年版。

[224]林毅夫:《解读中国经济制度》,北京大学出版社 2012 年版。

[225]许章润等著:《法律信仰——中国语境及其意义》,广西师范大学出版社 2003 年版。

[226]黄俊杰主编:《中国文化新论——思想篇二:天道与人道》,三联书店 1992 年版。

[227](明)申时行等:《大明会典》,卷二十,赋役,上海古籍出版社 1995 年版。

[228](清)索尔纳等:《钦定学政全书》,卷二十五,霍有明、郭海文校注,武汉大学出版社 2009 年版。

[229](清)吴敬梓:《儒林外史》,光明日报出版社 2007 年版。

[230](北宋)吕大钧:《吕氏乡约》,载《续修四库全书》,子部,儒家类,上海古籍出版社 2002 年版。

[231]《名公书判清明集》,中国社会科学院历史研究所、宋辽金元史研究所点校,中华书局 1987 年版。

[232](后晋)刘昫:《旧唐书》,卷一八九,儒学传,上。

[233](北宋)欧阳修、宋祁:《新唐书》,卷一九八,儒学传,上。

[234](元)脱脱等:《宋史》,卷一百五十七,志一百十,选举三等。

中文论文:

[1][美]扬-维尔纳·米勒:《宪法爱国主义的一般理论》,徐霄飞译,载《清华法治论衡》,2009 年第 2 期。

[2][波兰]皮奥特·斯托姆卡:《信任、不信任与民主制的悖论》,闫健译,载《经济社会体制比较》2007 年第 5 期。

[3][美]何柄棣:《科举与社会流动的地域差异》,王振忠译,载《历史地理》第 11 辑,上海人民出版社 1993 年版。

[4]秦晖:《再论"低人权优势":兼答相关批评》,天则经济研究所第 374 次双周论坛,2008 年 11 月 21 日。

[5]张翔:《城市基层治理对于行政协商机制的"排斥效应"》,载《公共管理学报》2017年第1期。

[6]廖奕:《面向美好生活的纠纷解决———一种"法律与情感"的研究框架》,载《法学》2019年第6期。

[7]马长山:《从主人意识走向公民意识:兼论法治条件下的角色意识转型》,载《法律科学》1997年第5期。

[8]谢晓尧:《守法刍议》,载《现代法学》1997年第5期。

[9]李双元、蒋新苗、蒋茂凝:《中国法律理念的现代化》,载《法学研究》1997年第3期。

[10]丁以升、李清春:《公民为什么守法(下)》,载《法学评论》2004年第1期。

[11]游劝荣:《守法的成本及其控制》,载《国家检察官学院学报》2006年第5期。

[12]杨清望:《论法律服从的产生机制及其实现途径》,载《政治与法律》2012年第2期。

[13]姚建宗:《中国语境中的法律实践概念》,载《中国社会科学》2014年第6期。

[14]汪雄:《制裁能够证明守法义务吗?》,载《政治与法律》2018年第2期。

[15]李柏杨:《情感,不再无处安放——法律与情感研究发展综述》,载《环球法律评论》2016年第5期。

[16]章安邦:《"法律、理性与情感"的哲学观照——第27届IVR世界大会综述》,载《法制与社会发展》2015年第5期。

[17]赵雷:《热案、民众情感与民众法》,载《法律科学》2015年第2期。

[18]陈柏峰:《偏执型上访及其治理机制》,载《思想战线》2015年第5期。

[19]廖奕:《面向美好生活的纠纷解决———一种"法律与情感"的研究框架》,载《法学》2019年第6期。

[20]郭春镇:《法律和认知神经科学:法学研究的新动向》,载《环球法律评论》2014年第6期。

[21]郭春镇:《法律直觉与社科法教义学》,载《人大法律评论》2015年第2期。

[22]王凌皞、葛岩、秦裕林:《多学科视角下的守法行为研究——兼论自动守法中高效认知界面优化》,载《浙江社会科学》2015年第8期。

[23]王凌皞:《走向认知科学的法学研究》,载《法学家》2015年第5期。

[24]李安:《司法决定的认知机制与理性约束》,载《浙江社会科学》2016年第3期。

[25]葛岩:《法学研究与认知——行为科学》,载《上海交通大学学报(哲学社会科学版)》2013年第4期。

[26]伍德志:《守法行为中的公平偏好——基于实验经济学的启示》,载《法制与社会发展》2019年第6期。

[27] 成凡：《法律认知与法律原则：情感、效率与公平》，载《交大法学》2020 年第 1 期。

[28] 马新福、杨清望：《法律信任初论》，载《河北法学》2006 年第 8 期。

[29] 郭哲、刘琛：《法律信任在中国——比较的视角》，载《学术论坛》2010 年第 1 期。

[30] 郭春镇：《从"神话"到"鸡汤"：论转型中国法律信任的建构》，载《法律科学》2014 年第 3 期。

[31] 萧伯符、易江波：《中国传统信任结构及其对现代法治的影响》，载《中国法学》2005 年第 2 期。

[32] 魏建国：《法治现代化不可忽视的环节：非正式制度与本土资源——以普遍信任为视角》，载《学术论坛》2010 年第 5 期。

[33] 黄金兰：《我国法律信任缺失的原因——历史文化视角的解释》，载《法律科学》2016 年第 2 期。

[34] 徐化耿：《论私法中的信任机制——基于信义义务和诚实信用的例证分析》，载《法学家》2017 年第 4 期。

[35] 凌斌：《普法、法盲与法治》，载《法制与社会发展》2004 年第 2 期。

[36] 陈柏峰：《法律经验研究的主要渊源与典型进路》，载《中国法律评论》2021 年第 5 期。

[37] 张善根、李峰：《关于社会公众对法律人信任的探析——以对上海市社会公众的法律人信任调查为基础》，载《法商研究》2012 年第 4 期。

[38] 张泰苏：《中国人在行政纠纷中为何偏好信访？》，载《社会学研究》2009 年第 3 期。

[39] 伍德志：《论法治评估的"伪精确"》，载《法律科学》2020 年第 1 期。

[40] 姚颉靖、彭辉：《上海法治评估的实证分析》，载《行政法学研究》2015 年第 2 期。

[41] 王启梁、李娜：《区域性法治评价的初步尝试——2009 年"法治昆明综合评价指标体系"是如何形成的》，载《云南大学学报（法学版）》2015 年第 6 期。

[42] 于建嵘：《当前我国群体性事件的主要类型及其基本特征》，载《中国政法大学学报》2009 年第 6 期。

[43] 魏永征：《群体智慧还是群体极化：于欢案中的舆论变化及其引导》，载《新闻记者》2017 年第 11 期。

[44] 伍德志：《论医患纠纷中的法律与信任》，载《法学家》2015 年第 3 期。

[45] 上官酒瑞：《制度化不信任：内涵、理论原型与意义》，载《云南行政学院学报》2011 年第 4 期。

[46] 陈朋：《现代国家治理中的制度化不信任建构》，载《天津行政学院学报》2014

年第 6 期。

[47] 高国梁、夏纪林：《政治信任风险控制的法律监督体系构建》，载《广西大学学报(哲学社会科学版)》2020 年第 1 期。

[48] 邓子斌：《碰瓷问题治理纲要》，载《中国法律评论》2014 年第 3 期。

[49] 宋云苍：《贪污受贿案件量刑均衡问题研究》，载《刑事法评论》2006 年第 2 期。

[50] 王刚：《我国贪污受贿罪量刑存在的问题和完善建议——以 200 份贪污受贿案件判决书的实证分析为基础》，载《湖北社会科学》2016 年第 11 期。

[51] 胡铭：《司法公信力的理性解释与建构》，载《中国社会科学》2015 年第 4 期。

[52] 陈柏峰：《信访制度的功能及其法治化改革》，载《中外法学》2016 年第 5 期。

[53] 艾政文、胡松：《瑞典议会监察专员制度》，载《人大研究》2004 年第 7 期。

[54] 吴伟：《贵州瓮安事件始末》，载《新世纪周刊》2008 年第 20 期。

[55] 王伟亮：《群体性突发公共事件与危机传播——以贵州瓮安"6·28"事件为例》，载《新闻记者》2008 年第 8 期。

[56] 韩业庭：《政府危机传播面临的问题和挑战——以"石首事件"为例》，载《青年记者》2009 年第 24 期。

[57] 鲁津、徐国娇：《论中小城市群体突发事件政府危机公关传播——以湖北"石首事件"为个案解析》，载《现代传播》2010 年第 9 期。

[58] 贾佳：《试论突发性公共事件中二次舆论的形成——以"石首事件"为例》，载《东南传播》2010 年第 2 期。

[59] 贾文：《卡恩性侵案的统计学解读》，载《中国统计》2011 年第 11 期。

[60] 王林聪：《中东国家民主实践的基本特征及其类型》，载《西亚非洲》2008 年第 2 期。

[61] 于兆波：《法国"首次雇佣合同"法案的立法启示》，载《环球法律评论》2007 年第 1 期。

[62] 叶君、田淑慧：《美国减税政策的历史演变及启示》，载《工业技术经济》2010 年第 12 期。

[63] 严明：《巴黎骚乱与"法国在燃烧"》，载《中国记者》2005 年第 12 期。

[64] 马敏：《德国选举制度对政党政治的影响分析》，载《德国研究》2002 年第 01 期。

[65] 于建嵘：《有一种"抽象愤怒"》，载《南风窗》2009 年第 18 期。

[66] 苏永钦：《漂移在两种司法理念之间的司法改革》，载《环球法律评论》2002 年春季号。

[67] 高兆明：《信任危机的现代性解释》，载《学术研究》2002 年第 4 期。

[68] 何勤华：《法治与王权的博弈：布雷克顿的实践》，载《政治与法律》2014 年第

12 期。

[69] 上官酒瑞:《现代政治信任建构的根本原理——兼论制度化不信任的功能与限度》,载《山西大学学报(哲学社会科学版)》2011 年第 2 期。

[70] 陈洪杰:《现代性视野下的司法信任危机及其应对》,载《法商研究》2014 年第 4 期。

[71] 郭培贵:《明代科举各级考试的规模及录取率》,载《史学月刊》2006 年第 12 期。

[72] 李灵年、韩石:《论〈儒林外史〉所体现的近代理性主义精神》,载《明清小说研究》1997 年第 1 期。

[73] 张伟仁:《天眼与天平:中西司法者的图像与标志解读》,载《法学家》2012 年第 1 期。

[74] 赵娓妮、里赞:《城隍崇拜在清代知县司法中的影响》,载《四川大学学报(哲学社会科学版)》2013 年第 6 期。

[75] 张伟仁:《中国法文化的起源、发展与特点(上)》,载《中外法学》2010 年第 6 期。

[76] 林乾:《论中国古代司法与行政权的分、合嬗变》,载《中华法系国际学术研讨会文集》2006 年。

[77] 刘孔中、王红霞:《台湾地区司法改革 60 年:司法独立的实践与挑战》,载《东方法学》2011 年第 4 期。

[78] 四川省高级人民法院课题组:《人民法院司法公信力报告》,载《法律适用》2007 年第 4 期。

[79] 肖唐镖、王欣:《中国农民政治信任的变迁》,载《管理世界》2010 年第 9 期。

[80] 江西省高级人民法院课题组:《人民法院司法公信现状的实证研究》,载《中国法学》2014 年第 2 期。

[81] 陈桂明、吴巧如:《"法庭之友"制度及其借鉴》,载《河北法学》2009 年第 2 期。

[82] 苏新建:《主观程序正义对于司法的意义》,载《政法论坛》2014 年第 4 期。

[83] 苏新建:《程序正义对于司法信任的影响》,载《环球法律评论》2014 年第 5 期。

[84] 顾培东:《论对司法的传媒监督》,载《法学研究》1999 年第 6 期。

[85] 谭世贵:《论司法独立与媒体监督》,载《中国法学》1999 年第 4 期。

[86] 王人博:《"媒体审判"负面效应批判——兼论构建传媒与司法间的和谐关系》,载《政法论丛》2006 年第 6 期。

[87] 唐炳洪、王艳:《论传媒对司法的监督》,载《当代传播》2006 年第 3 期。

[88] 葛红:《论新闻监督司法权的制约》,载《人民司法》2011 年第 3 期。

[89]景汉朝：《传媒监督与司法独立之间的冲突与契合》，载《现代法学》2002年第1期。

[90]侯建：《传媒与司法的冲突与调整》，载《比较法研究》2001年第1期。

[91]高一飞：《国际准则视野下的媒体与司法关系基本范畴》，载《东方法学》2010年第2期。

[92]乾宏、程光松、陶志刚：《论表达自由与审判独立》，载《中国法学》2002年第3期。

[93]郭卫华、刘园园：《论媒体与法院的良性互动》，载《法学评论》2008年第1期。

[94]张剑树：《传媒与司法的冲突与平衡》，载《国际新闻界》2008年第10期。

[95]刘斌：《让权力在阳光下运行——再论传媒与司法的关系》，载《政法论坛》2008年第2期。

[96]王世心、张志华：《媒体监督与司法公正的冲突与协调》，载《人民司法》2008年第15期。

[97]赵利：《媒体监督与司法公正的博弈》，载《中山大学学报(社会科学版)》2010年第5期。

[98]孙笑侠：《司法的政治力学》，载《中国法学》2011年第2期。

[99]马长山：《新一轮司法改革的可能与限度》，载《政法论坛》2015年第4期。

[100]宋素红、罗斌：《两大法系媒体与司法关系比较》，载《国际新闻界》2005年第5期。

[101]李雨锋：《权利是如何实现的》，载《中国法学》2007年第5期。

[102]林楚方：《沈阳刘涌案改判调查》，载《理论参考》2003年10期。

[103]闫继勇：《司法与传媒的爱恨情仇——美国司法关系掠影》，载《山东审判》2010年第5期。

[104]景汉朝：《传媒监督与司法独立的冲突与契合》，载《现代法学》2002年第1期。

[105]林爱、韦中铭：《确保审判不受传媒干扰的法律思考》，载《政法论坛》2002年第6期。

[106]栗峥：《传媒与司法的偏差——以2009十大影响性诉讼案例为例》，载《政法论坛》2010年第5期。

[107]吴英姿：《司法的公共理性——超越政治理性与技艺理性》，载《中国法学》2013年第3期。

[108]马长山：《公共议题下的权力"抵抗"逻辑》，载《法律科学》2014年第1期。

[109]李树明：《当代中国司法公信力建构的政治蕴含》，载《当代法学》2013年第6期。

[110]李清伟：《司法权威的中国语境与路径选择》，载《华东政法大学学报》2013
年第 6 期。

[111]严励：《地方政法委"冤案协调会"的潜规则应予以废除》，载《法学》2010 年
第 6 期。

[112]薛剑祥、陈亚鸣：《接纳与规制：面对新闻传媒的司法审判》，载《法律适
用》2009 年第 2 期。

[113]王世心、张志华：《媒体监督与司法公正的冲突与协调》，载《人民司法》2008
年第 15 期。

[114]林爱、韦中铭：《确保审判不受传媒干扰的法律思考》，载《政法论坛》2002
年第 6 期。

[115]季金华：《沟通与回应：网络民意在和谐司法中的实现机理》，载《法律适
用》2010 年第 12 期。

[116]都玉霞：《论司法公正与新闻自由的良性互动》，载《政法论丛》2005 年第
3 期。

[117]郭卫华、刘园园：《论媒体与法院的良性互动》，载《法学评论》2008 年第
1 期。

[118]王海英：《网络舆论与公正司法的实现》，载《法学论坛》2013 年第 2 期。

[119]汪振军：《论传媒与司法的契合与平衡》，载《郑州大学学报（哲学社会科学
版）》2006 年第 9 期。

[120]葛红：《论新闻监督司法权的制约》，载《人民司法》2011 年第 3 期。

[121]石聚航：《传媒报道渲染刑事案件的策略及其反思》，载《法商研究》2015 年
第 4 期。

[122]宋素红、罗斌：《美国传媒与司法关系走向》，载《国际新闻界》2004 年第
4 期。

[123]霍存福：《中国传统法文化的文化性状与文化追寻—情理法的发生、发展及
其命运》，载《法制与社会发展》2001 年第 3 期。

[124]龙大轩：《和谐思想与中国传统法律的价值选择》，载《法制与社会发展》2005
年第 6 期。

[125]刘道纪：《法律内的天理与人情》，载《政法论坛》2011 年第 5 期。

[126]凌斌：《法律与情理：法治进程的情法矛盾与伦理选择》，载《中外法学》2012
年第 1 期。

[127]陈柏峰：《秋菊的"气"与村长的"面子"》，载《山东大学学报（哲学社会科学
版）》2010 年第 3 期。

[128]王洁：《司法亚文化的犯罪学思考——兼析佘祥林案件》，载《中国犯罪学研
究会第十四届学术研讨会论文集（下册）》，2005 年。

[129]周安平：《面子与法律》，载《法制与社会发展》2008 年第 4 期。

[130]汪明亮：《面子维护与刑事错案纠正》，载《刑法论丛》2011 年第 2 卷。

[131]李辉品、安宁：《超越面子：刑事错案纠正的面子维护与规制》，载《全国法院第 27 届学术讨论会获奖论文集》，2016 年 4 月 14 日。

[132]高其才：《当代中国法律适用中的关系因素（上）》，载《云南大学学报（法学版）》2009 年第 2 期。

[133]翟伟学：《是"关系"，还是社会资本》，载《社会》2009 年第 1 期。

[134]肖瑛：《从"家"出发：重释韦伯的文明比较研究》，载应星主编：《清华社会科学》2020 年第 2 卷第 1 辑。

[135]沈毅：《迈向"场域"脉络下的本土"关系"理论探析》，载《社会学研究》2013 年第 4 期。

[136]马红光：《乡情纽带与政府角色：从驻京办看跨体制社会资本的构建》，载《安徽师范大学学报（人文社会科学版）》2017 年第 6 期。

[137]郭剑鸣：《"因公"腐败及其防治的系统机制：一个分析框架》，载《学习与探索》2014 年第 7 期。

[138]陈正华：《论中央与地方分权中的正式制度与非正式制度》，载《法学杂志》2008 年第 5 期。

[139]陈柏峰：《治理论还是法治论：当代中国乡村司法的理论建构》，载《法学研究》2010 年第 3 期。

[140]陈柏峰：《村庄纠纷解决：主体与治权》，载《当代法学》2010 年第 5 期。

[141]陈永生：《我国刑事误判问题透视》，《中国法学》2007 年第 3 期。

[142]严励：《地方政法委"冤案协调会"的潜规则应该予以废除》，载《法学》2010 年第 6 期。

[143]朱桐辉：《案外因素与安内裁量：疑罪难从无之谜》，载《当代法学》2011 年第 5 期。

[144]张咏梅、刘子馨：《中国人情网络里的腐败行为——基于负债感的分析》，载《兰州学刊》2012 年第 2 期。

[145]许燕、冯秋迪等：《腐败心理研究的理论与研究范式》，载《社会心理研究》2014 年第 3 期。

[146]冯秋迪、许燕、隆逸芝等：《人情愧疚感如何"心理绑架"公平的分配行为》，载《北京师范大学学报（自然科学版）》2015 年第 4 期。

[147]丁伟：《解析"面子"：一种社会学的视角》，载《社会》2002 年第 10 期。

[148]彭小兵、曾宝蝶：《权力围猎场：腐败关系网络是如何搭建的》，载《理论改革》2020 年第 3 期。

[149]韩少功：《人情超级大国（一）》，载《读书》2001 年第 12 期。

[150] 郑磊、陈对：《冤错案平反中的救济权实现状况分析——以新一轮司法改革中 23 起冤错案为样本》，载《浙江大学学报(人文社会科学版)》2016 年第 6 期。

[151] 范依畴：《冤狱追责虚化势必纵容错案复发——今日呼格案与昔日杨乃武案比较与反省》，载《法学》2016 年第 9 期。

[152] 杨璐：《被呼格案影响与影响呼格案的人》，载《三联生活周刊》2015 年第 3 期。

[153] 曹建明：《决不允许为保面子拖、压、瞒冤错案件》，载《共产党员》2015 年第 14 期。

[154] 郑杰：《律师辩护词劝说策略分析——面子理论视角》，载《西南农业大学学报(哲学社会科学版)》2013 年第 5 期。

[155] 李昌盛：《从判决风险连带到审判结果中立》，载《刑事法评论》2019 年第 1 期。

[156] 朱桐辉：《案外因素与案内裁量：疑罪难从无之链》，载《当代法学》2011 年第 5 期，第 29 页。

[157] 于向华：《回归审判中心主义的撤诉规制》，载《山东审判》2016 年第 1 期，第 16 页。

[158] 曹建明：《决不允许为保面子拖、压、瞒冤错案件》，载《共产党员》2015 年第 14 期，第 4 页。

[159] 彭泗清：《信任的建立机制：关系运作与法制手段》，载《社会学研究》1999 年第 2 期。

[160] 王小强：《透过面子的关系案控制》，载《湘江法律评论》2015 年第 1 期。

[161] 徐忠明：《明清时期的"依法裁判"：一个伪问题?》，载《法律科学》2010 年第 1 期。

[162] 凌斌：《法律与情理：法治进程的情法矛盾与伦理选择》，载《中外法学》2012 年第 1 期。

[163] 翟伟学：《"亲亲相隐"的再认识》，载《江苏行政学院学报》2019 年第 1 期。

[164] 杨全好：《律师与法官关系若干问题探讨》，第四届中国律师论坛百篇优秀论文集，2004 年，第 16~17 页。

[165] 金玄武：《司法过程中"找关系"的社会心理机制分析》，载《探索与交流》2009 年第 5 期。

[166] 沈毅：《迈向"场域"脉络下的本土"关系"理论探析》，载《社会学研究》2013 年第 4 期。

[167] 李奋飞：《从"顺承模式"到"层控模式"："以审判为中心"的诉讼制度改革评析》，载《中外法学》2016 年第 3 期。

[168]李鹏飞：《行贿获取不正当财产性利益的处置现状、存在问题及路径选择》，载《法律适用》2022 年第 10 期。

[169]吕永祥、王立峰：《县级监察委治理基层"微腐败"：实践价值、现实问题与应对策略》，载《东北大学学报（哲学社会科学版）》2019 年第 1 期，第 20～21 页。

[170]彭小兵、曾宝蝶：《权力围猎场：腐败关系网络是如何搭建的》，载《理论与改革》2020 年第 3 期。

[171]金爱慧、赵连章：《论中国传统人际关系对于腐败的影响》，载《东北师大学报（哲学社会科学版）》2010 年第 2 期。

[172]李玲：《"关系运作"究竟"运作"了什么——解读"关系"与腐败的关系》，载《法律与社会科学》2012 年第 9 卷。

[173]杨晓楠：《国家机构现代化视角下之监察体制改革——以香港廉政公署为借鉴》，载《浙江社会科学》2017 年第 8 期。

[174]周雪光：《权威体制与有效治理：当代中国国家治理的制度逻辑》，载《开放时代》2011 年第 10 期。

[175]周雪光：《从"黄宗羲定律"到帝国的逻辑：中国国家治理逻辑的历史线索》，载《开放时代》2014 年第 4 期。

[176]贺雪峰：《论乡村治理内卷化——以河南省 K 镇调查为例》，载《开放时代》2011 年第 2 期。

[177]陈柏峰：《乡村"混混"介入的基层治理生态》，载《思想战线》2018 年第 5 期。

[178]袁泉：《基层治理中的二重合法性》，载《浙江社会科学》2013 年第 2 期。

[179]陈锋：《分利秩序与基层治理内卷化》，载《社会》2015 年第 3 期。

[180]李祖佩：《乡村治理领域中的"内卷化"问题省思》，载《中国农村观察》2017 年第 6 期。

[181]刘超、胡伟：《内卷化与小城镇治理的合法性危机：以官镇为例》，载《社会主义研究》2013 年第 1 期。

[182]李林倬：《基层政府的文件治理》，载《社会学研究》2013 年第 4 期。

[183]朱政：《基层法治的实践生成——以鄂西地区仪式性人情异化的治理为切入点》，载《法商研究》2014 年第 4 期。

[184]朱政：《国家权力视野下的乡村治理与基层法治——鄂西 L 县网格化管理创新调查》，载《中国农业大学学报（哲学社会科学版）》2015 年第 3 期。

[185]吴秋菊、林辉煌：《改革乡村治理：合法性与有效性的平衡》，载《江西财经大学学报》2017 年第 5 期。

[186]李祖佩：《乡村治理领域中的"内卷化"问题省思》，载《中国农村观察》2017 年第 6 期。

[187]林尚立：《在有效中积累合法性：中国政治发展的路径选择》，载《复旦学报（社会科学版）》2009 年第 2 期。

[188]尤琳、陈世伟：《国家治理能力视角下中国乡村治理结构的历史变迁》，载《社会主义研究》2014 年第 6 期。

[189]于建嵘：《社会变迁进程中乡村社会治理的转变》，载《人民论坛》2015 年第 5 期(中)。

[190]李松玉：《乡村治理中的制度权威建设》，载《中国行政管理》2015 年第 3 期。

[191]伊利民：《从协商民主到协商参与——中国基层政治参与的新形式》，载《学习论坛》2018 年第 1 期。

[192]刘海军、王平：《社会分化视域下农村基层协商机制的建构》，载《求实》2018 年第 2 期。

[193]周庆智：《基层治理：权威与社会变迁》，载《学习与探索》2014 年第 9 期。

[194]吴家庆、苏海新：《论我国乡村治理结构的现代化》，载《湘潭大学学报(哲学社会科学版)》2015 年第 2 期。

[195]张国磊、张新文：《基层社会治理的政社互动取向：共建、共治与共享》，载《内蒙古社会科学(汉文版)》2018 年第 3 期。

[196]曾哲等：《多元主体联动合作的社会共治——以"枫桥经验"之基层治理实践为切入点》，载《求实》2018 年第 5 期。

[197]罗建荣、雍易平：《传媒与司法的应有关系》，载《中国检察官》2009 年第 10 期。

报纸：

[1]叶文添：《钱云会：圈地背后的生命负重》，载《中国经营报》2011 年 1 月 3 日，第 A01 版。

[2]梁波、沈轶：《刺杀辱母者何以被判无期?》，载《华西都市报》2017 年 3 月 26 日，第 A1 版。

[3]刘凌林：《寻找 1%》，载《中国企业报》2013 年 3 月 12 日，第 017 版。

[4]邓聿文：《从邓玉娇案的舆情看社会的断裂》，载《中国青年报》2009 年 5 月 22 日，第 002 版。

[5]姚立：《卡恩事件引起法坛震动》，载《光明日报》2011 年 5 月 18 日，第 008 版。

[6]汪时锋：《回应工资"被增长"，统计局详解收入数据》，载《第一财经日报》2009 年 8 月 7 日，第 A01 版。

[7]李文云、孙天仁：《骚乱事件蔓延至英国多个城市》，载《人民日报》2011 年 8 月 10 日。

[8] 齐紫剑、张崇防：《英国骚乱的背后是经济社会困局》，载《新华每日电讯》2011 年 8 月 11 日，第 003 版。

[9] 吴铭：《透视法国骚乱四大根源》，载《第一财经日报》2005 年 11 月 8 日，第 A04 版。

[10] 杨兰：《"扶老人险"：能否为搀扶道德助力》，载《人民法院报》2015 年 10 月 26 日，第 002 版。

[11] 郜敏、张公辉、孙乃栋：《我是老人我怕谁：透视老年人交通违法现象》，载《人民公安报·交通违法周刊》2010 年 12 月 3 日，第 004 版。

[12] "替老百姓说话，还是替党说话？"，载《广州日报》2009 年 6 月 18 日，第 A8 版。

[13] 黄庆峰：《刑法学泰斗马克昌身陷邓玉娇案舆论漩涡》，载《成都商报》2009 年 7 月 2 日，第 09 版。

[14] 黄永雄：《群众路线是人民司法工作的生命线——马锡五审判方式再学习》，载《人民法院报》2014 年 12 月 17 日，第 5 版。

[15] 陈庆辉：《浙江高院院长回应实名举报：宋城集团诬陷诽谤应追责》，载《安徽商报》2015 年 8 月 19 日，第 A02 版。

[16] 刘练军：《一线法官眼中的裁判文书网上公开》，载《南方都市报》2015 年 5 月 1 日，第 AA15 版。

[17] 张强、武威：《药家鑫案引发"开药"争议》，载《广州日报》2011 年 4 月 13 日，第 009 版。

[18] 马远琼：《许霆案重审：为何由无期改判五年》，载《检察日报》2008 年 4 月 1 日，第 004 版。

[19] 王研：《李昌奎案：舆论与司法的冲突让人困惑》，载《经济参考报》2011 年 7 月 26 日，第 008 版。

[20] 《"呼格案"内参记者：一场冤案的非典型平反》，载《中国新闻周刊》2014 年第 69 期。

[21] 代群、郭奔胜、季明、黄豁：《"网上群体性事件"成新题，普通人可"一呼百万应"》，载《瞭望新闻周刊》2009 年第 22 期。

[22] 景汉朝：《从大局出发，正确把握传媒与司法之间的关系》，载《人民法院报》2009 年 10 月 13 日，第 005 版。

[23] 张先明：《构建良性互动的科学发展的传媒与司法关系》，载《人民法院报》2012 年 4 月 26 日，第 001 版。

[24] 李元方：《药家鑫案法院问卷听民意是否妥当》，载《中国商报》2011 年 4 月 26 日，第 006 版。

[25] 乔刚：《警惕诉讼中人为制造管辖连接点》，载《民主与法制时报》2021 年 1 月

28 日，第 005 版。

[26]傅达林：《破除"打官司也分主客场"的壁垒》，《光明日报》2014 年 12 月 31
日，第 002 版。

[27]石磊：《完善制度杜绝诉讼"主客场"》，载《学习时报》2015 年 6 月 29 日，第
005 版。

[28]王琳：《以独立司法区划破解"主客场司法"》，载《广州日报》2014 年 3 月 27
日，第 F02 版。

[29]张永生、申志民：《安庆殡葬改革：从夭折到强势重启》，载《新京报》2014 年
5 月 18 日，第 A18 版。

[30]张少杰：《"睡棺材"——自杀后，她终于实现了晚年心愿：办一场风光的葬
礼》，载《南方都市报》2014 年 5 月 28 日，第 AA33 版。

### 英文著作：

[1]Niklas Luhmann, *Social Systems*, translated by John Bednarz, Jr. with Dirk Baecker,
Stanford University Press, 1995.

[2]Michael King and Chris Thornhill, *Niklas Luhmann's Theory of Politics and Law*,
Palgrave Macmillan, 2003.

[3]See Niklas Luhmann, *Trust and Power*, translated by Howard Davis, John Raffan and
Kathryn Rooney, John Willey & Sons Ltd, 1979.

[4]Ilya Somin, Trust and Political Ignorance, in*Trust*: *A Philosophical Approach*,
Adriano Fabris (Editor), Springer, 2020, pp. 155-158.

[5]Galen V. Bodenhausen and Kurt Hugenberg, Attention, Perception, and Social
Cognition, in *Social Cognition*: *The Basis of Human Interaction*, edited by Fritz Strack
and Jens Förster, Psychology Press, 2009.

[6]Fritz Kern, *Kinship and Law in the Middle Ages*, translated by S. B Chrimes, Basil
Blackwell, 1968.

[7]Olli Lagerspetz, *Trust*: *The Tacit Demand*, KLuwer Academic Publishers, 1998.

[8]Niklas Luhmann, *Law as a social system*, translated by Klaus, A. Ziegert, Oxford
University Press, 2004.

[9]Niklas Luhmann, *Theory of Society* (*Volume* 1), by translated by Rhodes Barrett,
Stanford University Press, 2012.

[10]Patrick Sumpf, *System Trust*: *Researching the Architecture of Trust in Systems*,
Springer, 2019.

[11]Diego Gambetta, Can We TrustTrust? In *Trust*: *Making and Breaking Cooperative
Relations*, edited by Diego Gambetta, Blackwell, 1988, pp. 213-237.

[12] Russell Hardin, *Trust and Trustworthiness*, Russell Sage Foundation, 2002.

[13] Jonathan H. Turner, *Human Emotions: A sociological theory*, Routledge, 2007.

[14] Tom R. Tyler and Yuen J. Huo, *Trust In The Law: Encouraging Public Cooperation With The Police and Courts*, Russell Sage Foundation, 2002.

[15] Nathalie Guzy and Helmut Hirtenlehner, Trust in the German Police: Determinants and Consequences for Reporting Behavior, in *Trust and Legitimacy in Criminal Justice*, Gorazd Mesko and Justice Tankebe(Editors), Springer, 2015.

[16] George Gerbner, Television Violence: At a Time of Turmoil and Terror, In *Gender, Race, and Class in Media: A Text-Reader*, edited by Gail Dines, Jean M. Humez, Sage Publications, inc., 2003.

[17] Russell Hardin, *Trust*, polity Press, 2006, pp. 159-160.

[18] Karen S. Cook, Russell Hardin and Margaret Levi, *Cooperation without Trust?* Russell Sage Foundation, 2005.

[19] John Braithwaite, Institutionalizing Distrust, Enculturating Trust, in Valerie Braithwaite and Margaret Levi (eds.,), *Trust and Governance*, Russell Sage Foundation, 1998.

[20] Jean-Francois Lyotard, *The Postmodern Condition: A Report on Knowledge*, The University of Minnesota Press, 1984.

[21] Philip Pettit, Republican Theory and Political Trust, In *Trust and Governance*, edited by Valerie Braithewaite and Margaret Levi. Russell Sage Foundation, 1998.

[22] Geoffrey Brennan, Democratic Trust: A relational Choice Theory View, In *Trust and Governance*, edited by Valerie Braithewaite and Margaret Levi. Russell Sage Foundation, 1998.

[23] David Sunderland, *Social Capital, Trust and the Industrial Revolution*, 1780-1880, Routledge, 2007.

[24] GuidoMollering, *Trust: Reason, Routine, Reflexivity*, Elsevier, 2006.

[25] Niklas Luhmann, "Familiarity, Confidence, Trust: Problems and Alternatives", in Gambetta, Diego (ed.) *Trust: Making and Breaking Cooperative Relations*, electronic edition, Department of Sociology, University of Oxford, 2000, Chapter 6, pp. 94-107.

[26] John Dunn, "The concept of Trust in the Politics of John Locke", in *Philosophy in history: essays on the historiography of philosophy*, edited by Richard Rorty, Jerome B. Schneewind, Quentin Skinner, Cambridge University Press, 1984, p. 298.

[27] William T. Bianco, "Uncertainty, Appraisal, and Common Interest: The Roots of Constituent Trust", In *Trust and Governance*, edited by Valerie Braithewaite and

Margaret Levi. Russell Sage Foundation, 1998.

[28] Russell Hardin, *One for all: Logic of Group Conflict*, Princeton University Press, 1995.

[29] Russell Hardin, Trust in Government, In *Trust and Governance*, edited by Valerie Braithewaite and Margaret Levi. Russell Sage Foundation, 1998.

[30] Robert Nozick, *Ethics*, Garland Publishing, Inc., 1998.

[31] Niklas Luhmann, *Love as Passion: The Codification of Intimacy*, Translated by Jeremy Ganies and Doris L. Jones, Harvard University Press, 1986.

[32] Elinor Ostrom, Toward a Behavioral Theory, Linking Trust, Reciprocity and reputation, city, in *Trust and Reciprocity: Interdisciplinary Lessons for Experimental Research*, edited by Elinor Ostrom, and James Walker, Russell Sage Foundation, 2002.

[33] William T. Bianco, Uncertainty, Appraisal, and Common Interest: The Roots of Constituent Trust, In *Trust and Governance*, edited by Valerie Braithewaite and Margaret Levi, Russell Sage Foundation, 1998.

[34] Inaugural Addresses of the Presidents of the United States, Electronic Classics Series, edited by Jim Manis, The Pennsylvania State University, 1998.

[35] Thomas M. Cooley, *A treatise on the constitutional limitations*, Little, Brown and Company, 1868.

[36] David Schultz, *Encyclopedia of The United States Constitution*, Facts On File, 2009.

[37] Michael Parenti, *Democracy for the Few*, St. Martin's Press, 1988.

[38] Otto Kirchheimer, Germany: The Vanishing Opposition, in *Political Oppositions in Western Democracies*, edited by Robert A. Dahl, Yale University Press, 1966.

[39] Russell Hardin, Trust in Government, in *Trust and Governance*, edited by Valerie Braithewaite and Margaret Levi. Russell Sage Foundation, 1998.

[40] Phyllis Kaniss, *Making Local News*, University of Chicago Press, 1991.

[41] Ji Ruan, *Guanxi, Social Capital and School Choice in China*, Palgrave Macmillan, 2017, p. 118.

[42] Richard V. Ericson, Why Law is Like News, In *Law as communication*, edited by David Nelken, Dartmouth, 1996, pp. 195-230.

[43] Niklas Luhmann, *Theory of Society (Volume 2)*, translated by Rbodes Barrett, Stanford University Press, 2013.

[44] Yang Mayfair Mei-Hui, *Gifts, Favors and Banquets: the Art of Social Relationships in China*, Cornell University Press, 1994.

[45] Andrew B. Kipnis, *Producing Guanxi*, Duke University Press, 1997.

[46] Chee Kiong Tong, Rethinking Chinese Business Networks: Trust and Distrust in Chinese Business, in *Chinese Business Rethinking Guanxi and Trust in Chinese Business Networks*, Chee Kiong Tong(Editor), Springer, 2014.

[47] Min Chen, *Asian Management Systems: Chinese, Japanese and Korean Styles of Business*, Routledge, 1995.

[48] Arthur Henderson Smith, *Chinese Characteristics*, Fleming H Revell Company, 1894.

[49] Yang, K. S. Chinese social orientation: An integrative analysis, In T. Y. Lin, W. S. Tseng and E. K. Yeh (Eds.), *Chinese Societies and Mental Health*, Oxford University Press, 1995.

英文论文:

[1] Roy J. Lewicki, Daniel J. McAllister and Robert J. Bies, Trust and Distrust: New Relationships and Realities, *The Academy of Management Review*, Vol. 23, No. 3 (Jul., 1998), p. 454.

[2] Terry A. Maroney, Law and Emotion: A Proposed Taxonomy of an Emerging Field, *Law and Human Behavior*, Vol. 30, Jun., 2006, pp. 119-142.

[3] Susan A. Bandes and Jeremy A. Blumenthal, Emotion and the Law, *Annual Review of Law and Social Science*, Vol. 1, No. 1, Oct., 2012, pp. 161-181.

[4] John W. Witehead, Is Ignorance of the law an Excuse for the police to Violate the fourth Amendment? *New York University Journal of Law & Liberty*, Vol. 9, 2015, pp. 108-118.

[5] Bruce R. Grace, When Ignorance of law Become an Excuse: Lambert & Its Progeny, *American Journal of Criminal Law*, Vol. 19, 1991-1992, pp. 279-293.

[6] Bruce R. Grace, Ignorance of lawas an Excuse, *Columbia Law Review*, Vol. 86, 1986, pp. 1392-1416.

[7] See Jon Strauss, Nonpayment of taxes: when ignorance of the law is an excuse, *Akron Law Review*, Vol. 25, 1992, pp. 611-633.

[8] Mark D. Yochum, Ignorance of the law is an excuse for tax crimes—A fashion that does not wear well, *Duquesne Law Review*, Vol. 31, 1993, pp. 249-276.

[9] Kenneth J. Arenson, Ignorance of the Law as a defense to Rape: The Destruction of a Maxim, *The journal of Criminal Law*, Vol. 76, 2012, pp. 336-447.

[10] Katharina Gangl, Eva Hofmann and Erich Kirchler, Tax authorities' interaction with taxpayers: A conception of compliance in social dilemmas by power and trust, *New Ideas in Psychology*, Vol. 37, 2015, pp. 13-23.

[11] See Niklas Luhmann, Legal Argumentation: An Analysis of its Form, *The Modern Law Review*, Vol. 58, No 3, 1995, p. 286.

[12] Anthony Downs, An Economic Theory of Political Action in a Democracy, *The Journal of Political Economy*, Vol. 65, No. 2 (Apr., 1957), p. 139.

[13] T. K. Das and Bing-Sheng Teng, The Risk-Bases View of Trust: A Conceptual Framework, *Journal of Business and Psychology*, Vol. 19, No. 1 (Fall, 2004), pp. 85-116.

[14] Georgia Kaplanoglou and Vassilis T. Rapanos, Why do people evade taxes? New experimental evidence from Greece, *Journal of Behavioral & Experimental Economics*, Vol. 56, Jun., 2015, pp. 21-32.

[15] Erich Kirchler, Erik Hoelzl and Ingrid Wahl, Enforced versus voluntary tax compliance: The "slippery slope" framework, *Journal of Economic Psychology*, Vol. 29, Issue. 2, Apr., 2008, pp. 210-225.

[16] J. St. B. T. Evans, Dual-processing accounts of reasoning, judgment, and social cognition, *Annual Review of Psychology*, Vol. 59, 2008, pp. 255-278.

[17] Doran Smolkin, Puzzles about Trust, *The Southern Journal of Philosophy*, Vol. XLVI, 2008, pp. 431-449.

[18] Felicia Pratto& Oliver P. John, *Automatic Vigilance: The Attention-grabbing Power of Negative Social Information*, Journal of Personality & Social Psychology, Vol. 61: 3, p. 380-391(1991).

[19] See Richard H. McAdams, An Attitudinal Theory of Expressive Law, *Oregon Law Review*, Vol. 79, pp. 339-340(2000).

[20] C. Danielle Vinson and John S. Ertter, Entertainment or Education: How Do media Cover the Courts? *Press/Politics*, 7(4), Fall, 2002, pp. 84-85.

[21] Guy Cumberbatch, Ian Jones and Matthew Lee, Measuring violence on television, *Current Psychology*, 7(1), Spring, 1988, p. 10.

[22] Iran Frowe, "Professional Trust", *British Journal of Educational Studies*, Vol. 53, No. 1, (Mar., 2005), pp. 34-53.

[23] Michael P. McDonald and Samuel L. Popkin, The Myth of the Vanishing Voter, *The American Political Science Review*, Vol. 95, No. 4 (Dec., 2001), pp. 963-974.

[24] Oliver Heath, Explaining Turnout Decline in Britain, 1964-2005: Party Identification and the Political Context, *Public Choice*, Vol. 84, No. 1/2 (Jul., 1995), pp. 91-117.

[25] Robert W. Jackman, Political Institutions and Voter Turnout in the Industrial Democracies, *The American Political Science Review*, Vol. 81, No. 2, Jun., 1987,

pp. 405.

[26] Luke Keele, Social Capital and the Dynamics of Trust in Government, *American Journal of Political Science*, Vol. 51, No. 2, 2007, p. 243.

[27] Lawrence E. Mitchell, Trust and the Overlapping Consensus, *Columbia Law Review*, Vol. 94, No. 6 (Oct., 1994), pp. 1918-1935.

[28] J. David Lewis and AndrewWelgert, Trust as a Social Reality, *Social Forces*, Vol. 63, No. 4, 1985, pp. 967-985.

[29] Annette Baier, Trust and Antitrust, *Ethics*, Vol. 96, No. 2 (Jan., 1986), pp. 231-260.

[30] Edna Ullmann-Margalit, Trust of Distrust, *The Journal of Philosophy*, Vol. 99, No. 10 (Oct., 2002), pp. 532-548.

[31] BerndLahno, On the Emotional Character of Trust, *Ethical Theory and Moral Practice*, Vol. 4, No. 2, Jun., 2001, pp. 175.

[32] Teck-Hua Ho, Trust Building Among Stangers, *Management Science*, Vol. 51, No. 4, April, 2005, pp. 519-530.

[33] Kenneth M. Goldstein and Travis N. Ridout, The Politics of Participation: Mobilization and Turnout over Time, *Political Behavior*, Vol. 24, No. 1 (Mar., 2002), p. 21.

[34] Marius van Dijke and Peter Verboon, Trust in Authorities as a Boundary Condition to Procedural Fairness Effects on Tax Compliance, *Journal of Economic Psychology*, 2010(31), pp. 80-91.

[35] T. R. Tyler, The psychology of legitimacy: Relational perspective on Voluntary deference to Authorities, *Personality and Social Psychology Review*, 1(4), 1997, pp. 323-345.

[36] J. Braithwaite and T. Makkai, Trust and Compliance, *Policing and Society*, 4(1), 1994, pp. 1-12.

[37] Kristina Murphy, The Role of Trust in Nurturing Compliance: A Study of Accused Tax Avoiders, *Law and Human Behavior*, Vol. 28, No. 2 (Apr., 2004), pp. 195-206.

[38] Tom R. Tyler, Public Trust and Confidence in Legal Authorities: What Do Majority and Minority Group Members Want From the Law and LegalInstitutions?, *Behavioral Sciences and the Law*, 2001(19), pp. 215-235.

[39] Gabriel S. Lenzland Chappell Lawson, Looking the Part: Television Leads Less Informed Citizens to Vote Based on Candidates' Appearance, *American Journal of Political Science*, Volume 55, Issue 3, July 2011, pp. 574-589.

[40] Dan M. Kahan, The Logic of Reciprocity: Trust, Collective action, and Law, *Michigan Law Review*, Vol. 102, No. 1 (Oc., 2003), pp. 71.

[41] Charles Tilly, Tust and Rule, *Theory and Society*, Vol. 33, No. 1, 2004, pp. 8-12.

[42] Peter S. Bearman, Desertion as Localism: Army Unit Solidarity and Group Norms in the US Civil War, *Social Forces*, 70 (1991), pp. 321-342.

[43] Myers, D. G & H. Lamm, The polarizing effect of group discussion, *American Scientist*, 1975, 63 (3), pp. 297-303.

[44] Henrik Hammar, Sverker C. Jagers, Katarina Nordblom, Perceived tax evasion and the importance of trust, *The Journal of Socio-Economics*, 38(2009), pp. 238-245.

[45] Ingrid Wahl, Barbara Kastlunger, and Erich Kirchler, Trust in Authorities and Power to Enforce Tax Compliance: An Empirical Analysis of the "Slippery Slope Framework", *Law & Policy*, Vol. 32, No. 4, October, 2000, pp. 383-406.

[46] James Alm, Erich Kirchler and Stephan Muehlbacher, Combining Psychology and Economics in the Analysis of Compliance: From Enforcement to Cooperation, *Economic Analysis & Policy*, Vol. 42 No. 2, September, 2012, pp. 133-148.

[47] Stephen Yong, Alasdair Pinkerton & Klaus Dodds, The word on the street: Rumor, "race" and the anticipation of urban unrest, *Political Geography*, 38 (2014), pp. 57-67.

[48] Terry Ann Knopf, Beating the Rumors: An Evaluation of Rumor Control Centers, *Policy Analysis*, Vol. 1, No. 4( Fall 1975), pp. 599-612.

[49] Teck-Hua Ho, Trust Building Among Strangers, *Management Science*, Vol 51, No. 4. April 2005, pp. 519-530.

[50] Nicholas Difonzo, etc., Rumor Clustering, Consensus, and Polarization: Dynamic social impact and self-organization of hearsay, *Journal of Experimental Social Psychology*, 49(2013), pp. 378-399.

[51] Ru-Ya Tian, Xue-Fu Zhang, Yi Jun Liu, SSIC model: A multi-layer model for intervention of online rumors spreading, *Physica A*, 427(2015), pp. 181-191.

[52] Komi Afassinou, Analysis of the impact of education rate on the rumor spreading mechanism, *Physica A*, 414(2014), pp. 43-52.

[53] Russell Hardin, *Distrust*, Boston University Law Review, Vol. 81, 2001, pp. 506-509.

[54] Vanessa A. Baird and Amy Gangl, Shattering the Myth of Legality: The Impact of the Media's Framing of Supreme Court Procedures on Perceptions of Fairness, *Political Psychology*, Vol. 27, No. 4 (Aug., 2006), pp. 597-614.

[55] J. M. Scheb & W. Lyons, The myth of legality and popular support for the Supreme

Court, *Social Science Quarterly*, 81, 2000, pp. 928-940.

[56] Bryna Bogoch and Yifat Holzman-Gazit, Mutual Bonds: Media Frames and the Israeli High Court of Justice, *Law & Social Inquiry*, Vol. 33, No. 1, 2008, pp. 53.

[57] Niklas Luhmann, the Code of the Moral, translated by Jonathan Feldstein, *Cardozo Law Review*, Vol. 14, 1995, p. 999.

[58] Kennth Dowler, Sex Lies and videotape: The Presentation of Sex Crime in Local Television News, *Journal of Criminal Justice*, 34(2006), pp. 383-392.

[59] Paul Matthews, Ignorance ofLaw is no Excuse? *Legal Studies*, vol. 3, 1983, pp. 174-192.

[60] Rollin M. Perkins, Ignorance or Mistake of Law Revisited, *Utah Law Review*, Vol. 1980, Issue 3 (1980), pp. 473-492.

[61] John W. Witehead, is Ignorance of the Law an Excuse for the Police to Violate the fourth Amendment? *New York University Journal of Law & Liberty*, Vol. 9, 2015, pp. 108-118.

[62] M. P. Furmston, Ignorance of law, *Legal Studies*, Vol. 1, 1981, pp. 50-51.

[63] Code of Conduct for United States Judges, *Guide to Judiciary Policy*, Vol. 2A, Ch. 2, pp. 1-19.

[64] Erving Goffman, The Nature of Deference and Demeanor, *American Anthropologist*, New Series, Vol. 58, No. 3(Jun., 1956), p. 481.

[65] Tatiana-Eleni Synodinou, The media Coverage of court proceedings in Europe: Striking a balance between freedom of ecxpression and fair process, *Computer Law & Security Review*, 28(2012), pp. 208-219.

[66] Amy Gaida, The justices and News Judgement: The Supreme Court as News Editor, *Brigham Young University Law Review*, 2012(6), Article 3, pp. 1759-1790.

[67] Ron Nell Andersen Jones, U. S. Supreme court Justices and Press Access, *Brigham Young University Law Review*, 2012(6), Article 4, pp. 1814-1816.

[68] Robert J. Taormina and Jennifer H. Gao, A research model for Guanxi behavior: Antecedents, measures, and outcomes of Chinese social networking, *Social Science Research*, 39(2010), p. 1196.

[69] Ying Fan, Questioning guanxi: Definition, classification and implications, *International Business Review*, 11(2002), p. 548.

[70] Hwang, E. R, Face and Favor: The Chinese Power Games, *American Journal of sociology*, 1987, 92(4), pp. 35-41.

[71] Liang-Hung Lin, Cultural and Organizational Antecedents of Guanxi: The Chinese Cases, *Journal of Business Ethics*, Vol. 99, No. 3(March 2011), p. 443.

[72] Ying Guo, et, Interpersonal relations in China: Expatriates' perspective on the development and use of guanxi, *International Business Review*, Vol. 27, No. 2 (January 2018), p. 460.

[73] Ying Fan, Guanxi's Consequences: Personal Gains atSocial Cost, *Journal of Business Ethics*, Vol. 38, No. 4, Jul., 2002, pp. 374-375.

[74] Jenny Zhengye Hou and Yunxia Zhu, Social capital, guanxi and political influence in Chinese government relation, *Public Relation Review*, 46(2020), p. 5.

[75] Chong Ju Choi, Contract Enforcement Across Cultures, *Organization Studies*, Vol. 15 issue 5, September 1994, pp. 673-682.

[76] Yen, D, et al, The Measurement of Guanxi: Introducing the GRX Scale, *Industrial Marketing Management*, Vol. 40, Issue 1, January 2011, pp. 97-108.

[77] Yen, D, et al, Analyzing stage and duration of Anglo-Chinese business-to-business relationships, *Industrial Marketing Management*, Vol. 40, Issue 3, April 2011, pp. 346-357.

[78] T. K. P. Leung, Ricky Yee-Kwong Chan and Kee-hung Lai, An examination of influence of guanxi andxinyong (utilization of personal trust) on negotiation outcome in China: An old friend approach, *Industrial Marketing Management*, Vol. 40, Issue 7, October 2011, p. 1193.

[79] Flora F. Gu, Kineta Hung and David K. Tse, When Guanxi Matter? Issues of Capitalization and Its Dark Sides, *Journal of Marketing*, Vol. 72, No. 4, Jul., 2008, pp. 25-26.

[80] Christopher A. McNally, Hong Guo andGuangwei Hu, Entrepreneurship and Political Guanxi Networks in China's Private Sector, East-west Center, 2007, Working Paper, pp. 1-19.

[81] Davies, H. et al. The Benefits of "Guanxi"-The Value of Relationships in Developing the Chinese Market, *Industrial Marketing Management* 24, Vol 24, Issue 3, June 1995, pp. 207-214.

[82] Xin, K. R., Pearce, J. L, Guanxi: connections as substitutes for formal institutional support, *Academy of Management Journal*, 39(6), 1996, pp. 1641-1659.

[83] Lovett Steve, Lee C. Simmons, and Raja Kali, Guanxi Versus the market: Ethics and Efficiency, *Journal of International Business Studies*, 30(20), 1999, p. 231.

[84] Fan, Y. H., guanxi, government and corporate reputation in China: Lessons for international companies, *Marketing Intelligence & Planning*, 25 (5), 2007, pp. 499-510.

[85] Danielle E, Warren, Thomas W. Dunfee and Naihe Li, Social Exchange in China:

The Double-Edged Sword of Guanxi, *Journal of Business Ethics*, Vol. 55, No. 4 (Dec., 2004), pp. 355-372.

[86] Yong Han and Yochanan Altman, Supervisor and Subordinate Guanxi: A Grounded Investigation in the People's Republic of China, *Journal of Business Ethics*, Vol. 88, 2009, p. 92.

[87] Jacob Harding, Corruption or Guanxi? Differentiating between the legitimate, unethical, and corrupt activities of Chinese government officials, *UCLA Pacific Basin Law Journal*, 31(127), Spring, 2014, p. 2.

[88] Kim Mannemar Sonderskov, Different Goods, DIfferents: Exploring the Effects of Generalized Social Trus in Large-N Collective Action, *Public Choice*, Vol. 140, No 1/2(Jul., 2009), pp. 145-160.